SERVIÇO SOCIAL DO COMÉRCIO
Administração Regional no Estado de São Paulo

Presidente do Conselho Regional
Abram Szajman

Diretor Regional
Danilo Santos de Miranda

Conselho Editorial
Ivan Giannini
Joel Naimayer Padula
Luiz Deoclécio Massaro Galina
Sérgio José Battistelli

Edições Sesc São Paulo
Gerente Iã Paulo Ribeiro
Gerente adjunta Isabel M. M. Alexandre
Coordenação editorial Francis Manzoni, Clívia Ramiro, Cristianne Lameirinha
Produção editorial Antonio Carlos Vilela
Coordenação gráfica Katia Verissimo
Produção gráfica Fabio Pinotti
Coordenação de comunicação Bruna Zarnoviec Daniel

IDENTIDADES DAS NAÇÕES
UMA BREVE HISTÓRIA

PETER FURTADO (ORG.)

TRADUÇÃO LEONARDO ABRAMOWICZ

Título original Histories of Nations
Publicado por acordo com a Thames & Hudson Ltd; Londres, Copyright © 2012 e 2017
Thames & Hudson Ltd, Londres

Esta edição foi publicada pela primeira vez no Brasil em 2019 pelas Edições Sesc São Paulo.
Edição Brasileira © 2019 Edições Sesc São Paulo. Todos os direitos reservados

Tradução Leonardo Abramowicz
Preparação Silvana Vieira
Revisão Elba Elisa, Lígia Gurgel do Nascimento
Capa, projeto gráfico e diagramação Gustavo Piqueira / Casa Rex

Dados internacionais de Catalogação na Publicação (CiP)

Id26 Identidades das nações: uma breve história / Organização de Peter
      Furtado; Tradução de Leonardo Abramowicz. – São Paulo: Edições
      Sesc São Paulo, 2019. –
          296 p. il.: fotografias e mapas.

      978-85-9493-183-2

      1. História. 2. História geral. 3. História das nações. I. Título.
      II. Subtítulo. III. Furtado, Peter. IV. Abramowicz, Leonardo.
                                                          CDD 901.9

Edições Sesc São Paulo
Rua Serra da Bocaina, 570 – 11º andar
03174-000 – São Paulo SP Brasil
Tel. 55 11 2607-9400
edicoes@edicoes.sescsp.org.br
sescsp.org.br/edicoes
/edicoessescsp

9 APRESENTAÇÃO
À EDIÇÃO BRASILEIRA

21 INTRODUÇÃO
AS HISTÓRIAS DAS NAÇÕES
E A HISTÓRIA DO MUNDO

29 EGITO

35 ÍNDIA

43 IRÃ

51 GRÉCIA

97 RÚSSIA

107 REPÚBLICA TCHECA

117 POLÔNIA

125 HUNGRIA

177 SUÉCIA

185 GRÃ-BRETANHA

193 ESTADOS UNIDOS

203 AUSTRÁLIA

237 ITÁLIA

245 JAPÃO

253 ALEMANHA

261 ISRAEL

| 59 CHINA | 67 IRLANDA | 77 ESPANHA | 87 FRANÇA |

| 133 TURQUIA | 139 BRASIL | 145 MÉXICO | 153 PAÍSES BAIXOS |

| 211 GANA | 217 FINLÂNDIA | 223 ARGENTINA | 229 CANADÁ |

271 LEITURA ADICIONAL
275 SOBRE OS AUTORES
280 AGRADECIMENTOS DO ORGANIZADOR
281 FONTES DAS ILUSTRAÇÕES
283 ÍNDICE

**APRESENTAÇÃO
À EDIÇÃO BRASILEIRA**

Robson Della Torre

É um axioma bastante conhecido nos cursos de ciências humanas que toda produção acadêmica é dotada de subjetividade e, portanto, reflete o universo de preocupações do pesquisador no contexto histórico em que vive. Como tal, todo texto de história envelhece. Textos que versam sobre temas ligados à contemporaneidade envelhecem com uma velocidade ainda maior, ainda que nem sempre isso deva ser visto como algo negativo. Por vezes – e acredito que seja o caso justamente do livro que o leitor tem em mãos agora –, esse processo nos faz criar um distanciamento necessário da obra que lemos, distanciamento que nos permite ver, por um maior contraste entre o tempo da produção e o da leitura, contornos mais precisos do objeto estudado porque conseguimos ver resultados do processo histórico que, no momento da escrita, não tinham como ser conhecidos. Indo além, o descompasso cronológico entre a composição e a recepção do livro evidencia o quanto a obra é, em si mesma, testemunha de seu próprio tempo e sintomática de preocupações que hoje soariam talvez antiquadas, mas que, por sua própria inadequação, nos ajudam a compreender a própria transformação histórica que vivenciamos.

Identidade das nações é um livro concebido por Peter Furtado em fins da década de 2000 e publicado em 2012[1] com o intuito de refletir a respeito do

---

1 O livro que o leitor tem em mãos agora foi traduzido com base em uma nova edição, lançada em 2017, na qual alguns artigos foram ligeiramente modificados (os casos mais notórios são o da Grã-Bretanha e o do Japão). Ainda assim, a estrutura geral das ideias reflete exatamente o momento da primeira publicação.

espinhoso tema da identidade nacional pelo viés de estudiosos nativos dos países cuja história nacional foram convidados a apresentar. Furtado, ele próprio um historiador não acadêmico, celebrado por seus esforços de divulgação do conhecimento histórico para um público amplo, convidou 28 pesquisadores (a maioria historiadores) que, por mais que possuam uma trajetória estritamente acadêmica e altamente especializada, foram instados a escrever sobre assuntos fora da própria área de especialização e para uma audiência também ela não especialista. Trata-se de um esforço pouco comum no meio universitário, mas que se revela de grande valia ao permitir que autores sem as amarras usuais de nossos compromissos com os pares e com o rigor do método de pesquisa dessem vazão a percepções e angústias latentes em seu momento de escrita e que nem sempre podem ser captadas ou expressas com a franqueza ou o imediatismo necessários. É deveras saboroso e instigante acompanhar como um brasileiro como Luiz Marques é capaz de escrever uma história da identidade brasileira calcada exclusivamente em questões ligadas a nosso passado escravista e a nossa exploração predatória dos recursos naturais, assim como são reveladores o exercício de metalinguagem de Zhitian Luo, ao mostrar como a própria escrita da história na China instituiu a identidade nacional local, e as reclamações de Antonis Liakos sobre o fardo do período clássico na constituição da identidade nacional grega.

Tudo isso, no entanto, ganha um sabor especial quando se percebe que todos esses textos foram escritos antes da crise econômica global de 2011, da dita Primavera Árabe, das levas de migração em massa que puseram a Europa em estado de alarme e do Brexit. Uma época em que Donald Trump ainda era apenas um empresário de sucesso que tentava emplacar um *reality show* na TV estadunidense, quando Vladimir Putin e Recep Erdoğan eram figuras autoritárias com influência limitada no Ocidente e Jair Bolsonaro era apenas um deputado do baixo clero da Câmara dos Deputados famoso por conceder entrevistas "polêmicas" em programas de entretenimento. Um momento em que o crescimento econômico da China era visto com otimismo e o suposto "bolivarianismo" de grande parte dos líderes sul-americanos era encarado por parte do *establishment* liberal ocidental como uma ameaça maior à estabilidade mundial que a ascensão de movimentos de extrema direita. Enfim, era um mundo em que a noção de nacionalismo parecia ser algo já morto e sepultado[2],

---

2 A ponto de o discurso do presidente francês Emmanuel Macron em comemoração ao centenário do fim da Primeira Guerra Mundial, pronunciado no dia 11 de novembro de 2018 de forma oportuna em um dos maiores

uma espécie de resquício malcheiroso do século XIX que tinha dado nos conflitos nos Bálcãs da década de 1990 seu último suspiro malsão de morte e destruição – ou, nos dizeres de Patrick Geary, era o "lixo tóxico" do qual precisávamos nos livrar caso quiséssemos inclusive fazer um exercício histórico de compreensão de sociedades do passado[3].

Por causa desse contexto pré-Brexit, pré-Trump e congêneres, os debates sobre a identidade nacional travados em *Identidades das nações* carregam pouco de nossa mentalidade atual obcecada com questões como soberania nacional ou da defesa dos valores tradicionais. Afinal, o enfoque de seu editor foi dar a conhecer ao público leitor uma gama bastante diversificada de enfoques para que, mais do que o próprio estabelecimento do que seja "a identidade nacional" (no singular) russa ou israelense, sua audiência tomasse contato com a pluralidade de visões sobre o tema que se podem observar mundo afora. Como o leitor há de perceber, isso não faz que leituras nacionalistas estejam ausentes do volume, ou que todos os autores tenham uma postura iconoclasta quanto à admissão da existência concreta dessas identidades. O livro é em si mesmo um elogio ao pluralismo de ideias e ao reconhecimento da necessidade de conhecer essas visões de mundo tão díspares, todas elas construídas em tempos e espaços muito diferentes, como forma de construção de formas de convívio harmônicas e pacíficas.

Contudo, como dito acima, esse é um projeto concebido antes do enfraquecimento das democracias liberais ocidentais e da forte decepção com o modelo atual de globalização que se seguiu à grande crise econômica de 2011. Nessa época, defender o pluralismo de ideias era um truísmo tão grande que o termo aparecia somente duas vezes no volume todo, sem qualquer necessidade de ênfase ou explicações mais detalhadas. Hoje, esse clamor pelo pluralismo grita a cada página. A bem da verdade, várias contribuições do volume já alertavam para essa escala nacionalista que vivemos hoje e que, então, aparecia de forma embrionária (embora nem sempre tímida). Que se preste atenção, por exemplo, aos alertas feitos por Dina Khapaeva sobre o crescimento de sentimentos

---

cemitérios de soldados vitimados pelo conflito e que tão bem explorou essa correlação entre nacionalismo e militarismo, tenha soado tão inconveniente a grupos políticos mais conservadores de várias partes do globo.

3   Patrick J. Geary, *O mito das nações: a invenção do nacionalismo*. Tradução de Fábio Pinto. São Paulo: Conrad, 2005 (1ª edição inglesa: 2002), pp. 27-55, em particular pp. 50-51.

pró-Russia e anti-Europa em seu país desde os anos 1980, ou mesmo à percepção de László Kontler sobre a simpatia das classes médias húngaras por regimes autoritários ao longo do século XX, sobretudo em momentos de enfraquecimento da crença no liberalismo em seu país (não por acaso, seu artigo foi escrito quase simultaneamente à eleição de Viktor Orbán como primeiro-ministro em 2010). Mesmo contribuições como a de Murat Siviloglu sobre a Turquia e a de Iwona Sakowicz sobre a Polônia, ainda que não tão pessimistas quanto as anteriores sobre o futuro que então se descortinava, já esboçavam o quadro de forte aproximação entre política e religião em seus países, o que sinalizava esse endurecimento conservador em ambos, que também se desdobra em forte xenofobia.

Nesse sentido, convido o leitor a se aproximar de *Identidades das nações* como um documento de seu tempo que nos permite olhar para nossos próprios tempos por uma perspectiva diferente – uma perspectiva plural e não nacionalista que, de certa forma, já prenunciava essa nossa época de crescente defesa da soberania das nações e dos interesses das maiorias políticas. De fato, o grande mérito do livro, justamente por seu caráter não especializado (ou seja, de não especialistas no tema escrevendo para um público amplo), são as visões de mundo que seus autores manifestam mais do que as informações factuais que trazem em seus textos. De forma alguma acredito que um artigo como o de Federico Lorenz sobre a Argentina deva ser lido como uma espécie de referência sobre a história de seu povo (ainda que sua discussão sobre a ditadura argentina na década de 1970 seja bastante valiosa em si mesma), ou mesmo que seja suficiente a um leitor brasileiro se contentar com o artigo de Elizabeth Baquedano como uma síntese essencial sobre a história do México. Como o próprio Peter Furtado explicita na introdução, sua coletânea não foi pensada com esse intuito, pois "coisas desse tipo estão prontamente disponíveis a um clique de distância". É a percepção identitária dos autores que está em jogo, é o modo como eles se veem em seus respectivos países e na relação com o mundo, é aquilo que selecionam como sendo importante e aquilo que silenciam (por constrangimento? Por "não ser importante"? Por um ato deliberado de privilegiar um lado menos conhecido de sua história?) que faz deste livro uma obra que merece ser conhecida do público brasileiro para que possamos conhecer melhor o mundo que nos cerca por meio da partilha das crenças, angústias e esperanças desses autores com base em sua visão da identidade de suas nações.

Antes de passar para uma breve apresentação de algumas ideias centrais que perpassam o volume, gostaria de aproveitar a breve menção feita à Argentina e ao México para discutir uma particularidade da obra para a qual os leitores brasileiros devem ter uma atenção redobrada: a seleção dos países cuja identidade nacional se pretendeu coreografar. Como o próprio Peter Furtado explica na introdução, seu intuito inicial foi ser o mais abrangente possível na escolha dos contribuidores do volume e da representatividade de suas nações de origem. Somados, os países aqui retratados compreendem cerca de dois terços da população mundial (algo muito longe de ser desprezível, portanto). Além disso, eles são muito diversos em si mesmos, alguns sendo democracias liberais altamente consolidadas, enquanto outros se aproximam de teocracias ou de Estados com um só partido – uns com alto grau de liberdade de expressão e de imprensa, enquanto outros vivem em constante estado de guerra e/ou repressão política. Apesar disso tudo, é inevitável perceber que o recorte de países em *Identidades das nações* reflete a perspectiva britânica de seu editor. Afinal, nada menos de 14 dos países recenseados (exatamente a metade do total) são europeus, majoritariamente ocidentais. Os que fogem ao recorte europeu são, em sua esmagadora maioria, potências econômicas mundiais asiáticas (China e Japão), americanas (Estados Unidos e Canadá) e da Oceania (Austrália) ou países emergentes, como os latino-americanos Brasil, Argentina e México. Somente dois países africanos compõem a lista (e um deles, o Egito, também por seu passado prestigioso e de interesse a um público europeu). Dos países muçulmanos, que hoje compreendem cerca de um quinto da população global, somente Irã, Turquia e Egito aparecem aqui. Há um vazio muito grande de países do Sudeste Asiático e da Ásia Central – é de se inquirir, por exemplo, por que não poderia ter sido aventada a inclusão da Indonésia, da Tailândia ou mesmo das Filipinas (que hoje seria mais interessante ainda pela experiência política catastrófica de Rodrigo Duterte) – e uma quase ausência de uma América Latina menos conhecida dos europeus (eu acho que a Venezuela de Maduro seria tão interessante quanto as Filipinas de Duterte pelas similaridades em ambos). Para um leitor brasileiro, em particular, a inclusão da Irlanda e da Finlândia talvez seja menos importante do que a exclusão do Chile, da Colômbia ou mesmo de países africanos como Angola, Moçambique e Nigéria, cujos povos mantêm relações históricas importantíssimas conosco. Por certo, não é possível falar de tudo e de todos a um só tempo, ainda mais em um livro que se pretende acessível a um público que não dispõe de tempo e dinheiro para consumir uma obra em dezenas de volumes. Há de se ter consciência, porém, desse recorte um tanto britânico que dá o tom a boa parte das contribuições e que, de certa forma, ajuda a reforçar esse apelo pluralista que atravessa a obra. Um editor brasileiro montaria um panorama de contribuições diferente? Com certeza, e acho que essa seria uma iniciativa louvável, ainda mais neste mundo em que tudo muda tão depressa – inclusive as identidades! Por ora, ao menos, que o leitor apenas perceba quanto o recorte geográfico do livro já é em si mesmo uma manifestação dessas identidades nacionais que se querem mapear.

*

Como o próprio organizador bem coloca em sua introdução, *Identidades das nações* não se propõe a ser uma espécie de narrativa unívoca sobre a história do mundo, escrita de forma acadêmica e objetiva, mas, sim, "busca explorar entendimentos populares da história ao redor do mundo", inspirada pela "crença de que um único ponto de vista [...] não é nem possível de ser realizado com sucesso, nem é desejável em nossa época policêntrica e pós-moderna". Nesse sentido, há pouco neste volume que possa ser usado para se dar a conhecer a um público mais amplo, mesmo que sejam rudimentos de história indiana, sueca ou ganesa. Por certo, há ensaios aqui um pouco mais factuais que outros (notadamente o da Espanha), porém a regra geral do volume é o esboço das percepções de seus autores sobre esse sentimento nacional vigente em seus países. Visto por esse ângulo, o somatório das contribuições revela as diferenças na construção histórica desses países e quanto a própria narrativa histórica é definidora de sua identidade nacional no presente.

Um primeiro aspecto que chama a atenção no volume são os diferentes pontos de partida utilizados por seus autores para iniciar suas exposições. Os responsáveis pelos artigos sobre a Índia, o Irã e a China optaram por fazer um recuo muito pronunciado no tempo, buscando as origens antiquíssimas de suas nações em tradições culturais milenares que pudessem conferir prestígio e legitimidade às suas identidades nacionais. De forma sintomática, também Wilhelmina Donkoh, em sua contribuição sobre Gana, tenta recuar o máximo que pode na cronologia, para se afastar das origens coloniais de seu país (que ela não nega, de fato), fazendo uso da arqueologia, da etnolinguística e de relatos de viajantes muçulmanos do século XIII pela região, a fim de mostrar a vitalidade da cultura dos povos locais independentemente de sua relação com os europeus. Em contrapartida, Antonis Liakos abre mão de recuar até a época da Atenas clássica em seu ensaio sobre a Grécia por rejeitar esse fardo civilizacional do período clássico que se impõe sobre os gregos – como se a única utilidade histórica da Grécia fosse ter dado ao mundo ocidental a razão, a democracia e a filosofia a fim de que Inglaterra, França e Alemanha (e quiçá os Estados Unidos) dominassem o restante do globo – e prefere começar já com a formação do Estado nacional grego em meados do século XIX. Também é digno de nota que Giovanni Levi, em seu texto sobre a Itália, e Ryuichi Narita, em sua peça sobre o Japão, abram mão de evocar clichês lúdicos sobre a identidade nacional de seus países, tais como o legado do Império Romano, o Renascimento cultural do Quattrocento ou o passado imperial milenar japonês, para se debruçarem sobre certos fantasmas que afligem suas nações desde o século XIX: a relação entre catolicismo e política no primeiro e o dilema entre modernização e ocidentalização no segundo.

Fantasmas (ou esqueletos no armário, como o leitor preferir chamar) são focos de atenção recorrentes nas contribuições deste volume. O artigo de Stefan Berger sobre a Alemanha – ou melhor, sobre o impacto do nazismo e do Holocausto na formação da identidade nacional alemã e da majoritária orientação pró-Europa do país – e o de Colin Shindler sobre a tradição sionista que marcou tanto a criação do Estado de Israel em 1948 quanto sua política para com as populações árabes que o cercam (e que também habitam seu território, como no caso dos palestinos) mostram bem quanto essas identidades nacionais podem ser fruto de um trauma, de uma ruptura brusca da ordem que exige uma reparação histórica, tanto quanto ou até mais do que de uma continuidade temporal inquebrantável[4]. Por vezes, tal alegada continuidade é apenas fruto de uma imaginação histórica que se impõe como necessária a fim de conferir legitimidade à própria estrutura do Estado nacional que se quer estabelecer. Sob esse viés, é sintomático que as contribuições sobre os países da Europa Oriental (República Tcheca, Polônia e Hungria), ainda

---

4 Sobre a relação entre memória, trauma e identidade, inclusive com discussões que partem da experiência do Holocausto, ver os artigos compilados na coletânea de Márcio Seligmann-Silva, *O local da diferença: ensaios sobre memória, arte, literatura e tradução*, São Paulo: Editora 34, 2005. No presente volume, o tema do trauma associado à formação da identidade nacional no pós-guerra também é tratado no artigo de Peter Aronsson sobre a Suécia.

que não busquem de forma deliberada as origens de sua nacionalidade em povos medievais que se assentaram em suas regiões pouco antes ou por volta do ano 1000, acabem sendo obrigadas a lidar com essa premissa básica de sua história como ponto de partida, uma vez que pouco ou nada daquilo que foi construído a partir do século XIX em seus países sirva como elemento de unidade tão forte e eficaz quanto esse suposto passado comum[5]. Por contraste, o modelo identitário estadunidense tão bem apresentado por Peter Onuf se impõe como essencialmente a-histórico na medida em que, desde a época dos "pais fundadores" no contexto da guerra de independência, se busca negar sua origem de subordinação colonial para advogar uma grandiosidade inscrita no futuro da nação devido à sua suposta condição de povo eleito por Deus.

Como se pode perceber, não há sequer um modelo básico a partir do qual a identidade nacional possa ser construída ou apreendida. Talvez o único consenso que exista entre seus autores é que, por mais que se façam incursões mais ou menos recuadas em um passado longínquo, suas nações são produtos da modernidade e, como tal, devem ser entendidas de acordo com as necessidades de legitimação política de Estados nacionais constituídos, na melhor das hipóteses, a partir do século XVIII. Havia uma França no século XIII? Se atentarmos para o artigo de Emmanuel Le Roy Ladurie, talvez possamos reconhecer a existência de uma monarquia francesa nesse momento, mas o país França, ou algo muito próximo daquilo que conhecemos hoje, só começou a tomar contornos mais precisos com as conquistas do século XVI – e seria necessário esperar pelo menos mais um século para assistirmos à montagem de toda a maquinaria administrativa implantada por Luís XIV (1638-1715) que daria ao país uma mínima feição de Estado moderno. Talvez o caso mais impactante de todos nesse aspecto seja aquele descrito por Jeremy Black sobre o Reino Unido, cuja origem remonta tão somente a um ato do parlamento inglês assinado em 1707 oficializando a união das coroas inglesa e escocesa e, a partir de então, criando um reino misto em

---

[5] Sobre tal necessidade, advinda da absoluta falta de elementos modernos que pudessem dar coesão a grupos étnicos e culturais tão diversificados que habitavam esses territórios nos séculos XIX e XX, ver Patrick J. Geary, *O mito das nações, op. cit.*, em particular pp. 177-202. Para a noção mais ampla da construção da identidade nacional desses países recém-criados a partir da segunda metade do século XIX (não só na Europa Oriental, mas também no caso da Itália e da Alemanha), ver Benedict Anderson, *Imagined Communities: Reflections on the Origin and Spread of Nationalism*, London, New York: Verso Books, 2006 (1ª edição: 1983).

busca de uma identidade própria, que até hoje custa a se concretizar. No caso sueco relatado por Peter Aronsson, tal busca moderna por uma identidade nacional que se precisa construir como base para a legitimação das ações de um presente revela outra faceta curiosa, que é a reinterpretação quase infinita de um passado conveniente. Afinal, os *vikings*, que são o aspecto cultural e histórico mais lúdico que os países escandinavos têm para se diferenciarem do resto do globo, foram reinterpretados por suecos, noruegueses e dinamarqueses das mais variadas formas (seja como navegantes intrépidos seja como hábeis artesãos) para se adequarem às atividades políticas e comerciais exercidas por esses países na atualidade, cada qual reivindicando para si a "legítima herança" desses *vikings* tão famosos – e cuja reputação é tão atraente que os finlandeses teriam tentado se apropriar deles mesmo com nenhum *viking* tendo habitado seu território no período medieval!

Porém, para além desse consenso sobre a identidade nacional como uma construção histórica feita no presente e para o presente e da própria admissão de que tais identidades, por sua própria condição de construto, não devam ser absolutizadas, mas entendidas em sua diversidade, um terceiro ponto que chama a atenção no conjunto das contribuições é um possível mal-estar que possam causar em leitores menos acostumados a esse tipo de exercício de desconstrução histórica. Por certo, como dito acima, pela própria diversidade de visões e opiniões compreendidos em *Identidades das nações*, alguns artigos acabam adotando uma linha um tanto mais conforme às expectativas daquilo que se entende como a identidade nacional do país retratado. Por mais críticos que sejam a aspectos da história de suas nações, os textos sobre o Egito, a França e a Irlanda, por exemplo, acabam apresentando um retrato pouco polêmico sobre seus objetos de análise. Já as peças sobre os Estados Unidos, a Alemanha, Israel e sobretudo o Brasil são iconoclastas por definição, atacando em seu cerne os mitos historiográficos construídos sobre suas nações e apresentando, ao final, uma imagem bem menos simpática de seus povos do que se esperaria. É evidente que fazer uma apresentação crítica de elementos identitários nacionais não é compatível com fazer propaganda pura e simples do país de que se é nativo, porém, ainda mais nesses nossos tempos de partidarização de tudo aquilo que não coadune com nossas opiniões (e, em contrapartida, de certo apagamento do viés ideológico de nossas próprias convicções como se elas fossem emanação direta de uma verdade natural, eterna e imutável), algumas das contribuições contidas no presente volume talvez causem um mal-estar muito pronunciado na audiência.

Tenho certeza de que muitos leitores não se sentirão contemplados pela leitura extremamente cáustica – embora, a meu ver, bastante salutar, porque não usual e porque nos tira de nossa zona de conforto – que Luiz Marques faz das origens da nação brasileira calcada em nosso passado escravocrata e de uso predatório dos recursos naturais a fim de apontar os problemas sociais e ambientais que, em seu entender, deveriam definir a agenda política contemporânea do país (e que, sinal dos tempos, foi derrotada de forma retumbante nas eleições de 2018). De igual modo, não são todos os alemães que pactuam da rejeição ao Holocausto como definidora de sua identidade nacional, da mesma forma que não são todos os húngaros que enxergam nesse flerte constante das classes médias com o autoritarismo um dos pilares de definição do que é ser húngaro. Pelo contrário, dados os índices meteóricos de aprovação do governo Orbán, o mesmo primeiro-ministro que limita a liberdade de pensamento no país e que inclusive forçou o fechamento da Universidade Centro Europeia (CEU, na sigla em inglês), na qual Kontler leciona, por causa de sua hostilidade a George Soros, não é de todo improvável que um húngaro médio acusasse seu artigo de ser representante de uma mentalidade liberal "globalista", para usarmos um termo da moda – algo que, a despeito do caráter pejorativo do adjetivo entre aspas, não deixa de ter seu fundo de razão. Tais embates identitários, embora já existissem no momento de concepção do atual livro, estão hoje ainda mais escancarados por causa das tensões políticas. Em certo sentido, é até melhor que essas disputas estejam às claras hoje, e não mais numa zona incômoda de penumbra na qual o silêncio ou a rejeição pura e simples daquilo com que não se concorda fossem instrumentos mais eficazes de combate. Afinal, se o debate entre essas posições antagônicas e aparentemente irreconciliáveis já é tão árduo quando ambas estão postas às claras, ele se torna impossível quando uma ou outra se coloca nas sombras – seja por pressão, seja de forma espontânea.

O importante a se reter nesse particular é que as identidades nacionais são plurais e alvos de disputa política constante (que inclusive as remodela e reinventa a todo o instante) e envolvem percepções da realidade por vezes muito sensíveis, que chocam e incomodam. É perfeitamente legítimo que as posições dos autores sejam relativizadas e criticadas, mas é imperioso, nesses nossos tempos ruidosos, que elas sejam expostas e conhecidas de um público mais amplo.

Afinal, não é apenas o quadro diverso e plural das contribuições de *Identidades das nações* que é necessário a fim de que, pelo conhecimento da visão de mundo do outro, possamos construir um mundo mais compreensivo e pacífico – é a própria admissão de que podem existir outras vozes sobre nossa própria identidade nacional e as de nossos vizinhos e a tentativa de estabelecer um diálogo com elas que poderão permitir que comecemos a resolver os impasses que nós próprios criamos no presente.

INTRODUÇÃO
AS IDENTIDADES DAS NAÇÕES E A HISTÓRIA DO MUNDO

Peter Furtado

A maior lição de história do mundo, a cerimônia de abertura das Olimpíadas de Pequim em 2008, foi vista por mais de cem chefes de Estado e uma audiência estimada em 2 bilhões de pessoas pela televisão. Uma tela LED flexível gigantesca foi desenrolada no chão do estádio, onde foram projetados diversos aspectos da história cultural da China, incluindo a primeira daquelas que o país afirma serem suas grandes invenções: o papel. Outras três dessas invenções – a bússola, a pólvora e a impressão – foram então celebradas com espetaculares fogos de artifício e apresentadas em grandes quadros móveis mostrando imagens do passado chinês, do Exército de Terracota, da Grande Muralha e das viagens de Zheng He. Impressionado com a cor, a escala, a disciplina e a suntuosidade do espetáculo, o mundo assistiu a como a China quer que seu passado e presente sejam vistos: uma civilização majestosa que pouco deve aos estrangeiros e que ofereceu grandes presentes ao resto do mundo.

Quatro anos antes, Atenas havia feito o mesmo, embora em escala menos impressionante. A Grécia apresentou-se tanto em termos das inquestionáveis dádivas com as quais sua civilização presenteou o mundo – a escultura clássica e, naturalmente, os próprios Jogos – quanto com sua história "nacional", desde os minoicos e micênicos da Idade do Bronze, passando pelo reinado de Alexandre Magno, a criação da cidade de Bizâncio, a conquista da independência em relação aos turcos, até a moderna cultura popular cheia de ironia.

A oportunidade para que uma nação apresente ao mundo uma mensagem encorpada e de grande relevo de sua história e patrimônio é rara e poderosa e, portanto, não é de admirar que os países disputem a chance de sediar as Olimpíadas. No entanto, todos procuram formas de manipular essa mesma imagem internamente para seus próprios cidadãos, sobretudo por meio de comemorações e cerimônias públicas, bem como pelo controle dos programas educacionais e pela mídia. A história de um país é parte vital da autodefinição nacional e, como tal, é muitas vezes muito controversa. Nas últimas décadas têm eclodido "guerras da história" sobre o conteúdo dos livros escolares em países tão distintos quanto Austrália, Canadá, Rússia e Japão, enquanto na Grã-Bretanha sucessivos governos têm procurado propagar o conceito evasivo (e talvez fugaz) do "ser britânico" através de uma leitura particular da história da ilha.

Essas histórias nacionais têm sido a espinha dorsal da profissão de historiador desde o século XIX, quando foram criadas muitas instituições históricas estatais. Embora atualmente o campo da história tenha se ampliado para incluir muitos tópicos inimagináveis para aqueles primeiros historiadores, todos os países fazem de seu próprio passado a peça central da educação e da pesquisa histórica, às vezes praticamente excluindo todo o resto. Além disso, na maioria dos países a disciplina de história é obrigatória na escola, reconhecida como um componente vital na formação da identidade nacional e na moldagem das energias da sociedade.

Mas a história não é apenas fruto da criação de academias e governos: ela é onipresente. A história está no ar que respiramos, nas cidades que habitamos e nas paisagens que percorremos. As pessoas aprendem sua própria história em casa, nas histórias contadas por membros da família e pela mídia, em contos folclóricos, nas estátuas públicas e nos memoriais de guerra, na arquitetura, nos museus e nas galerias. A história assimilada de tais fontes raramente é questionada e, às vezes, quase nem reconhecível. Isso pode torná-la muito diferente da história praticada nas faculdades ocidentais, onde o instinto liberal é ser cético quanto ao conhecimento recebido, questionar a autoridade da fonte, enquadrar as informações em um contexto amplo e buscar uma nova interpretação. Consequentemente, em muitos países – em especial, talvez, naqueles com tradições mais firmemente estabelecidas de vida acadêmica – há uma profunda separação entre a história da academia e a do povo.

A história "acadêmica" do mundo tem sido escrita e reescrita muitas vezes, especialmente nos últimos cinquenta anos, quando o surgimento de uma economia global e conflitos ideológicos fizeram da busca por uma história mundial unificada um empreendimento realista. Às vezes, isso é feito por indivíduos dinâmicos e polímatas defendendo um ponto de vista, como, por exemplo, o "triunfo do Ocidente", do qual John Roberts falou na década de 1980, o "choque de civilizações" de Sam Huntington, da década de 1990, ou a história ambiental de John McNeill nos anos 2000. Às vezes é o produto de equipes de acadêmicos ou educadores trabalhando por uma pauta na tentativa de, na medida do possível, eliminar a subjetividade, talvez assegurando que cada parte do mundo tenha o mesmo peso. De qualquer forma, todo relato completo da história do mundo é um trabalho de síntese que contextualiza a pesquisa mais detalhada de outros e, como tal, é um reflexo das preocupações mais amplas dos anos em que foi produzido.

Este livro reflete inevitavelmente as preocupações do presente. É menos uma história do mundo do que uma seleção de histórias, planejado na crença de que um único ponto de vista, uma única agenda abrangente, não pode realizar-se com sucesso nem é desejável em nossa era pós-moderna. Também pretende explorar a compreensão popular da história ao redor do mundo e pede aos historiadores profissionais e outros escritores consagrados que saiam de seus quadros de referência habituais e escrevam sobre como a história é entendida na cultura de sua terra natal pela sociedade em geral.

Tornou-se um clichê que o passado é um "país estrangeiro", na frase do romancista L. P. Hartley, um lugar onde "fazem as coisas de forma diferente"; mas com menos frequência nos lembramos de que esse sentimento de "estranheza" ao visitar outro país vem, sobretudo, de seu passado e, particularmente, da concepção que tal país tem de seu próprio passado.

A premissa do livro é, portanto, simples: se não conseguirmos entender como os outros pensam e sentem o próprio passado, não os compreenderemos. Se quisermos lidar com as diferenças nacionais e culturais que tanto inspiram quanto colocam em perigo o nosso mundo, não precisamos de guias de viagem ou compêndios históricos escritos por nossos próprios compatriotas; precisamos ouvir as pessoas descrevendo o próprio passado com as próprias palavras. As paixões, as ênfases no que escolhem dizer – talvez até as omissões – são muito reveladoras. Caso algum leitor duvide de que a percepção da história possa diferir enormemente de país para país, exorto-o a examinar apenas dois ensaios desta coleção: a análise de Peter Onuf sobre as origens e implicações do que ele chama de mito da "falta de história" que os Estados Unidos receberam de seus Pais Fundadores e a explicação de Zhitian Luo sobre o papel crucial da história em legitimar a autoridade imperial na China durante 3 mil anos.

Neste livro, 28 historiadores de 28 países, cada um deles nascido no Estado em questão, e a maioria ainda residente e ativa por lá, descrevem a história de seus países da maneira que a entendem. Eles não escrevem histórias enciclopédicas – facilmente disponíveis ao clique de um *mouse* –, mas ensaios em que o tom de voz e os temas selecionados transmitem o máximo possível de fatos pessoais. De uma forma muito parecida com a dos organizadores das cerimônias de abertura dos Jogos Olímpicos, mas em uma escala muito diferente, eles se propuseram a apresentar suas histórias nacionais ao mundo, incluindo suas falhas.

As questões que podem ser discutidas utilizando essa abordagem incluem a existência e a natureza da narrativa geral do passado de um país, ou do que poderia ser chamado de sua "história profunda". Nessa narrativa, todo país ressalta o que considera suas grandes conquistas – a briga pela independência, a luta pela liberdade, as glórias culturais –, mas há outros elementos de seu passado a lamentar, e a forma como o país lida com isso pode ser muito reveladora. A opção pode ser por adotar uma forte política autojustificativa. Ou recorrer ao silêncio – notou-se que, nos primeiros rascunhos dos ensaios neste livro, vários colaboradores evitavam qualquer menção a alguns dos esqueletos mais conhecidos em seus armários nacionais. Por outro lado, um país pode ter construído processos elaborados para se reconciliar com a dor do passado. A autoanálise profunda da Alemanha desde os anos 1960 é um exemplo, assim como as comissões da verdade e reconciliação criadas na África do Sul e em muitos outros países traumatizados nos últimos anos. Alguns países como o Egito e a Grécia são abençoados – ou amaldiçoados – com uma gloriosa história antiga que o presente talvez nunca consiga igualar. Outros países, Israel e Irã sendo exemplos de destaque, podem sentir-se perpetuamente incompreendidos pelos outros e ver que a própria incompreensão é uma das principais fontes de dificuldade no mundo moderno.

De fato, os capítulos deixam claro o problema de escrever uma história coerente mesmo para um único país. O ensaio sobre a República Tcheca demonstra como é difícil encontrar algum tipo de acordo sobre seu próprio passado, enquanto o da Grã-Bretanha enfatiza a dificuldade de construir um sentimento de história nacional quando a própria nação é uma construção política artificial – embora perdurando por trezentos anos. A história italiana não é muito diferente.

No limitado espaço disponível, a expectativa não era de que os autores conseguissem tratar completamente de todas essas questões, mas há um valor real a ser extraído do exame da interação de seus tópicos e da comparação das várias maneiras pelas quais os colaboradores de diferentes países abordaram seus ensaios. Espero que cada leitor possa obter *insights* novos sobre países já conhecidos: como eles veem a si próprios e como desejam se apresentar hoje, e como a visão de um historiador contemporâneo pode ser diferente da imagem rósea apresentada por tantos guias turísticos.

É inevitável que esse exercício resulte em interpretações da história nacional que são muitas vezes fortemente influenciadas pelo presente. Giovanni Levi, por exemplo, escreve sobre as origens do atual impasse político da Itália diante do passado profundamente católico do país; Dina Khapaeva traça o afastamento da Rússia em relação ao Ocidente no século XXI, de volta para uma dicotomia que remonta à fundação da Moscóvia. Mesmo durante a produção do livro, a história continuava a se desenrolar. Em muitos países, a crise econômica do início da década de 2010 significou que as tendências históricas existentes continuaram a evoluir. Poucos anos depois de Atenas, o "berço da democracia", celebrar o seu novo museu para os tesouros da Acrópole em 2007, a economia do país entrou em colapso, e a sobrevivência da democracia na Grécia foi colocada em dúvida. A Primavera Árabe de 2011 trouxe uma mudança inesperada e dramática para grande parte do Oriente Médio, como a guerra civil na Síria e a revolução no Egito, uma terra que se vinha distinguindo por continuidades excepcionais desde o início de sua história. Em 2016, o Reino Unido votou pelo fim de sua longa adesão à União Europeia, com importantes repercussões políticas, econômicas e culturais. Tais revoluções trazem consigo a obrigação de revisitar o passado do país; no entanto, isso não pode ser feito de forma apressada: deve esperar até que o estado de incerteza tenha se acalmado.

Os países selecionados para o livro vêm de todos os continentes e representam dois terços da população mundial. Variam desde democracias maduras até autocracias religiosas e Estados unipartidários; de países quase permanentemente em guerra aos que evitam a guerra a todo custo; de países com tradições de estudos e debates liberais àqueles cujos historiadores podem ser postos na prisão por não seguir a linha oficial. Muitas das regiões mais conturbadas do mundo são aquelas com disputas históricas, às vezes remontando a centenas de anos: o fracasso de cada lado em avaliar as paixões históricas do outro pode ser fatal para os esforços de construir a paz. Os leitores que se deparam com as opiniões de seus oponentes neste livro são convidados a pensar sobre o que é dito e como é dito, mas não são de forma alguma obrigados a concordar com elas.

 Além do problema de selecionar os países, havia a questão de escolher um colaborador adequado para cada um deles. Nenhum dos que escreveram aqui gostaria de ser visto como algum tipo de porta-voz de sua nação nem, de fato, como algo diferente de si mesmos. Todos são historiadores, alguns renomados e que se aproximam do fim de suas carreiras, outros muito mais jovens. A maioria vive e trabalha no país sobre o qual está escrevendo; aqueles que estão no exterior retornam com frequência ou permanecem em contato próximo. Muitos fizeram um estudo especial do passado de seu país. Ainda assim, alguns dos resultados podem ser surpreendentes, e todos são genuinamente interessantes e instrutivos.

EGITO
FARAÓS, REIS E PRESIDENTES

Hussein Bassir

Para onde quer que você viaje no mundo é provável que encontre algum elemento da história ou influência do Egito, e, assim, pode-se dizer que Egito e história são sinônimos. A própria civilização teve início no vale e no delta do Nilo no Egito: de fato, o historiador grego Heródoto descreveu a civilização egípcia como "a dádiva do Nilo", embora talvez pudesse tê-la descrito melhor como "a dádiva do Nilo e do povo egípcio". O Nilo passa por muitos países africanos, mas nenhum alcançou o progresso, a continuidade e a prosperidade do Egito. Os egípcios, construtores dessa civilização única, sempre se distinguiram por sua habilidade, perseverança, paciência, silêncio, calma, clemência, fé e tolerância.

O Egito fica no nordeste do continente africano e se estende para o sudoeste da Ásia através da península do Sinai, porta de entrada oriental do Egito e rota de acesso para invasores ao longo da história. É considerado um país importante e influente tanto no Oriente Médio quanto na África: está no coração do mundo árabe e é um defensor e preservador do islã. O país também está perto do sul da Europa e do sudoeste da Ásia, com vista para o Mediterrâneo e o mar Vermelho. Sua localização fez dele um ponto de encontro de civilizações, um cadinho para o intercâmbio cultural e um objeto de desejo dos invasores no decorrer de sua longa história.

Os nomes dados à terra são numerosos. "Egito" vem do vocábulo antigo *Hutkaptah*, que significa "templo da alma de Ptah", deus da antiga capital Mênfis. Misr, o nome moderno do país em árabe, deriva da antiga palavra egípcia *mejer* ("a borda"), da qual vem o termo atual *al-Misriyun* ("os egípcios"). Os egípcios também se referem à capital Cairo como "Misr", utilizando o nome do país como abreviação para sua capital. Os egípcios modernos pertencem aos povos semítico e hamítico e incluem, entre outros, felás (povo do delta do Nilo e da costa do Mediterrâneo), sa'idis (povo do Alto Egito), beduínos (habitantes do Sinai e dos desertos orientais e ocidentais) e núbios (povo de Assuã e arredores).

A história escrita do Egito começa por volta de 3000 a.C., quando a própria escrita foi inventada. A experiência humana herdada poderia agora ser acumulada, e a memória, preservada. Essa foi uma época de centralização, tendência que se transformaria em uma característica do governo egípcio durante sua longa história, tanto que acabou representando um obstáculo ao progresso para aqueles que desejavam descentralizar a tomada de decisão. Quando o lendário rei Menés unificou o Alto Egito (o sul) com o Baixo Egito (o delta) e estabeleceu um Estado centralizado, por volta de 3000 a.C., foram introduzidos valores e padrões que ainda governam a nação e colorem a personalidade egípcia até os dias atuais. O Egito entrou então no período do Antigo Império, a era das pirâmides, que durou de 2686 a 2160 a.C. Nesse período, foram erguidas as pirâmides em Gizé e Saqqara, e esculpiu-se a estátua da Grande Esfinge, localizada no planalto de Gizé, como uma representação do rei Quéfren, construtor da segunda pirâmide de Gizé. Esses monumentos magníficos testemunham as habilidades arquitetônicas, de engenharia, astronômicas e administrativas dos antigos egípcios.

Depois dessa idade de ouro, o Egito entrou em uma fase de declínio antes de ressurgir como uma força poderosa durante o Médio Império (2055-1650 a.C.), a era da literatura clássica egípcia. Após essa segunda idade de ouro, atravessou o período mais difícil de sua história inicial, ou seja, a ocupação por tribos asiáticas conhecidas como hicsos, nome que significa "governantes de terras estrangeiras". Eles se infiltraram pacificamente pelas fronteiras orientais do país e assumiram o controle de grandes territórios quando o Estado egípcio estava enfraquecido. Depois de uma luta longa e amarga, o rei do sul do Egito, Amósis I (1550-1525 a.C.), conseguiu expulsá-los, empurrando-os para a Palestina. Estabeleceu-se então o Novo Império, a terceira e última era de ouro do antigo Egito, quando a adoção de uma nova política externa, baseada em expansões e conquistas, trouxe inúmeras potências sob seu controle. Esse período, que durou até 1069 a.C., é conhecido como império faraônico. Tutmés III (1479-1425 a.C.) é considerado o fundador do Império Egípcio na Ásia e na África;

outros faraós famosos dessa era são Hatshepsut, Akhenaton, Tutancâmon, Seti I, Ramsés II e Ramsés III.

Após essa fase imperial, o Egito entrou no Terceiro Período Intermediário (1069-664 a.C.), no qual prevaleceram a tensão e a falta de centralização. Veio então o Período Tardio (664-332 a.C.), durante o qual várias dinastias egípcias governaram, com alguns períodos de ocupação persa, até a chegada de Alexandre, o Grande, em 332 a.C. Em suas mãos e nas de seus sucessores, os reis ptolomaicos (332-30 a.C.), o Egito foi transformado em um reino greco-ptolomaico. Com a derrota da rainha ptolomaica Cleópatra VII pelos romanos em 30 a.C., o Egito foi incorporado como parte importante do Império Romano (30 a.C.-395 d.C.) e, depois, do Império Bizantino (395-641 d.C.). Em 641 d.C., os árabes muçulmanos assumiram o controle, e o Egito se tornou um dos estados do califado islâmico até o início do século XIX, quando o militar albanês-otomano Muhammad Ali Pasha (1769-1849) fundou o moderno Estado do Egito, segundo ideais europeus. O governo de sua família chegou ao fim com a revolução de 23 de julho de 1952, que estabeleceu a República do Egito sob o presidente Muhammad Naguib (1952-54) e seus sucessores Gamal Abdel Nasser (1954-70), Muhammad Anuar Sadat (1970-81) e Muhammad Hosni Mubarak (1981-2011). Uma característica inevitável da experiência cultural egípcia durante essa longa história é a sua estabilidade; distingue-se pela continuidade e acumulação, não pela interrupção.

A Revolução de 1952, levada a cabo por um grupo do Exército conhecido como Movimento dos Oficiais Livres durante o reinado de Farouk I, rei do Egito e do Sudão (1920-65; r. 1936-52), representou o fim da monarquia que havia prevalecido desde o início do Egito faraônico. Introduziu um regime republicano militar e estabeleceu um Estado policial que negava a liberdade do indivíduo e fazia dele um capacho para o regime autoritário. A revolução destruiu a democracia que havia prevalecido sob a monarquia, apesar de ter como um de seus princípios o de estabelecer a vida democrática livre; os partidos políticos foram dissolvidos, e os direitos humanos, ignorados. Ao longo dos dezesseis anos de seu governo solitário, o presidente Nasser sempre temeu uma nova revolução por inimigos à espreita – ou assim afirmava para endurecer o regime. Ele afastou o povo egípcio da esfera política: por que deveriam se preocupar com política quando havia um líder inspirado que pensava e trabalhava por eles? Como os *slogans* republicanos repetiam incessantemente que "nenhuma voz se eleva sobre o som da batalha", nenhuma voz se elevou sobre a de Nasser.

Estava ao alcance de Nasser liderar o país na direção da justiça e da democracia, mas ele perdeu a oportunidade e, em vez disso, plantou no solo egípcio as sementes da tirania, que então se espalhou para o resto do mundo árabe. Um resultado de sua má gestão foi a derrota esmagadora que o Egito sofreu nas mãos de Israel em 5 de junho de 1967. Essa derrota causou uma profunda fissura na personalidade egípcia e árabe, e seus efeitos perduram na alma do povo até hoje. Este ficou chocado com o fato de Nasser e os pilares de seu regime, particularmente os militares, não terem cumprido sua responsabilidade de defender a nação. Uma grave depressão tomou conta de um país que, até a revolução de julho de 1952, se considerava grande. Isso foi o início do fim de Nasser, que ainda tentava, nos anos que antecederam a sua morte, em 1970, reformar o Exército e limpá-lo das facções corruptas que carregavam a vergonha da derrota.

Embora a derrota de 1967 tivesse sido um choque, o glorioso ataque contra Israel em outubro de 1973, no início da Guerra do Yom Kippur, foi sem precedentes. O herói desse conflito, o presidente Sadat, descreveu a ofensiva egípcia como "um dos maiores dias da história". Nesse período, as Forças Armadas lavaram a vergonha que a derrota de 1967 havia imposto ao Egito e a toda raça árabe. No entanto, a visita de Sadat a Israel em 1977 e a subsequente assinatura de um acordo de paz, que resultou na devolução ao Egito dos territórios ocupados por Israel, foram motivo de ira para muitas pessoas no país, nos Estados árabes e além. Sua disposição em negociar com Israel foi um fator importante para seu assassinato no dia 6 de outubro de 1981, quando comemorava o oitavo aniversário da Travessia. Foi um dos dias mais sombrios da história do Egito: como alguém podia matar o líder, cercado por seu exército, enquanto celebrava sua vitória sem precedentes?

O estabelecimento do movimento islâmico conhecido como Irmandade Muçulmana pelo xeque Hassan al-Banna em 1928, na cidade costeira de Ismaília, teve uma grande influência na política egípcia no século XX e início do século XXI. Uma série de questões contenciosas começou a surgir, como as do islã e a modernidade, o islã e a democracia, o Estado religioso, o sistema de governo e de consulta, o poder religioso, a posição dos cristãos coptas em um Estado islâmico, a economia islâmica, o papel das mulheres e o *hijab*. A maioria desses problemas tinha mais a ver com a forma do que com a substância. O islamismo político afetou o Estado de direito tanto no período monárquico quanto no republicano. Também deu aos governantes, especialmente durante o período republicano, uma desculpa para não implementar a verdadeira democracia: o argumento era de que os islâmicos alcançariam o poder através das urnas e, em seguida, descartariam suas pretensões democráticas. O regime republicano, um governo após o outro, assustava o Ocidente, em especial os Estados Unidos, com a possibilidade da chegada dos islâmicos ao poder. Adotando o preceito do "diabo que você conhece", o Ocidente tendeu a apoiar o partido governante, ajudando a manter os regimes ditatoriais por décadas no poder sem legitimidade real; isso, por sua vez, provocou o ódio islâmico ao Ocidente. Muitos observadores consideram a longa ausência de democracia no Egito uma consequência da presença dos islâmicos, que ameaçavam publicamente a estabilidade do regime governante, enquanto secretamente se aliavam a ele para eliminar qualquer movimento livre que promovesse a sociedade civil, o pluralismo político, os direitos humanos e outros fundamentos da democracia ocidental.

King Farouk, uma série de televisão transmitida em 2007, contava a história de Farouk I, o último rei do Egito e do Sudão, que reinou de 1936 a 1952. O seriado o mostrava como um governante benevolente que amava seu povo e se rendia ao poder expresso pelas urnas, fazendo o que lhe pediam o presidente e os ministros do governo; que consultava seus funcionários e não impunha suas próprias opiniões. A série alcançou enorme popularidade, especialmente entre as gerações mais jovens nascidas após o reinado de Farouk. Essa nostalgia do passado, e da era monárquica em especial, indicava o interesse do povo egípcio pela renovação e a profunda consciência de sua história. Mesmo assim, um funcionário do governo egípcio, quando em visita aos Estados Unidos, descreveu seu país como ainda não preparado para entrar na era da democracia. Sua conclusão de que os egípcios não poderiam provocar mudanças políticas se mostraria totalmente equivocada.

De fato, o Egito, embora aparentemente calmo na superfície, estava passando por um processo de reflexão e ajuste, procurando o caminho certo para alcançar esse renascimento.

Havia muitos matizes de opinião. Alguns se orgulhavam da era monárquica, citando a eficácia de suas autoridades, o poder e vitalidade de sua economia e o progresso e abertura cultural que havia alcançado. Outros apoiavam fervorosamente a Revolução de Julho, chamando-a de início da história. Tendiam a adorar Nasser – alguns até o consideravam o último dos profetas. No entanto, havia muita discordância entre os seguidores de Nasser e os partidários de Sadat, que havia descartado o modelo do Estado socialista de partido único e seu líder solitário. Os defensores de Sadat se orgulhavam de seus grandes avanços em direção à abertura política e liberalização da economia, especialmente no que diz respeito à responsabilidade social e ao cuidado com os pobres. Um terceiro grupo rejeitava ambas as épocas e lamentava a estagnação do Egito. Assumiram uma posição fortemente negativa, alegando que muitos egípcios tinham vendido suas almas para ganho pessoal, enquanto mantinham silêncio sobre o que os revolucionários faziam com o país e as pessoas. Ainda assim, a grande maioria sentia nostalgia da monarquia, que os homens de 1952 haviam tentado eliminar da história.

Mas a história não pode ser apagada. Em 25 de janeiro de 2011, milhares de jovens egípcios protestaram por todo o país contra o regime militar do presidente Hosni Mubarak. Milhões de pessoas aderiram, e as manifestações duraram 18 dias, até Mubarak deixar o cargo em 11 de fevereiro de 2011, pondo fim a quase trinta anos de ditadura corrupta e de seu Estado policial. O regime da Revolução de 1952 finalmente se extinguiu.

No entanto, era a democracia, e não a monarquia, que os egípcios queriam. Uma ampla gama de opiniões foi ouvida, do islamismo da Irmandade Muçulmana ao liberalismo de estilo ocidental de muitos nas cidades. Partidos políticos – anteriormente banidos – foram oficializados, e quaisquer tentativas de potências externas de influenciar os acontecimentos foram rejeitadas, enquanto continuava a busca por uma solução egípcia para a situação. As eleições parlamentares em 2012 trouxeram a vitória para a Irmandade Muçulmana, que tentou acalmar os temores de uma nova ditadura religiosa afirmando seu compromisso com o pluralismo democrático. O otimismo logo desapareceu; um ano depois, após uma onda de protestos, o Exército derrubou a Irmandade e encenou novas eleições, que foram ganhas pelo líder do Exército, Abdel Fatah al-Sisi. Enquanto isso, grupos *jihadistas*, alguns ligados ao Estado Islâmico na Síria, trouxeram insegurança e ameaçaram a importante indústria turística do Egito.

Durante todo esse período de transformação, o espírito do antigo Egito – um espírito de persistência, renovação e continuidade – pôde ainda continuar motivando os egípcios modernos a restaurar a antiga glória ao seu país.

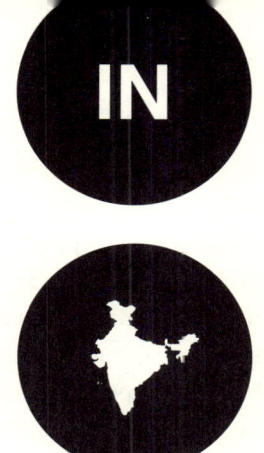

ÍNDIA
A CIVILIZAÇÃO SEM HISTÓRIA NACIONAL

Mihir Bose

O passado na Índia não é um país estrangeiro. Ele lança uma longa sombra sobre o presente e torna a história indiana literalmente letal. Isso ficou terrivelmente ilustrado em dezembro de 1992, quando uma turba hindu pôs abaixo a mesquita Babri, em Ayodhya, alegando que ela fora construída por governantes muçulmanos medievais que haviam destruído um templo mais antigo dedicado ao deus hindu Ram. Os hindus acreditam que Ayodhya é o local de nascimento de Ram. A política do templo de Ram, um legado histórico dos problemas entre hindus e muçulmanos na Índia, moldou a política indiana: não há acordo quanto à legitimidade da alegação hindu, permanecendo apenas a tensão e a violência, direcionadas principalmente contra a minoria muçulmana.

Em 2003, uma biografia do rei marata Shivaji, do século XVI, do estudioso estadunidense James W. Laine, aparentemente questionava a memória desse herói hindu na luta contra os muçulmanos do Império Mughal. O livro gerou tanta raiva que o Instituto Bhandarkar, em Puna, local da pesquisa, foi vandalizado, e a editora Oxford University teve de retirar o livro de circulação na Índia.

Os indianos não conseguem concordar a respeito de sua história porque ela tem poucas linhas retas. Para piorar a situação, foi em grande parte escrita por estrangeiros. A Índia, como a China, tem uma das mais antigas tradições culturais contínuas do mundo, mas não tem nada parecido com os antigos registros históricos da China.

Em 1960, o historiador R. C. Majumdar publicou *The Classical Accounts of India* [Relatos clássicos sobre a Índia], uma coleção de ensaios sobre a Índia escritos por estrangeiros como Heródoto, Megástenes, Arriano, Plutarco, Plínio e Ptolomeu: "Não havia história da Índia pré-muçulmana escrita pelos próprios indianos antigos e, assim, muito pouco se sabia sobre sua história política". Isso significava, como observou D. P. Singhal em *A History of the Indian People* [Uma história do povo indiano], que "desde os primeiros tempos até o advento dos muçulmanos [...] um período de cerca de 4 mil anos, não existe texto histórico algum, exceto *Rajatarangini* de Kalhana, e muito menos uma narrativa detalhada como as de Grécia, Roma e China".

Para um país que reivindica uma história de 5 mil anos, não existem relatos conhecidos deixados para nós pelos indianos por três quartos desse período. Mitos e fábulas, sim, mas nada que possa ser considerado historicamente autêntico.

A afirmação de Majumdar de que os muçulmanos trouxeram a história para a Índia é uma referência a um dos clássicos da história mundial, escrito por Abu Raihan, popularmente conhecido como Alberuni, intitulado *Alberuni's India* [A Índia de Alberuni]. Estudioso que veio para a Índia junto com as forças de Mahmud de Gázni no século XI, ele escreveu o livro enquanto seu patrão matava hindus ou os escravizava e saqueava seus riquíssimos templos para criar um reino opulento em Gázni, situado hoje no Afeganistão moderno. Todo inverno, por dezesseis anos, Mahmud assaltava a Índia e, assim, reuniu uma vasta riqueza. Em meio a essa carnificina, Alberuni observava calmamente o mundo dos hindus, tão diferente do seu. A posição posterior de Alberuni como celebridade científica no mundo muçulmano deveu-se muito às descobertas científicas e matemáticas indianas que aprendeu com os hindus e a seu domínio do sânscrito: um relato da Índia que dava e recebia ao mesmo tempo.

Até mesmo o nome Índia foi inventado por invasores estrangeiros. Os persas e os gregos, tentando definir o povo que vivia ao longo do rio Sindhu, tinham dificuldade com esse nome sânscrito. Eles o modificaram para "Indo" – o nome do grande rio do Punjab –, e então, ao tentarem definir os habitantes da região ao redor do rio Indo, as línguas persa e grega divergiram. A palavra persa era aspirada, e saiu como "hindu"; e a palavra grega, suavemente sussurrada, saiu como "índia". Assim, "Índia" é uma maneira tortuosa de indicar o subcontinente além do Indo delimitado pelos Himalaias, enquanto "hindu" é a palavra que define a religião das pessoas que habitam a região.

Muitos séculos depois, os orientalistas europeus, percebendo que os hindus não tinham nome para a própria religião (os hindus a chamavam de *Sanatan Dharma*, "O Caminho Eterno"), inventaram o termo "hinduísmo" para descrever essas crenças. Conforme destacou Nirad Chaudhuri, isso é como chamar a religião grega de "helenismo" ou mesmo de "grecismo". Essa invenção acrescentou um aspecto ainda mais curioso. Na Índia moderna, o termo "indiano" representa todos os indianos de qualquer religião. O país é secular, mas os muçulmanos chamam a si mesmos de "indianos" sem perceber que isso poderia ser o mesmo que se chamar de "hindus".

Mesmo os indianos modernos se contentam em deixar os estrangeiros contarem sua história. A única história verdadeiramente popular, *Esta noite a liberdade* (1975), que descreve como a Índia conquistou a independência, foi escrita por dois jornalistas estrangeiros: o francês Dominique Lapierre e o estadunidense Larry Collins; o famoso filme de 1982 sobre Mahatma Gandhi foi feito por um inglês, Richard Attenborough.

Ao conquistar a independência em 1947, a Índia não mudou seu nome adquirido no exterior, mas decidiu utilizar dois nomes, um para fins internos e outro para fins externos. Nas línguas indianas, o país é chamado de Bharat; e o governo indiano, de Bharat Sarkar – o governo de Bharat. Bharatvarsha, a terra de Bharat, é o antigo nome pelo qual a massa terrestre subcontinental era conhecida. A maior honraria na Índia independente é chamada de Bharat Ratna, a Joia de Bharat. No entanto, em toda a correspondência oficial, o nome "Índia" é utilizado.

D. D. Kosambi (1907-66), o historiador indiano mais inovador, procurou responder a essa falta de conhecimento escrito dirigindo-se a sítios indianos ao redor de sua base em Puna para investigar a história de uma perspectiva arqueológica, iniciando assim uma nova tendência na pesquisa histórica indiana. Desde então, outros seguiram a trilha de Kosambi, fazendo trabalho de campo em torno de ruínas, pedras, tijolos e outras evidências físicas em diversos sítios.

Para os indianos, a tarefa mais difícil atualmente é chegar a um acordo com o legado britânico – um campo minado histórico. Nenhum grupo de estrangeiros teve uma agenda mais carregada. Os britânicos eram diferentes de quaisquer governantes estrangeiros anteriores da Índia, todos os quais, começando com Alexandre em 326 a.C. (o primeiro sobre quem temos registros históricos confiáveis), vieram com a espada; os mughais chegaram em 1526 com o canhão, e também com o Alcorão. Mas no final esses estrangeiros ficaram na Índia e se tornaram parte da terra; até mesmo Alexandre deixou para trás alguns gregos que acabaram se tornando indianos. Os primeiros britânicos, por sua vez, vieram em busca de comércio com uma carta de súplica da rainha Elizabeth I para o imperador mughal Akbar (na qual escreveu incorretamente o nome dele), enfatizando que ficariam apenas por um tempo na Índia.

Historiadores recentes se concentraram no fato de que, antes de os britânicos conquistarem o país, a Índia era uma potência econômica mundial. Em 1750, sete anos antes que a vitória de Robert Clive sobre o nababo de Bengala e os franceses na batalha de Plassey inaugurasse o Império Britânico na Índia, a China detinha um terço da produção industrial mundial; a Índia, um quarto; e a Grã-Bretanha, menos de 2%. Em 1860, depois de apenas um século de domínio britânico, a Grã-Bretanha tinha 20%, e a Índia, 8,6%. Em 1900, o Reino Unido tinha 18,5%, e a Índia caíra para 1,7%. Com efeito, a Grã-Bretanha despojou a Índia de seu domínio pré-industrial manufatureiro, convertendo-a em um país de produtos primários que fornecia matérias-primas para a indústria britânica.

No entanto, mesmo quando os britânicos do final do século XVIII ganhavam dinheiro com a Índia, havia homens como William Jones (1746-94) e Warren Hastings (1732-1818) – o primeiro, um acadêmico que foi pioneiro no estudo do sânscrito; e o outro, o governador-geral da Índia – que juntos fizeram muito para desenterrar o conhecimento antigo indiano. Eles trouxeram o que aprenderam para uma geração atônita de indianos que havia esquecido o que seus antepassados tinham alcançado. Jones, conhecido como "Oriental Jones", fundou a Sociedade Asiática da Índia com o apoio de Hastings e iniciou toda uma tradição britânica de bolsas de estudo sobre a Índia que beneficiou a população local, embora por muitos anos não fosse permitido que nenhum indiano se tornasse membro da Sociedade Asiática ou participasse das reuniões.

Os britânicos, começando com Hastings e Jones, também foram catalisadores de mudanças. Eles trouxeram novas ideias e um novo olhar que reconectaram a Índia ao mundo. O efeito sobre a mente indiana, especialmente a hindu, foi imenso. As reformas mais significativas do hinduísmo – a eliminação de alguns de seus costumes bárbaros, por exemplo – não foram levadas a cabo pelos britânicos, mas por indianos que, analisando a própria sociedade com a ajuda das ideias britânicas e achando-a insatisfatória, procuraram mudá-la.

Tendo ajudado a abrir a mente indiana, os britânicos também a acorrentaram, colocando um limite naquilo a que os indianos poderiam aspirar. Uma ilustração clássica disso é o nome dado ao monte Everest em 1865, que homenageia George Everest, um coronel britânico que ajudou a mapear a Índia. Seu trabalho resultou nas primeiras medições precisas do Himalaia, incluindo o pico mais alto do mundo. Mas quem realmente calculou que o monte Everest era o mais alto do mundo? Não o próprio Everest. Nos estágios iniciais do mapeamento, o monte foi denominado Pico XV, enquanto eram realizados esforços para medi-lo. Andrew Waugh, sucessor de Everest como inspetor-geral da Índia, pediu que o "chefe de cálculo" fornecesse a fórmula matemática. Tratava-se de um jovem gênio da matemática chamado Radhanath Sikdar, um bengali cujas habilidades haviam sido observadas por Everest. Ele calculou que o Pico XV estava a 8.840 metros acima do nível do mar. Mas o pico mais alto do mundo não poderia receber o nome de um subordinado indiano, e Waugh encarregou-se de que fosse batizado de Everest – como ele disse, "um nome mais comum entre nações civilizadas".

Se Alberuni trouxera a escrita histórica para a Índia, os britânicos, por sua vez, contavam com especialistas sobre a Índia que nunca tinham visitado o país. James Mill escreveu sua *History of British India* [História da Índia Britânica] (1818) – uma obra de referência para muitas gerações de estudantes britânicos – sem nunca ter posto os pés na Índia. John Maynard Keynes trabalhou no Escritório da Índia (*India Office*), escreveu livros sobre como as finanças indianas deveriam ser organizadas e ajudou a criar o banco central da Índia (Reserve Bank of India). Mas ele também nunca visitou a Índia. Na verdade, disse que nunca precisou. Seu contato indiano mais próximo foi um estudante chamado Bimla Sarkar, que pode ter sido seu amante. Nesse caso, Keynes, uma das maiores mentes da Grã-Bretanha, achava que uma coisa era levar um indiano para a cama, outra completamente diferente era encontrar milhões deles.

A outra grande característica da conexão britânica foi que, desde o início, os britânicos se comportaram como se estivessem em um terreno moral superior. A melhor síntese disso se encontra nos relatórios anuais apresentados ao Parlamento britânico pelo secretário de Estado para a Índia. Os livros encadernados em vermelho estão repletos daqueles fatos e números áridos que são comuns em registros governamentais, mas o que vale a pena destacar é o título: *Progresso moral e material na Índia*. A mensagem era clara: os britânicos estavam melhorando não só a condição econômica dos indianos – uma afirmação ainda mantida por alguns historiadores britânicos – como também a moral de um povo bárbaro e decadente.

Os indianos sempre acharam difícil lidar com essa superioridade moral britânica. Sua resposta tem sido a de minimizar seu próprio lado obscuro e fingir que os crimes que cometeram foram erros ou, simplesmente, não aconteceram. As atrocidades indianas contra os britânicos, como o "buraco negro de Calcutá" em 1756, quando o nababo de Bengala supostamente trancou 146 prisioneiros de guerra em uma sala sem ar, onde muitos morreram sufocados, ou o massacre de homens, mulheres e crianças em Bibighar, Kanpur, durante a revolta de 1857, são ignoradas ou encobertas.

Os indianos têm um problema ainda mais grave do que os franceses pós--Vichy com sua história de ocupação: sem sua colaboração ativa, os britânicos nunca poderiam ter conquistado a Índia, muito menos governá-la. No auge do império nunca houve mais de novecentos funcionários públicos britânicos e cerca de 70 mil soldados brancos em um país com mais de 250 milhões de indianos. Mesmo em Plassey, mais indianos morreram lutando por Robert Clive do que soldados britânicos (quatro soldados ingleses morreram, nove ficaram feridos e dois desapareceram, enquanto 16 cipaios indianos foram mortos e 36 ficaram feridos). Em 1857 (a violência que os britânicos chamaram de motim, mas que hoje geralmente é conhecida como a Primeira Guerra de Independência da Índia), os britânicos nunca teriam sobrevivido se não fosse pela ajuda que receberam dos moradores locais – em especial os sikhs e os gurkhas.

Que os britânicos conseguissem recrutar indianos para lutar por eles e até mesmo guerrear contra outros indianos era um dos aspectos mais notáveis do Raj[1]. De fato, em todo o império o combate foi protagonizado por soldados indianos comandados por um corpo de oficiais britânicos. O financiamento do exército vinha das receitas indianas. Em todos os conflitos, exceto na Guerra dos Bôeres, uma luta entre brancos em que era considerado desaconselhável ter soldados marrons, os indianos lutaram pelos britânicos, estendendo seus domínios e preservando seu governo. Durante meio século, antes de 1914, as tropas indianas serviram em mais de uma dúzia de campanhas imperiais desde a China até Uganda.

A resposta indiana moderna é minimizar a colaboração e tentar provar que, contrariamente às afirmações britânicas, a Índia era uma nação sob o domínio da Grã-Bretanha. É famosa a frase de Churchill dizendo que chamar a Índia de

---

1 British Raj era o nome pelo qual o domínio britânico na Índia era chamado. O termo *raj* significa "reino". [N.T.]

nação era como chamar o equador de nação. Os indianos enfatizam a unidade cultural que por longo tempo prevaleceu antes do domínio britânico, mas a Índia anterior aos britânicos nunca teve unidade política. Nem o rei Ashoka (304-232 a.C.), da dinastia Maurya, nem o mughal Akbar (1542-1605), os dois grandes soberanos da Índia anteriores ao domínio britânico, governaram a massa terrestre inteira do subcontinente indiano. Mesmo quando se trata de unidade cultural, há limitações. Os indianos, por exemplo, não têm um dia único para o ano-novo: em grande parte da Índia, é celebrado no outono, na época do festival de Diwali; no leste e no norte, cai na primavera, por volta de abril.

O discurso público mais elaborado dos indianos diz respeito à forma como a Índia conquistou a independência em 1947. Na versão indiana, tudo se deveu a Mahatma Gandhi (1869-1948), cuja magia de resistência não violenta levou à conquista da liberdade sem derramamento de sangue. Gandhi é considerado o "pai da nação", da mesma forma que George Washington é o pai dos Estados Unidos. Uma visita ao Raj Ghat de Délhi, onde Gandhi foi cremado, é obrigatória para todos os visitantes oficiais. No entanto, ao contrário da derrota dos britânicos para Washington em Yorktown, os historiadores não conseguem apontar um momento decisivo em que Gandhi tomou o poder. Ele liderou quatro campanhas não violentas, a última delas cinco anos antes da saída dos britânicos. Suas campanhas transformaram a Índia e os indianos, que passaram a andar de cabeça erguida e a acreditar que não tinham nada a temer de seus senhores coloniais. Em 15 de agosto de 1947 (Dia da Independência), porém, Gandhi recusou-se a comemorar a liberdade, preferindo passar o dia em Calcutá, para tentar acalmar as tensões entre hindus e muçulmanos, e lamentando a divisão do país que resultara das negociações de independência e a violência que ela trouxera.

Na verdade, a independência da Índia veio em meio a todo um conjunto de circunstâncias, sobretudo as vitórias iniciais do Japão no Extremo Oriente em 1941-42, que destruíram o mito da supremacia branca.

Os indianos muitas vezes subestimam a construção da nação empreendida por eles desde a conquista da independência. Não há mito mais amplamente difundido do que dizer que os britânicos governavam toda a Índia, mas a verdade é que, em 1947, mais de um terço do subcontinente indiano era realmente governado por príncipes indianos nativos que não faziam parte da Índia britânica. Havia tratados assinados com o Raj regendo as relações externas. O Raj nomeava um residente em cada estado, mas o príncipe podia fazer o que quisesse dentro de suas fronteiras, desde que não ameaçasse o controle geral britânico. Geralmente, seu compromisso mais importante com os britânicos era o de garantir que o vice-rei caçasse um tigre em sua visita. Os príncipes tinham até os seus próprios exércitos, alguns dos quais tendo lutado ao lado dos Aliados nas duas guerras mundiais. Nem os tribunais britânicos nem as ferrovias construídas pelos britânicos se estendiam a esses domínios principescos. Em 1947, cada um dos 565 principados no subcontinente teve a opção de se unir à Índia ou ao Paquistão, ou tornar-se independente. A integração desses estados na moderna república da Índia foi obra de Sardar Vallabhbhai Patel (1875-1950), o obstinado e sensato político gujarati que dirigia a máquina política de Gandhi e que se tornou o vice-primeiro-ministro no primeiro gabinete indiano pós-independência, liderado por Jawaharlal Nehru.

A outra característica surpreendente da Índia britânica era que, embora tivesse a aparência de um Estado, faltava-lhe um requisito essencial: um sistema legal aceito por todos. Havia um direito penal comum e foram criados tribunais superiores no estilo inglês, mas nunca houve um direito civil comum. Durante seu governo, os britânicos nunca fizeram qualquer movimento para mudar, muito menos modernizar, o direito pessoal de hindus e muçulmanos ou de outras comunidades indianas. Elas continuaram como existiam havia séculos – na verdade, os britânicos fizeram de tudo para reforçar os antigos costumes indianos.

Desde a independência, a Índia tem lutado para impor um direito civil comum, gerando muitos problemas com sua minoria muçulmana. Quando o país alcançou a independência, não houve julgamentos de crimes de guerra para os que haviam colaborado com os britânicos nem uma comissão da verdade e reconciliação como a instituída pelos sul-africanos após o *apartheid*. Em 15 de agosto de 1947, com um gesto de desdém, o colaborador se uniu ao combatente da liberdade.

A Índia é uma terra que nunca teve dificuldade para criar história, mas grandes problemas para encontrar bons historiadores nativos. De fato, na antiga Índia, a poesia era considerada de maior valor do que a história. Os indianos estão constantemente tentando recuperar sua história a partir dos vários relatos que lhes são deixados pelos estrangeiros. O resultado é uma contínua controvérsia e turbulência.

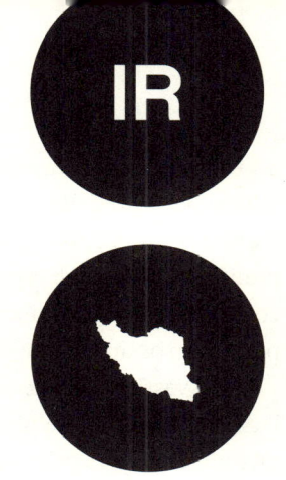

IRÃ
UMA HISTÓRIA LONGA E UMA SOCIEDADE EFÊMERA

Homa Katouzian

A história do Irã é longa e complexa. Objeto de lutas amargas pelo poder durante séculos, seu território absorveu uma gama diversificada de culturas e opiniões, que por sua vez deram origem a uma literatura, uma arte e uma arquitetura das mais admiradas do mundo.

Desde a época dos antigos gregos, o Irã era conhecido pelos europeus como Pérsia; em 1935, o governo iraniano, instigado pelos contatos nazistas na Alemanha, exigiu que o resto do mundo chamasse oficialmente o país de Irã, em grande medida para destacar suas origens arianas. Após a mudança de nome, o país foi muitas vezes confundido com o Iraque, e muitos no Ocidente erroneamente achavam que se tratava também de um país árabe.

"Farsi" é a palavra persa para a língua do Irã, mas seu uso no inglês contemporâneo é confuso. Ao contrário de "persa", que muitos europeus entendiam ser uma língua da cultura e da literatura, "farsi" não tem conotações culturais ou históricas: poucos falantes da língua inglesa teriam ouvido falar da literatura *farsi* ou seriam capazes de localizá-la geograficamente. A literatura persa é, de fato, a joia mais resplandecente na coroa da história e da cultura iranianas, o produto coletivo de inúmeros poetas e escritores, falantes nativos ou não da língua persa. A poesia persa, famosa em todo o mundo pelas obras de Rumi, Hafiz, Khayyam, Ferdusi e Saadi, é um dos maiores legados literários da humanidade.

Os iranianos tiveram muito mais sucesso na poesia, nas artes e no artesanato, na religião e na mitologia do que na ciência e nas instituições sociais. Sua arquitetura antiga e medieval, representada por monumentos históricos como a Persépolis pré-islâmica e a mesquita congregacional pós-islâmica de Isfahan, é um dos principais legados arquitetônicos do mundo. As pinturas persas em miniatura, os desenhos em mosaico e a arte moderna iraniana – abrangendo em conjunto mais de mil anos – são únicos em sua identidade artística. Os tapetes persas são os mais avançados e requintados do mundo.

Os vestígios arqueológicos de civilizações antigas remontam a vários milhares de anos, mas a história escrita do país data de mais de 2.500 anos atrás, quando o rei persa Ciro, o Grande, fundou o primeiro império mundial, estendendo-se da Ásia Central ao Chipre, ao Egito e à Líbia. Esse foi o ponto culminante de quase dois milênios do deslocamento de tribos arianas para o planalto iraniano, provavelmente a partir das estepes do norte da Ásia Central. Havia muitas tribos, incluindo citas, partos, alanos, medos e persas, e esta última estabeleceu um império que veio a abarcar todas as outras.

O Império Persa esteve muitas vezes em conflito com os gregos antigos, mas, ao contrário da Grécia, conseguiu administrar um grande Estado imperial que concentrava todo o poder em suas próprias mãos. Esse foi um legado que durou até o século XX e além. Essa concentração de poder era uma fonte de força para o Estado, bem como sua fraqueza. O Estado podia exercer o poder arbitrário sobre a sociedade, mas esta, por sua vez, o via muitas vezes quase como uma força estrangeira e frequentemente se revoltava contra ele – sobretudo no século XVIII – ou não o defendia contra invasores externos, como os árabes muçulmanos no século VII. Assim, tem havido um antagonismo fundamental entre Estado e sociedade ao longo da história iraniana, apesar das enormes conquistas imperiais e culturais do país. O Estado tendia a um governo absoluto e arbitrário; a sociedade tendia para a rebelião e o caos. Uma de quatro situações prevaleceu na história iraniana: governo absoluto e arbitrário; governo arbitrário fraco; revolução; ou caos – este geralmente seguido por um retorno ao governo absoluto e arbitrário.

As revoluções tradicionais iranianas tinham a intenção de derrubar o governante e o Estado existentes em vez de abolir o sistema de governo arbitrário, que até o século XIX era considerado natural. O ciclo geral de governo arbitrário–caos–governo arbitrário significava que a mudança era mais frequente na história iraniana que na europeia. O que se mantinha era a natureza arbitrária do poder do Estado, o que justificava e era justificado pela natureza rebelde da sociedade.

A independência do Estado em relação a todas as classes sociais explica seu extraordinário poder, mas essa independência também era sua principal vulnerabilidade, já que não havia uma classe social específica com a qual o Estado pudesse contar para defendê-lo, caso enfrentasse problemas. Como o direito sucessório não era garantido por lei ou enraizado nos costumes, qualquer rebelde poderia derrubar e substituir o soberano reinante. Isso deu origem a uma "sociedade efêmera", que era ao mesmo tempo causa e efeito da ausência de uma classe aristocrática e de instituições sociais estabelecidas. Um homem poderia ser uma pessoa humilde em um ano, um ministro no outro e perder sua vida e seus bens logo depois.

O império fundado pela dinastia Aquemênida em cerca de 550 a.C. durou mais de dois séculos até ser conquistado por Alexandre, o Grande, em 330 a.C. Um período de colonização e domínio grego foi seguido pela ascensão de outro império iraniano, o dos partos, em 248 a.C., que se tornariam primeiro vizinhos e depois rivais dos romanos. O conflito iraniano-romano continuou mesmo quando o Império Persa dos sassânidas substituiu o dos partos, em 224 a.C. Os sassânidas fizeram do zoroastrismo, um antigo culto iraniano, sua religião oficial. Os zoroastristas identificavam três "estados" da existência: o primeiro era um estado de harmonia e bem-aventurança; este era seguido pelo "estado misto", contendo tanto o bem quanto o mal, no mundo presente; este, por sua vez, seria levado a um fim por um salvador, inaugurando-se assim o terceiro estado de felicidade permanente. Esses conceitos de céu, inferno, recompensa e punição no mundo vindouro são muito semelhantes aos das religiões abraâmicas do Oriente Médio. A ortodoxia zoroastriana foi questionada no século III por Mani, o profeta do maniqueísmo, uma forma híbrida de zoroastrismo, cristianismo e budismo que, embora tendo sido sufocada, teve depois um impacto considerável sobre o sufismo persa pós-islâmico. Os masdeístas representaram outro grupo que desafiou a ortodoxia zoroastriana no século VI, mas também foram reprimidos após a tentativa de lançar um movimento social igualitário.

Em 651, o Império Sassânida foi derrubado pelos árabes muçulmanos. Esta nova força, combinando uma fé igualitária e abraâmica com o poder espiritual de um movimento revolucionário, enfrentou um império imenso, mas arcaico, exausto e cheio de conflitos que não foi energicamente defendido por seu próprio povo. Levou dois séculos para todos os iranianos se converterem ao islamismo, época em que surgiram os primeiros estados autônomos persas.

Durante esse período, os iranianos fizeram consideráveis contribuições à cultura e à civilização islâmicas como administradores, escritores, cientistas e médicos. Vários estados persas surgiram nos antigos territórios sassânidas até o século XI, quando começaram a ser conquistados por hordas de nômades, principalmente turcos, vindos da Ásia Central, que formaram o vasto Império Seljúcida. Seguiu-se então a devastação mongol das terras iranianas em 1220 e depois a fundação de vários estados turcos no século XIV. Durante esse período turbulento, porém, o persa permaneceu sendo a língua da cultura e da administração, bem como a língua franca em muitas terras não iranianas, como Anatólia, Turquestão, oeste da China e oeste da Índia, estendendo-se depois para todo o subcontinente indiano e, por vezes, indo além dele, para a península da Indochina.

Em 1501, a Pérsia foi novamente reunida sob uma única bandeira como "o reino protegido do Irã", e o ramo xiita do islã tornou-se a religião oficial. Esse foi o Império Safávida, que atingiu o auge no início do século XVII, mas caiu diante dos rebeldes afegãos em 1722. Décadas de guerras civis e estrangeiras se seguiram.

No final do século XVIII, os Qajars fundaram uma dinastia e trouxeram relativa paz ao país. Mas o Irã ficou então sujeito à grande rivalidade anglo-russa pela dominação imperialista, posteriormente apelidada de "o Grande Jogo", que tirou do país a soberania plena. Essa foi a origem das modernas teorias conspiratórias iranianas, que ainda são mantidas por praticamente todos os matizes da opinião pública. Os iranianos desenvolveram o hábito de atribuir até mesmo o menor acontecimento político em seu país às maquinações das potências estrangeiras, e viam a si próprios como peões indefesos no xadrez disputado por jogadores de fora.

Os intelectuais encontraram o remédio na lei, assinalando que, ao contrário da Europa, o Estado ainda exercia um poder arbitrário sobre a sociedade. A Revolução Constitucional do início do século XX pretendia estabelecer um governo baseado na lei, bem como modernizar o país nos padrões europeus. Mas a queda do Estado arbitrário resultou no caos – e não na democracia —, como havia ocorrido em toda a história iraniana.

Em 1921, um golpe liderado por Reza Khan Pahlevi (1878-1944) pôs fim ao caos e, em 1926, fundou a dinastia Pahlevi, que durou até 1979. O golpe foi auxiliado por diplomatas e oficiais militares britânicos, mas o governo da Grã-Bretanha não teve participação direta. O resultado foi uma ditadura que em uma década levou à restauração do antigo governo arbitrário. Durante esse período foram tomadas medidas para modernizar a administração, os transportes, a indústria e a educação. Embora beneficiando somente uma pequena minoria da população na época, o impulso de modernização estabeleceu as bases para desdobramentos posteriores no século XX.

As elites iranianas modernas, profundamente influenciadas por ideologias nacionalistas europeias, redescobriram e romantizaram o glorioso passado ariano da antiga Pérsia e lançaram a culpa do atraso do país contemporâneo sobre os árabes e o islamismo: sem a conquista muçulmana, acreditavam elas, o Irã estaria em pé de igualdade com a Europa Ocidental. Essa se tornou a ideologia oficial sob a dinastia Pahlevi. Mas, fiéis à tradição do antagonismo entre Estado e sociedade, não apenas os tradicionalistas, mas até mesmo os secularistas e modernistas se voltaram mais tarde para o islamismo xiita, como fé e como instrumento para enfrentar o governo secularista e arbitrário do segundo Pahlevi, o xá Mohammad Reza (1919-80). A revolução de fevereiro de 1979 só se tornou totalmente islâmica graças às lutas pelo poder que se seguiram ao seu triunfo. Desde então, o nacionalismo romântico ariano voltou a ser popular entre os iranianos modernos e seculares.

O nacionalismo moderno também teve implicações importantes para a questão controversa da identidade iraniana. O arianismo pampersa inevitavelmente levou à desqualificação, e, até, à negação, da natureza multiétnica e multilinguística da sociedade iraniana desde sua fundação, gerando ressentimentos profundos e, às vezes, animosidade em relação ao Estado e aos falantes da língua persa. No entanto, descrever os iranianos em termos de uma única raça pura não apenas se contrapõe aos fatos como também, e principalmente, ignora a notável capacidade dos iranianos de receber, absorver e adaptar culturas estrangeiras, desde a cultura babilônica do século VI a.C. até a cultura estadunidense do século XX. De fato, esse é o segredo da riqueza e continuidade da cultura e civilização iranianas, apesar de interrupções históricas e revoluções perenes.

Embora impérios iranianos antigos e medievais por vezes incluíssem povos ainda mais diversos do que o Irã moderno, a qualidade e característica do "iranianismo" (*iraniyat*) sempre distinguiu o país de seus vizinhos. Não foi o nacionalismo, em qualquer sentido moderno, mas a consciência de uma coletividade social e cultural que fez seu povo distinto dos gregos, romanos, árabes, chineses e indianos. Os fatores que uniram os iranianos e determinaram sua identidade não foram necessariamente os mesmos ao longo dos tempos, embora três tenham desempenhado um papel importante desde a era medieval. Um é a língua persa, o meio de comunicação da literatura e da alta cultura que até se tornou a língua oficial falada em outros países, incluindo a Índia mughal. Outro é o islamismo xiita, que é exclusivo do Irã como religião estatal e seguido pela maioria dos iranianos; aspectos dele também estão enraizados na cultura iraniana desde tempos pré-islâmicos. O terceiro é a territorialidade: o fato de que, apesar da expansão e contração territoriais através dos tempos, a existência de um território reconhecidamente iraniano ainda persiste – pelo menos como região cultural.

A invasão do Irã pelos Aliados em 1941 levou à abdicação do xá Reza e à ascensão de seu filho, o xá Mohammad Reza. Mais uma vez retorna a política caótica, com o Partido Tudeh (mais tarde comunista) sendo o movimento político mais organizado nos anos 1940. O final dessa década assistiu à ascensão de Mohammad Mossadegh (1882-1967) como líder da Frente Nacional. Ele foi eleito primeiro-ministro e nacionalizou a indústria petrolífera, mas não conseguiu chegar a um acordo com a Grã-Bretanha e foi derrubado em 1953 por um golpe organizado e financiado pelos governos estadunidense e britânico e conduzido pela sua própria oposição interna.

O golpe estabeleceu uma ditadura pró-Ocidente que durou até meados da década de 1960, quando o xá Mohammad Reza eliminou o *establishment* político leal, bem como a Frente Nacional, e renovou o domínio absoluto e arbitrário na chamada Revolução Branca. O princípio mais importante da revolução era a reforma agrária, embora na realidade tenha excluído muitos dos camponeses, resultando no declínio relativo da agricultura e enchendo as cidades de migrantes rurais. A multiplicação dos preços do petróleo por quatro no início da década de 1970 prejudicou a economia, ao encorajar o governo a gastar além de sua capacidade, e intensificou o sentimento inflado de autoconfiança do xá, que por sua vez exacerbou a falta de liberdade de expressão da população.

Esse estado de coisas reuniu todas as vertentes da oposição, incluindo liberais, esquerdistas e islamistas. Quando o xá tentou afrouxar ligeiramente o aperto em resposta ao apelo do presidente estadunidense Jimmy Carter pela ampliação dos direitos humanos em todo o mundo, o movimento revolucionário, liderado pelo carismático e inflexível aiatolá Khomeini (1900-89), derrubou o governo, em fevereiro de 1979.

A república islâmica que se seguiu foi dominada pelo conflito, mas as lutas pelo poder acabaram resultando no triunfo das forças lideradas pelo aiatolá

Khomeini. Quando, em novembro de 1979, diplomatas estadunidenses foram tomados como reféns em Teerã, as relações com os Estados Unidos se deterioraram ainda mais, e o Ocidente acabou apoiando Saddam Hussein em sua longa guerra com o Irã, que terminou em 1988.

A partir da morte de Khomeini, em 1989, o aiatolá Khamenei (n. 1939) torna-se o líder supremo, supervisionando quatro presidências: a pragmática e conservadora de Ali Akbar Rafsanjani (1989-97); a pragmática e reformista de Mohammad Khatami (1997-2005); a fundamentalista e conservadora de Mahmoud Ahmadinejad (2005-13) e a de Hassan Rouhani (2013-21). A reeleição de Ahmadinejad em junho de 2009 foi amplamente contestada e levou a grandes manifestações e a uma grave divisão dentro do próprio regime islâmico. Não foi apenas uma crise de autoridade, mas também de legitimidade.

Quando os reformistas foram expulsos da política, rachaduras começaram a surgir nas fileiras. A facção conservadora seguiu seu próprio caminho, e os fundamentalistas se dividiram em dois: a linha-dura Frente de Estabilidade e o grupo, descrito como "dissidente" por seus oponentes, que apoiou Ahmadinejad. O conflito sobre o programa nuclear iraniano endureceu, e os Estados Unidos e a União Europeia impuseram novas e duras sanções econômicas, o que gerou graves tensões. Em 2016, no entanto, a administração Obama nos Estados Unidos fez um acordo com o Irã, e as sanções foram suspensas.

GRÉCIA
UM PAÍS PRESO ENTRE GLÓRIAS ANTIGAS E O MUNDO MODERNO

Antonis Liakos

O que é ser grego? Dois poemas podem fornecer uma resposta. O primeiro, de Kostis Palamas, o poeta responsável pela letra do primeiro hino dos Jogos Olímpicos em 1896, pergunta: "Qual é a minha pátria?". É sua paisagem e os monumentos deixados para trás por todos os habitantes anteriores – os antigos gregos, romanos, bizantinos, venezianos, otomanos e outros? O segundo, "Mythistorema", escrito em 1935 por George Seferis, ganhador do Prêmio Nobel, compara os sentimentos do poeta sobre a Grécia aos de alguém acordando de um sono profundo, segurando em suas mãos uma antiga cabeça de mármore, tendo sonhado toda a sua vida que era inseparável dela; ele não sabe o que fazer com a cabeça e está cansado de segurá-la. No poema de Palamas, a Grécia contemporânea não é nada mais do que um amálgama de 2 mil anos de história, incluindo os feitos de seus conquistadores, os quais deixaram marcas na fisionomia da terra. No segundo poema, a Grécia contemporânea não consegue decidir sua identidade; em vez disso, oscila entre o presente e a Antiguidade, pois esta é insuportável para um país que tenta obter uma consciência contemporânea.

A Grécia surgiu como um Estado-nação moderno em uma revolta contra o Império Otomano na década de 1820. Antes disso, não estava claro que o novo Estado seria chamado "Grécia" (*Hellas*, em grego); ou seus habitantes, "gregos" ("helenos"). "Grego" no vernáculo denotava um pagão, significado dado à palavra pelos patriarcas da Igreja. Quando alcançou a supremacia no Mediterrâneo oriental no século IV, o cristianismo substituiu as antigas religiões e a cultura da cidade grega – seu culto público, os debates sobre questões públicas na ágora, as apresentações de teatro, as arenas de luta e os Jogos Olímpicos. Essa foi, sem dúvida, uma enorme mudança. A pergunta que se faz com frequência: o mundo helênico sobreviveu após o fim da Antiguidade?

Mas o que era o mundo helênico? Platão descreveu os gregos como sapos sentados em volta de um lago, uma referência aos assentamentos gregos ao redor do Mediterrâneo e do mar Negro. Mas o termo "grego" refere-se a uma etnia ou a uma civilização? Para o historiador Heródoto no século V a.C., os gregos tinham uma língua e uma religião em comum e compartilhavam os mesmos ancestrais: portanto, eram uma raça, mesmo não tendo unidade política e consciência nacional. Algumas décadas depois, o historiador Tucídides apresentou uma visão mais cética. Ele escreveu, por exemplo, a respeito de bárbaros que se tornaram gregos, querendo dizer que antes resolviam seus problemas com armas, como os bárbaros, mas depois se voltaram para a lei, como os gregos. Nesses termos, qualquer um poderia ser identificado como grego, desde que compartilhasse valores gregos. No século IV a.C., Isócrates observou que os gregos eram aqueles com educação grega, sugerindo que o helenismo era uma categoria cultural, e não étnica. Na era "helenística" inaugurada por Alexandre, o Grande, e pelos macedônios, o helenismo era principalmente uma força cultural, à medida que cidades com um estilo de vida grego se entranhavam profundamente na Ásia Central. Muitos escritores gregos dessa época não escreviam em seu primeiro idioma. Sob o Império Romano, o helenismo, através da poesia, filosofia, teatro, escultura e arquitetura, tornou-se a cultura da aristocracia romana – ou melhor, greco-romana.

Os cristãos adotaram a língua grega e protegeram uma seleção de textos filosóficos e poéticos gregos, bem como escritos sobre medicina, matemática e astronomia. No entanto, destruíram o "helenismo visível" – suas escolas de filosofia, estátuas, templos, teatros e arenas de luta – juntamente com tudo que envolvia a ágora e o debate público. Em outras palavras, os cristãos provocaram a destruição do modo de vida grego – e é por isso que "grego" e "pagão" passaram a ser sinônimos para os cristãos. Mas o cristianismo poderia não ter adquirido a forma pela qual é conhecido hoje se seus preceitos não tivessem sido expressos em uma linguagem conceitual grega. Permanece, portanto, a pergunta: o helenismo foi destruído ou sobreviveu?

Se o considerarmos a civilização de uma determinada época, então o helenismo começou com os assentamentos helênicos no Mediterrâneo no século VIII a.C. e terminou com a cristianização completa do Império Romano no século VI d.C. A proibição das antigas formas de culto e dos Jogos Olímpicos pelo imperador bizantino Justiniano, em 528, e a conversão do Partenon em uma igreja cristã sinalizaram seu fim. Essa é uma civilização que durou 12 séculos. Certamente, muitas de suas características culturais foram passadas para a era moderna: sobreviveram em aspectos linguísticos e conceituais das línguas europeias, bem como em línguas do Mediterrâneo oriental (incluindo copta, árabe, sírio, armênio, eslavo e turco). A cultura europeia moderna reavaliou, reutilizou e competiu com conceitos e formas gregos e romanos. Desse ponto de vista, principalmente a partir do Iluminismo do século XVIII, o helenismo cultural emergiu como um ponto de referência em filosofia, teoria política, artes visuais e arquitetura e se tornou o núcleo do cânone da civilização ocidental.

Hoje, entretanto, os gregos não veem o helenismo como essencialmente um grau de civilização. Desnecessário dizer que efetivamente atribuem primazia a ele, considerando-o uma civilização suprema e a mãe da civilização moderna. Além disso, consideram o helenismo uma manifestação do brilhantismo e da engenhosidade da nação grega. Mas os gregos modernos acreditam que o helenismo corresponde a uma nação que sobreviveu após o fim da Antiguidade no Império Romano do Oriente. Essa nação em sua segunda vida foi moldada em conjunto com a Igreja Ortodoxa Oriental Helenizada (em vez da Igreja Latina do Ocidente). Os gregos acreditam que, apesar da ocupação otomana da Ásia Menor e dos Bálcãs a partir do século XII, sua nação conseguiu sobreviver até a declaração de independência no início do século XIX.

Estudiosos gregos do século XIX alimentaram a noção de uma história ininterrupta de sua nação desde a Antiguidade grega até o reino grego em 1830. Em primeiro lugar, eles arcaizaram a língua falada e desenvolveram uma escrita o mais próxima possível do vernáculo helenístico. Em segundo lugar, mudaram os nomes de cidades, aldeias, montanhas e ilhas de volta para suas formas antigas; para eles, os sítios arqueológicos constituíam uma rede geográfica de pontos de referência históricos, sublinhando sua identidade grega. Em terceiro lugar, adotaram o neoclassicismo como seu estilo arquitetônico para edifícios públicos e privados. O mesmo estilo foi utilizado para símbolos e monumentos nacionais. Mas, acima de tudo, os estudiosos gregos criaram uma poderosa narrativa de uma nação com uma história contínua da Antiguidade até o presente, usando evidências de apoio da historiografia, do folclore e da história da arte. Os gregos convenceram não apenas a si próprios com essa noção de helenismo, como também aos não gregos – tanto os turistas quanto os estudiosos da cultura e da civilização gregas. Os estrangeiros hipnotizados pela antiga civilização grega ajudaram no "renascimento" dos gregos. Mas estes pagaram um alto preço para persuadir a si próprios e aos outros de uma história helênica ininterrupta: frequentemente são vistos como aquém das expectativas quando comparados com seus ancestrais inventados, mas distantes.

Sempre houve um desencontro entre a forma como os gregos veem a si mesmos e como os outros os veem. Antes do turismo em massa, somente uns poucos visitantes instruídos conheciam a Grécia a partir de seus livros. Eram pessoas que admiravam a Grécia Antiga, mas menosprezavam qualquer um de seus outros períodos históricos. No século XIX, os próprios gregos recém-independentes manifestavam um desprezo semelhante: por exemplo, "purificando" a Acrópole e Atenas de quaisquer estruturas romanas ou bizantinas. Depois houve uma mudança de curso em que se esforçavam para exibir elementos de períodos anteriores a fim de demonstrar a história ininterrupta do helenismo. Agindo assim, eles tropeçaram em um grande obstáculo: Bizâncio estava ausente não só do cânone histórico grego, como também do europeu. Isso significava que a história da ortodoxia oriental também estava ausente. Muitos estudiosos ocidentais do Bizâncio consideravam a ortodoxia e a Europa Oriental uma civilização em separado da Europa Ocidental. Os gregos tentavam agora se apropriar da história de Bizâncio para si e promovê-la como um elo em sua própria história nacional, retratando Bizâncio como o canal através do qual a antiga literatura grega passava para a Europa. É interessante, porém, que, da mesma forma que os europeus ocidentais tinham virado as costas para os gregos, os próprios gregos viraram as costas para os povos dos Bálcãs e do Oriente Médio. Encontros históricos gregos com venezianos, sérvios, albaneses, búlgaros, árabes e turcos não foram ignorados, mas interpretados dentro de um quadro de antagonismos nacionais.

Qualquer referência aos Bálcãs com frequência traz à mente questões como conflito étnico, guerra e até mesmo limpeza étnica; essa é considerada uma região em que todos lutam contra todos os demais. No entanto, praticamente não há nada de excepcional sobre os Bálcãs; não há mais sangue derramado nessa região do que em qualquer outra parte do mundo. Os problemas ali provinham da coexistência de diferentes populações étnicas no mesmo território. Assim, quando começaram a ganhar vontade política após o declínio do Império Otomano, nações individuais passaram a reivindicar áreas que outras nações também reivindicavam. Por exemplo, a Grécia e a Bulgária reivindicaram a Macedônia. A primeira também disputou Constantinopla (Istambul) e a Ásia Menor com os turcos. Os anos que antecederam a Primeira Guerra Mundial trouxeram uma explosão de fervor nacionalista, levando a uma década de guerras constantes e conflitos sangrentos (1912-22). No processo, a Grécia quadruplicou de tamanho com a aquisição da maior parte da Macedônia, que foi helenizada principalmente pelo transporte de refugiados da Ásia Menor. Essas guerras foram seguidas por expulsões em massa violentas e indesejadas ou intercâmbio de populações e, em alguns casos, massacres. Em 1922, 1,5 milhão de refugiados cristãos foram forçados a sair da Turquia para a Grécia. Seiscentos mil muçulmanos deixaram a Grécia para se estabelecer na Turquia. Populações gregas da região dos Bálcãs convergiram para dentro das fronteiras do Estado grego. Nos anos seguintes, o Estado fez um enorme esforço para ajudar os refugiados, que representavam 20% da população, assimilando-os à vida grega.

A guerra mudou a cena política da Grécia; o Exército ficou mais forte, muitas vezes resultando em golpes de Estado que trouxeram crises ao sistema parlamentar do país. A depressão de 1929-32 resultou em agitação social. O espectro da revolução social pairou sobre o país até 1936, quando uma ditadura foi estabelecida, sob o comando do general Ioannis Metaxas (1871-1941), como em outros países europeus desse período. De fato, a Grécia entrou na Segunda Guerra Mundial sob uma ditadura que imitava o fascismo, mas aliada à Grã-Bretanha.

Para Nikos Svoronos, um importante historiador grego do século XX, um elemento fundamental ao longo da história da Grécia tem sido o espírito de "resistência". Os gregos, afirmava ele, estavam sempre resistindo aos invasores estrangeiros e à tirania interna. Essa atitude generalizada resulta do fato de o Estado grego moderno ser o produto de uma revolução, que por sua vez criou um sujeito forte: "Nós, o povo!". Isso deu origem a uma tradição de patriotismo popular e nacionalismo, de intensa politização e de partidos políticos fortes, bem como a uma tradição parlamentar relativamente estável. No entanto, o país conquistou sua independência graças à intervenção das grandes potências daquele período, em especial a Grã-Bretanha e a Rússia. Durante a maior parte de sua história moderna, a Grécia tem sido dependente, primeiro da Grã-Bretanha e, depois, dos Estados Unidos. Consequentemente, as duas potências muitas vezes interferiram na sua política doméstica. A Grécia, em outras palavras, era algo entre um Estado independente e uma colônia, sem nunca ter realmente se transformado em uma colônia. Ao mesmo tempo, manteve uma postura ambivalente em relação à Europa e ao Ocidente, embora as potências ocidentais fossem necessárias quando alinhadas contra a Turquia ou qualquer outro vizinho dos Bálcãs. Curiosamente, porém, a Grécia manteve um espírito anti-imperialista, arriscando-se a ser considerada a criança travessa do Ocidente. Essa ambivalência, reforçada após a Segunda Guerra Mundial, teve um profundo impacto na Grécia contemporânea.

Em 1940-42 os gregos repeliram a invasão italiana, mas foram depois derrotados pelos alemães. De abril de 1941 a outubro de 1944, a Grécia sofreu uma ocupação tripartite alemã, italiana e búlgara. Durante esse período todo, o mecanismo do Estado entrou em colapso. A fome atingiu a população urbana, e a moeda foi desvalorizada com uma inflação descontrolada. O povo teve de organizar sua própria sobrevivência, e isso, juntamente com um movimento de resistência contra os ocupantes, resultou na fusão do espírito patriótico com a revolta social. Os partidos políticos liberais e conservadores estavam inativos, de modo que a Frente Nacional de Libertação, uma coalizão de partidos de esquerda, assumiu a liderança dos grupos de resistência das cidades e aldeias. Seu braço militar era um exército de guerrilha conhecido como ELAS (o exército de resistência grego). Apesar das declarações cautelosas da liderança de que a resistência estava do lado dos Aliados e contra o Eixo, o movimento adquiriu as características de uma revolução social não declarada. Além disso, o ELAS tentou, às vezes de forma sangrenta, dominar outros grupos políticos ou armados. Como uma revolução muitas vezes traz uma contrarrevolução, também foi esse o caso na Grécia ocupada. Com a cooperação das forças de ocupação, grupos armados rivais evoluíram e levaram o país a uma sangrenta guerra civil. Isso não terminou após a libertação da Grécia dos alemães em outubro de 1944, mas intensificou-se em dezembro de 1944 e depois novamente em 1947-49, transformando-se em uma guerra total.

A guerra civil grega foi um dos primeiros episódios da Guerra Fria: os britânicos e os estadunidenses responderam imediatamente, terminando em uma derrota esmagadora para os comunistas, muitos dos quais foram executados, exilados nas ilhas áridas do mar Egeu ou fugiram para países do bloco oriental.

Até 1967, o país foi governado por uma democracia muito fraca. A Grécia deixou de ser uma sociedade agrícola à medida que a maioria de sua população se mudava para as cidades e uma grande onda de emigrantes partia para a Europa Ocidental, já que a economia não era forte o suficiente para sustentar seu povo. A prosperidade do pós-guerra na Europa também teve impacto sobre a Grécia. Progressivamente, os padrões de vida do país começaram a se aproximar dos de outros países europeus, embora, assim como Espanha, Portugal e sul da Itália, pertencesse a uma Europa de ritmo mais lento. Essa progressão foi interrompida pela junta militar que governou por sete anos a partir de 1967, trazendo um desastre significativo para a Grécia, assim como para o Chipre, onde desmantelou o governo legítimo e desencadeou uma invasão turca que se tornou permanente. A junta militar foi a última etapa de um período de guerras e violenta agitação política que havia começado no início do século XX. No entanto, o último quartel do século XX correspondeu a um período em que as instituições democráticas do país estavam consolidadas. Além disso, graças ao turismo, houve uma melhora no padrão de vida e, em 1981, a Grécia tornou-se o décimo membro da União Europeia. Essa adesão provou ser muito benéfica, especialmente para a economia e as instituições do país, que se modernizaram.

Durante a segunda metade do século XX, a ampla maioria dos turistas que visitaram a Grécia não havia lido nenhum dos antigos escritores gregos, mas possivelmente assistira a filmes como *Zorba, o grego* (1964), protagonizado por Anthony Quinn, e *Nunca aos domingos* (1960), estrelado por Melina Mercouri. O cinema do pós-guerra mostrava uma identidade grega nova, não convencional e jovial. Embora muitos gregos, sobretudo os homens, tivessem adotado essa identidade, a verdade é que os gregos hoje têm uma visão ao mesmo tempo otimista e pessimista de sua história e identidade. Além disso, o colapso dos regimes socialistas na Europa Oriental em 1989 e a consequente globalização tiveram enormes consequências para a Grécia: um fluxo constante de novos imigrantes da Albânia, Europa Oriental, Ásia e África atingiu até mesmo as áreas mais remotas e representa agora 10% da população. Existem bairros em Atenas e Tessalônica em que os imigrantes superam os habitantes locais. Explosões xenófobas de que a identidade helênica está em perigo com a imigração são frequentes – o que é irônico numa terra em que as pessoas consideram a hospitalidade um traço ancestral. Enquanto isso, o século XXI encontrou a Grécia celebrando sua entrada na zona do euro e sediando os Jogos Olímpicos de 2004 em Atenas.

No entanto, a conta enorme foi exacerbada por uma crise econômica mundial e pelo custo surpreendentemente elevado de ingressar na zona do euro. A imensa dívida pública e a perda de confiança pelos mercados financeiros internacionais impuseram uma série de graves medidas de austeridade a partir de 2010, resultando na ira pública generalizada contra o governo. A eleição do radical antieuropeu Alexis Tsipras em 2015, pelo partido de esquerda Syriza, levou a crise a um auge, mas até mesmo seu governo foi forçado a ceder às pressões políticas e econômicas internacionais. Essas pressões só pioraram quando centenas de milhares de refugiados da guerra civil na Síria inesperadamente começaram a chegar em 2015. Mostrou-se impossível conceber uma Grécia que pudesse moldar seu próprio destino fora das restrições do ambiente político e econômico mais amplo.

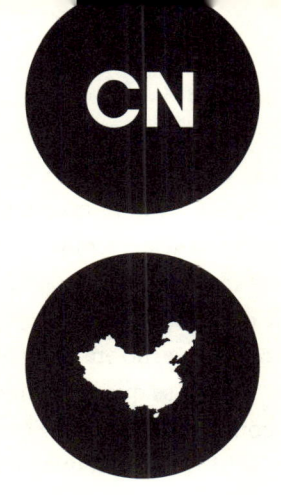

CHINA
HISTÓRIA ESCRITA: ELO ENTRE O PASSADO E O FUTURO

Zhitian Luo

A história sempre ocupou um lugar extremamente importante na sociedade chinesa, muito diferente daquele que ocupa na maioria dos outros países. De fato, a China provavelmente possui a mais longa tradição contínua de história formal escrita no mundo, que se estende desde pelo menos 1600 a.C., com registros precisos a partir de 841 a.C. até o presente. No período antigo, a história oficial era escrita pelos astrônomos da corte, que também exerciam funções rituais e eram encarregados de observar e registrar fenômenos celestes, e até mesmo de se comunicar com o próprio céu (*tian*). Seu principal dever como historiadores era registrar os grandes eventos da dinastia, bem como as palavras e ações dos soberanos. Alguns estudiosos provavelmente registraram apenas os discursos dos governantes, enquanto outros se concentravam em acontecimentos mais amplos. Os registros que produziam estavam livres de interferência política: até a dinastia Tang (618-907 d.C.), um imperador não tinha autoridade sequer para ler o registro de seus próprios atos.

O povo chinês antigo tinha um respeito enorme pelo céu, mas este nunca foi adorado como um espírito ou deus onipotente. Na verdade, havia uma interação constante entre o mundo humano e o céu. Os imperadores eram considerados filhos do céu, e seu propósito era executar a vontade celestial no mundo humano. Porém, era a conduta das pessoas comuns que evidenciava se esse propósito havia ou não se realizado a contento; daí o ditado: "As opiniões do céu são como as opiniões do povo". O método do imperador para descobrir o que as pessoas comuns estavam pensando era conhecido como *caifeng* ("coleta do vento"); ou seja, recolher canções e histórias com o intuito de entender quais eram os sentimentos predominantes. Assim, outro dever dos historiadores era reunir e organizar as informações do *caifeng*, para permitir que o soberano soubesse se o seu governo era de fato uma manifestação do mandato do céu.

Diz-se que nos tempos antigos as maiores preocupações dos Estados eram com o sacrifício religioso e a guerra. O sacrifício era direcionado tanto para o espírito celestial imaginário quanto para os ancestrais. Na China antiga, os ancestrais não eram apenas a fonte de todo o conhecimento, mas também a base da identidade das pessoas e, como tal, muito respeitados. Manter a memória histórica dos ancestrais também era um dever fundamental dos historiadores estatais, uma função que se originou antes do desenvolvimento da escrita. Após a invenção da escrita, devido às dificuldades inerentes aos métodos antigos (a gravação de caracteres no estilo do selo no período inicial) e ao suprimento limitado de materiais adequados, apenas os assuntos extremamente importantes eram escritos, e os registros eram extremamente curtos. Histórias mais detalhadas tinham de ser passadas por meio de canções e narrativas orais dos poetas cegos, muitos dos quais – cerca de trezentos – residiam na corte do soberano. Havia uma clara distinção entre os dois tipos de história. Como dizia um texto antigo: "Os livros são para o historiador o que os cânticos são para o cego".

Assim, o papel dos historiadores estatais era estabelecer ligações tanto em termos de espaço, desde as mais baixas fileiras da sociedade até o céu, quanto em termos de tempo, do passado até o presente. A diretriz do grande historiador Sima Qian (*c.* 145-87 a.C.), da dinastia Han, de que os historiadores deveriam "investigar as conexões entre o céu e o mundo humano e ser versados na transição dos tempos antigos para o presente", ilustra claramente isso. Do governo central aos feudos, todas as cortes empregavam esse tipo de historiador estatal. Os funcionários criavam registros e coleções de *caifeng* até para assuntos locais. O registro histórico chinês é tão longo e ininterrupto justamente por causa desse grande respeito pela memória. Em épocas posteriores, quando o *status* do historiador estatal declinou, a transmissão de registros ainda foi tratada com grande respeito. Durante a dinastia Tang, o governo criou um setor de registros encarregado de produzir histórias escritas. Da dinastia Song (960-1279 d.C.) em diante, cada nova dinastia escrevia a história da anterior, tanto para resumir as lições que poderiam ser aprendidas a partir da história quanto para provar a legitimidade do novo governo.

As primeiras obras de história conhecidas hoje são o *Livro de história* e os *Anais das primaveras e outonos*. A primeira é uma coleção de documentos políticos dos períodos Shang (*c.* 1600-1046 a.C.) e Zhou Ocidental (*c.* 1046-771 a.C.), e a segunda são registros históricos do reino de Lu (722-481 a.C.). Acredita-se que ambas foram compiladas e editadas por Confúcio (551-479 a.C.). Outra compilação creditada a ele é o *Livro das canções*. Trata-se de uma coleção de poesias da corte Zhou e de várias cortes locais, estando possivelmente relacionada com a prática do *caifeng*. Se todos esses documentos foram de fato compilados e editados por Confúcio, então o sábio certamente pode ser descrito como o pai da história chinesa escrita.

Confúcio estava profundamente insatisfeito com o caos político e cultural de seu tempo. Acredita-se que seu objetivo ao compilar os *Anais das primaveras e outonos* era instilar, por meio de juízos emitidos no texto, um sentimento de remorso naqueles que violavam o que ele considerava a ordem natural. Suas opiniões eram expressas através de descrições de "feitos" (*xingshi*) concretos. Elogios e críticas eram enunciados mediante sua escolha de acontecimentos e pessoas: a maneira pela qual eram registrados representava um julgamento quanto às ações serem ou não uma manifestação do mandato do céu. Portanto, o ato de gerar registros também era um ato de interpretação. A história escrita assumia a pesada responsabilidade de avaliar acontecimentos selecionados e aprovar governos, exercendo uma influência direta sobre a legitimidade do governo de um determinado soberano, bem como sobre seu *status* histórico.

Assim, o historiador tinha duas tarefas: criar um registro que fosse o mais fiel possível e também mostrar elogios e críticas apropriados através da seleção de conteúdo. Havia claramente uma tensão entre essas responsabilidades. No entanto, depois que o costume de produzir uma história da dinastia anterior se estabeleceu, esse conflito interno foi resolvido por meio de uma divisão fixa do trabalho: a tarefa de registrar as ações da dinastia atual (que seria o assunto das histórias futuras) foi separada da tarefa de escrever uma história crítica da dinastia anterior. A primeira produziria um "registro verdadeiro" aproximado (que é como muitas dinastias posteriores se referiam a esses registros oficiais), e a produção do segundo tipo de história poderia, portanto, ser realizada com relativamente poucas restrições.

A consequência foi que a ligação do passado com o futuro tornou-se um aspecto cada vez mais importante da função de registrar. Dinastias recém-estabelecidas se sentiam obrigadas a conceder aos predecessores o seu lugar de direito na história. Assim, a criação de um arquivo de registros era um dever que os do presente deviam a seus sucessores, e a escrita da história era uma responsabilidade que as gerações posteriores deviam a seus antepassados. Esse processo foi gradualmente sistematizado à medida que estados, localidades e indivíduos se esforçavam para deixar registros apropriados de seus atos.

Embora tendo como objetivo avaliar o passado e o presente, Confúcio estabeleceu o princípio de "ver a verdade em atos e eventos". Com base nisso, a tradição de que a teoria deveria ser apresentada por meio de relato de eventos ficou enraizada na escrita da história chinesa. No centro dos acontecimentos estavam os indivíduos. Até o século XX, biografias de pessoas importantes dominavam o conteúdo de todos os livros chineses de história. No entanto, as realizações não eram necessariamente o melhor critério para julgar a importância de um indivíduo: os historiadores também prestavam atenção naqueles que demonstravam força moral. Além da vida dos imperadores, a primeira biografia em *Registros do grande historiador*, de Sima Qian, é a de Bo Yi, que narra a oposição de Bo Yi e seu irmão Shu Qi ao rei Wu do povo Zhou, que, antes de se tornar rei, liderou um exército para atacar seu próprio soberano, o rei Zhou de Shang. Depois que o rei Wu derrotou os Shang e se tornou o novo monarca, Bo Yi e seu irmão morreram de fome, recusando-se a comer os grãos do novo reinado de Zhou.

A importância desse tipo de memória histórica na China é indicada em uma linha do antigo *Livro das mutações*: "Um homem sábio estuda as palavras e os feitos de seus antepassados para aprimorar-se". Bo Yi e Shu Qi entraram no registro histórico por causa da força de seu caráter moral ao não se unirem à conquista do rei Wu. Naturalmente, as histórias oficiais foram escritas do ponto de vista dos vitoriosos em disputas políticas, mas também há uma longa tradição de não ver a grandeza em termos de sucesso ou fracasso. Mesmo que uma dinastia repudiasse a anterior, ela ainda teria de produzir representações fiéis das pessoas envolvidas. Os historiadores sempre precisaram buscar um equilíbrio entre esses dois imperativos. A noção de que o caráter moral era mais importante do que o sucesso era ainda mais pronunciada na cultura popular. Na história, dois heróis reverenciados pelos chineses, Guan Yu e Yue Fei, não viram suas ambições realizadas – o primeiro, um general envolvido no colapso da dinastia Han no início do século III; e o segundo, um patriota que lutou pela dinastia Song do Sul no século XII – e, de fato, ambos poderiam ser considerados fracassados. Ambos, porém, passaram a ser venerados na cultura popular.

Assim, a história e a historiografia tiveram uma posição muito mais central na China que no Ocidente. A história elucidou e justificou os pressupostos básicos da ordem celeste (*tian dao*) e do mundo humano, bem como as identidades culturais e políticas. Em grande medida, era o árbitro para avaliar se os imperadores eram ou não manifestações do mandato do céu e, portanto, determinava a legitimidade deles.

Nos períodos conhecidos como Primavera e Outono e Estados Guerreiros (770-221 a.C.), a ordem política caótica e a crescente independência dos senhores feudais contrastavam com uma centralização cada vez maior na cultura. Naquela época, havia uma intensa competição entre diferentes escolas de pensamento, em que os estudiosos procuravam mudar o mundo de acordo com suas próprias prescrições. Isso geralmente é tido como fruto de uma grande liberação de ideias. Na verdade, eles estavam preocupados com o mundo inteiro, não apenas com os assuntos de um único reino. O conceito de "tudo sob o céu" (*tianxia*) era muito flexível e podia se referir a todo o mundo físico, ou à totalidade da sociedade humana, ou à terra governada por um monarca. Frequentemente, todos os três significados estavam presentes.

Na época do imperador Wu (reinou: c. 140-87 a.C.), da dinastia Han, os textos de Confúcio receberam o *status* de clássicos, e os acadêmicos que os estudavam e interpretavam eram os mais importantes das "quatro classes sociais" (as outras três eram agricultores, artesãos e comerciantes). Nos dois mil anos seguintes, uma diferença importante entre a China e o Ocidente era que na China a "verdade" não provinha necessariamente de um poder sobrenatural ou de um deus. As dinastias Xa, Shang e Zhou (conhecidas como as Três Dinastias), segundo interpretação de Confúcio, representaram uma idade de ouro em que aparentemente existia uma sociedade ideal. Ao longo da história posterior, homens instruídos procuraram facilitar o ressurgimento no presente da ordem social das Três Dinastias e conduzir a transformação de um mundo injusto em um mundo justo.

Com a santificação dos clássicos de Confúcio, o *status* da escrita da história diminuiu um pouco. No entanto, como os clássicos eram relativamente estáveis e seu conteúdo era limitado à Antiguidade remota, a escrita da história ainda desempenhou uma função fundamental de legitimação de indivíduos e acontecimentos. Era considerada um caminho para a verdade, especialmente porque as opiniões e atitudes do céu se expressavam naquelas mantidas pelas pessoas comuns, e porque se acreditava ter existido uma sociedade ideal durante o antigo período das Três Dinastias. Consequentemente, uma grande parte do conteúdo tanto do ensino fundamental quanto de estudos avançados era dedicada à historiografia.

Isso mudou com a enxurrada de influência ocidental em todos os aspectos da sociedade chinesa no século XIX. Em vista do grande tamanho da China e de sua enorme população, o objetivo dos invasores não era ocupar seu território, mas adotar uma estratégia de controle menos onerosa: conseguir uma infiltração cultural que pavimentasse o caminho para o lucro econômico. Embora o poder de compra chinês se mostrasse limitado, o Ocidente foi extremamente bem-sucedido na luta pelo controle cultural, e isso gradualmente mudou o pensamento de muitos chineses instruídos. Tendo se mostrado incapaz de tornar a China próspera e forte, o confucionismo recuou passo a passo de sua posição proeminente na sociedade.

Com os fundamentos de sua cultura assim debilitados, os chineses mudaram radicalmente a atitude com relação a ela, passando a considerá-la bárbara e relegada a uma posição marginal no mundo. No início do século XX a China havia perdido o seu centro de gravidade.

Iniciou-se então uma clara mudança nas relações de poder entre diferentes campos de estudo. Os clássicos confucionistas não podiam atender as demandas da nova busca nacional por poder e riqueza, e, consequentemente, perderam sua proeminência. No lugar, uma ampla compreensão da história tornou-se essencial para a própria sobrevivência da nação e sua cultura, e o estudo histórico ganhou um *status* sem precedentes. Os intelectuais, porém, agora desconfiavam tanto das tradições chinesas de conhecimento acumulado que, justamente quando recebe a tarefa de revitalizar a nação chinesa, o estudo histórico mergulha no abraço das tradições intelectuais ocidentais.

No início do século XX, muitos intelectuais progressistas acreditavam que a cultura tradicional deveria ser relegada a museus a fim de abrir caminho para a modernização. Até mesmo alguns estudiosos conservadores aceitaram a visão de que a cultura tradicional era uma antiguidade. A maioria das pessoas concordava que a tradição não poderia resolver os problemas da época e a considerava uma ameaça ao desenvolvimento da nova sociedade. Assim, houve uma forte ênfase em distinguir o "antigo" do "moderno" a fim de eliminar o primeiro.

Após o Movimento de Quatro de Maio de 1919, a verdade foi sendo cada vez mais identificada com a ciência. O estudo histórico foi reformulado como uma metodologia científica com a missão de "reorganizar o passado da nação". Assim, nacionalismo e ciência se uniram. Sem o método científico, os estudos nacionais significavam pouco, ao passo que, sem o "passado nacional" que os intelectuais chineses estavam acostumados a estudar, o método científico não teria assunto. A teoria marxista do materialismo histórico, uma manifestação da abordagem científica, ganhou popularidade e, após 1949, tornou-se o paradigma orientador do estudo histórico.

Assim, no século XX, quase todos os estudiosos chineses adotaram teorias e práticas ocidentais. A história teve de se tornar uma espécie de ciência em si mesma e competir por espaço entre uma infinidade de disciplinas. A história, como os estudos clássicos, não conseguiu servir ao propósito de aumentar a força e o poder nacionais e gradualmente desistiu de seu pesado dever de desencadear um renascimento nacional. Isso, porém, a deixou mais livre para crescer como disciplina acadêmica regular. A partir de meados da década de 1990, surgiram abordagens alternativas da história, trazendo novas perspectivas sobre os problemas históricos, usando novos materiais e adotando formas alternativas de expressão.

Na China moderna, o tipo de história que é ensinado nas escolas e ao qual o público presta atenção mudou enormemente. A cerimônia de abertura das Olimpíadas de Pequim em 2008 foi um forte sinal dessa transformação do papel da história na China. No que foi considerado uma espécie de poema histórico, ou quadro, a cerimônia enfatizou a fabricação de papel e as outras tecnologias que compõem as "quatro grandes invenções" históricas (as outras são a bússola, a pólvora e a impressão). Essas invenções, que hoje são tidas como representantes da cultura chinesa, raramente eram objeto de atenção um século antes, e só há pouco foram redescobertas e receberam seu novo significado. Sem dúvida faziam parte da história chinesa, mas a ciência nunca ocupou na China a posição central que teve no Ocidente. Assim, o que foi exibido na cerimônia de abertura pode ser descrito como a história chinesa a partir de uma perspectiva ocidental.

A transformação da função e do conteúdo da história nos últimos cem anos criou certa confusão. Seu significado anterior gradualmente perdeu vigor, e muitas pessoas – estudiosos e indivíduos comuns – passaram a se perguntar qual seria o uso da história. Cerca de cinquenta anos atrás, a história ainda era uma disciplina muito importante, e entre as academias de ciências chinesas havia pelo menos três institutos de pesquisa dedicados a ela (as outras disciplinas normalmente só tinham um). Mas surgiu nos últimos vinte anos uma sensação de crise nos departamentos de história das universidades e, nesses tempos de rápida mudança, a importância da identidade cultural aumentou enormemente. A sociedade em geral começou a se interessar pela história da China e de seu povo. Quanto à questão de saber se essa nova atenção será uma bênção ou um desastre para o estudo da história, só o que podemos fazer é esperar que a própria história responda a ela.

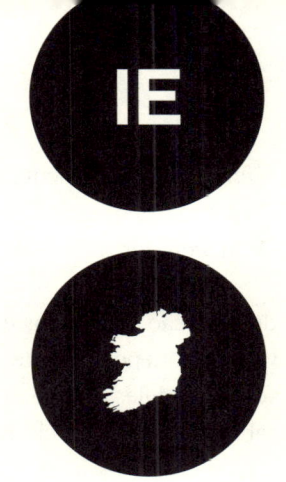

IRLANDA
À SOMBRA DO AGRESSOR APAIXONADO

Ciaran Brady

Para o bem ou para o mal, o fato mais importante da história irlandesa do século XII em diante tem sido a intensa e conturbada relação com a Inglaterra, inaugurada com a "conquista" do país por um grupo de aventureiros feudais anglo-normandos. Outras influências compensaram em parte essa conexão fatídica, notadamente os laços profundos e duradouros da Irlanda com a Europa continental. Após a missão de São Patrício no século V, a cristianização da Irlanda progrediu rapidamente, e, entre os séculos VIII e XI, os monges irlandeses deram uma contribuição importante para a (re)cristianização e o desenvolvimento cultural da Europa Ocidental e Central. As complexas conexões e associações comerciais persistiram por muito tempo depois do século XII, embora tenham sido interrompidas e remodeladas como consequência direta daquela suposta "conquista", que começou em 1169.

O caráter dessa conquista não é de fácil definição. No que tange a aspectos territoriais e políticos, ela só foi finalmente assegurada no século XVII, embora se verifique que, em termos de hegemonia cultural e ideológica, nunca foi concluída. Além disso, não se constituiu em um único processo longo e moroso. O que os barões anglo-normandos começaram não foi o mesmo que os monarcas Tudor tentaram concluir quatrocentos anos depois; e, ainda que as guerras e os confiscos de Guilherme em 1689-99 tivessem conseguido obter a posse quase completa de terras irlandesas para os ingleses, a colonização imposta na época diferiu acentuadamente, tanto no caráter político e social quanto em seus fundamentos ideológicos, dos experimentos poderosos, mas infrutíferos, de Oliver Cromwell, cerca de quarenta anos antes.

Além disso, o envolvimento da Inglaterra com a Irlanda não foi sempre de agressão. Repetidos espasmos de violência, repressão e exploração alternavam-se com períodos de tentativa de reconciliação, reforma e desenvolvimento – cada um deles interrompido por períodos mais longos de indiferença, irresponsabilidade e negligência. Se a psicologia cultural dos povos pudesse ser comparada com o desenvolvimento psicológico de um único indivíduo, seria tentador explicar as características estereotipadas atribuídas ao caráter irlandês em termos de sofrimento do povo nas mãos de uma relação íntima dominadora, opressiva, exploradora, manipuladora, ocasionalmente gentil e muitas vezes negligente – um exemplo clássico do agressor apaixonado freudiano. Mas em vez de ir muito longe nessas especulações não verificáveis, é melhor investigar as esferas concretas – econômica, política, ideológica e cultural – nas quais o relacionamento da Irlanda com seu vizinho moldou sua própria história.

Dessas forças impactantes, a mais óbvia é a econômica, expressa em grande medida pela reivindicação de posse das terras irlandesas pela Inglaterra. Embora os invasores anglo-normandos e seus sucessores tenham feito incursões substanciais em todas as partes da Irlanda, a ocupação foi frequentemente tênue, condicionada à sua habilidade de explorar divisões entre os irlandeses nativos, com reforço ocasional da Inglaterra. No final do século XIII, a maior parte do Ulster, o norte de Connacht e várias regiões montanhosas em Leinster e Munster haviam sido recuperados pelas dinastias gaélico-irlandesas. Um padrão complexo começou a surgir: áreas centrais com governo, lei e posse de terra ingleses; em toda a volta, extensas periferias onde prevaleciam os modos híbridos e informais de autoridade política e propriedade da riqueza. Erroneamente descrito como um processo no qual os colonos se tornaram "mais irlandeses do que os próprios irlandeses", esse foi de fato um sistema de alianças e rivalidades, sustentado por impostos informais e extorsão, permitindo que um pequeno grupo de poderosas dinastias anglo-irlandesas e irlandesas gaélicas compartilhasse o poder. Esse arranjo, no entanto, foi instável e sujeito a rupturas locais. Com o passar do tempo, tornou-se politicamente decadente e economicamente perdulário, pois as demandas da elite superavam os recursos do número decrescente de produtores de riqueza disponíveis para supri-las.

Depois de séculos de negligência, os Tudor procuraram resolver essa situação deteriorada transformando as elites dinásticas (tanto gaélicas quanto anglo-irlandesas) em uma aristocracia reconhecidamente inglesa e incentivando-as a adotar o sistema de leis e o de posse da terra e a cultura dos ingleses. Foi uma tarefa difícil, cujos riscos eram exacerbados pela máquina política e administrativa rudimentar, incompetente e corrupta com a qual os Tudor tentavam fazer a reforma. Embora a maior parte da nobreza tenha inicialmente sido atraída pelas mudanças, poucos superaram os desafios envolvidos, e, no início do século XVII, as muitas iniciativas fracassadas resultaram em uma série de rebeliões de nobres e na destruição de muitas das maiores dinastias nobiliárquicas, tanto gaélicas quanto anglo-irlandesas.

Nesse contexto, a colonização – o reassentamento de terras irlandesas com novos imigrantes ingleses –, que os Tudor tinham imaginado como um complemento secundário à campanha mais ampla de anglicizar, tornou-se o principal meio de assegurar o controle. Uma série de novas guerras ocasionadas pelos levantes constitucionais da própria Inglaterra em meados do século XVII completou a ruína da nobreza irlandesa nativa. No final, surgiu uma estrutura nova, mas não mais estável, na qual a grande massa de camponeses nativos e nobres despossuídos e empobrecidos coexistia em profunda hostilidade com grupos menores e dispersos de colonos ingleses e escoceses, governados por uma pequena elite de aristocratas ingleses, a maioria deles rentista ou ausente.

As fraquezas inerentes a essa nova estrutura social foram agravadas pelo fator profundamente divisor da religião. Introduzida como parte do programa Tudor para anglicizar a região, a Reforma protestante representou um sério desafio para a elite local. Ironicamente, porém, conquanto a resposta inicial da nobreza gaélica tivesse sido positiva, surgiu uma oposição entre a elite da antiga comunidade colonial, cuja legitimidade na Irlanda – a bula papal *Laudabiliter*, do século XII – era agora implicitamente repudiada pela Coroa inglesa. A ideologia da Contrarreforma na Irlanda foi, assim, defendida de início pelos "ingleses velhos" (como eles agora começavam a denominar-se), ditos legalistas. Mas, quando a campanha dos Tudor para anglicizar a região degenerou em confrontos violentos, as bases religiosas para a resistência tornaram-se centrais para os irlandeses gaélicos. No século XVII, portanto, um catolicismo romano inflexível tornou-se, para os "ingleses velhos" e irlandeses nativos, um meio em comum de resistência a novos colonos, senhorios, advogados e comerciantes ingleses protestantes.

Por algum tempo, a disposição religiosa ambígua dos monarcas da família Stuart impediu essas divisões sectárias. Mas o acordo imposto pelo triunfante regime protestante de Guilherme após a derrota dos jacobitas católicos na Batalha do Boyne em 1690 permitiu que o sectarismo crescesse sem controle, na forma de um rigoroso código penal concebido para sustentar o frágil regime através da intolerância e da perseguição religiosa.

Essa nova elite protestante inglesa foi, porém, ameaçada por profundas tensões internas que se tornaram mais acentuadas à medida que avançava o século XVIII. A primeira delas foi religiosa. O interesse protestante nunca foi homogêneo. Na colonização estabelecida no Ulster no início do século XVII, dois elementos colonizadores distintos – o inglês e o escocês – tinham formas muito diferentes de culto e atitudes nitidamente opostas em relação à organização e autoridade da Igreja. Tais diferenças aumentaram ao longo do século e, quando a dissidência escocesa adquiriu uma influência dominante no Ulster, sua supressão como força independente tornou-se uma prioridade do *establishment* guilhermino, perdendo apenas para a repressão do catolicismo. A repressão da dissidência no Ulster foi, no entanto, obstruída pelo aparecimento e proliferação de outras formas de não conformidade protestante, surgindo por toda a ilha em meados do século XVIII na forma de presbiterianos, quacres, huguenotes e, mais tarde, metodistas.

Essa ameaça religiosa e cultural ao *establishment* inglês foi acompanhada por outro desafio, de natureza econômica e social. A exploração econômica sempre foi um elemento central no relacionamento da Inglaterra com a Irlanda. Além da aquisição das terras mais ricas e da exploração dos recursos naturais da ilha, os monarcas e parlamentos medievais procuravam, por vezes, controlar o comércio com a Irlanda em proveito dos interesses comerciais ingleses, e foi estabelecida uma taxa de câmbio fixa que colocou a moeda da colônia anglo-irlandesa 33% abaixo da libra esterlina. De forma ainda mais grave, foi feita uma tentativa de apoiar o governo Tudor na Irlanda com o aumento das receitas sem o consentimento do Parlamento irlandês. A partir de meados do século XVII, tais práticas foram formalizadas, e a Irlanda passou a ser vista, em termos econômicos e sociais, como dona de um papel importante, mas subordinado, no desenvolvimento de um império britânico.

Inicialmente emudecida pela consciência que a elite tinha das próprias vulnerabilidades na Irlanda e da própria dependência da Inglaterra, a insatisfação aumentou durante o século XVIII, quando figuras importantes da elite anglo-irlandesa passaram a exigir o fim das restrições comerciais e maior investimento na economia doméstica da Irlanda, em agitação semelhante à que crescia entre os colonos na América do Norte. A proximidade da Inglaterra, o medo da intervenção francesa e o temor de que a maioria católica recuperasse seu *status* enfraqueceram o ímpeto da agitação irlandesa. Em vez disso, no final da década de 1790, a Irlanda foi convulsionada por um recrudescimento da violência sectária, uma tentativa fracassada de revolução republicana, uma revolta católica generalizada, um período de repressão sangrenta (em que mais pessoas morreram do que durante toda a revolução na França) e, finalmente, pela imposição do governo direto através do fechamento do Parlamento irlandês e da criação em 1801 do novo Reino Unido.

A União da Grã-Bretanha e da Irlanda foi apresentada por seus idealizadores ingleses como um meio desesperado de impedir as comunidades em conflito na Irlanda de se imolarem. Compromissos de dar continuidade à reforma – incluindo a concessão de direitos civis plenos aos católicos – foram generosamente anunciados. Mas nenhuma das promessas foi cumprida. Dentro desse desânimo pós-União, dois elementos do movimento por reforma do século XVIII mantiveram um vestígio de vitalidade. O primeiro foi a demanda de direitos civis plenos aos católicos. Depois de mais de duas décadas de agitação sob a liderança de Daniel O'Connell, a emancipação católica foi concedida a contragosto pelo Parlamento de Westminster em 1829. Mais importante do que o objetivo alcançado, foi o meio pelo qual se chegou a isso. Através de uma intensa mobilização popular, O'Connell retornou como membro do Parlamento, mas recusou-se a fazer o juramento de supremacia, pedra angular do *establishment* protestante. A participação popular tornou-se então um elemento central na política irlandesa. Para garantir esse movimento popular, O'Connell contou com o apoio do que até então tinha sido uma força impecavelmente conservadora, a Igreja católica, e a democracia emergente na Irlanda adquiriu assim uma característica peculiar: seu ritmo, propósito e direção seriam fortemente moldados por uma das instituições menos democráticas e liberais da Europa.

Sob essa luz, um segundo aspecto a sobreviver ao caráter reformista do século XVIII adquiriu um significado renovado: a determinação de manter uma tradição constitucional e parlamentar independente. Embora originalmente um órgão da colônia medieval inglesa, já em 1460 o Parlamento irlandês declarara sua independência dos ingleses. Em 1541, a Irlanda havia sido reconhecida na lei inglesa como um reino de pleno direito, mantendo um soberano em comum com o reino da Inglaterra, embora esse experimento de monarquia dual nunca tivesse avançado muito na prática. Mas a possibilidade de que a Irlanda evoluísse como uma entidade separada, com suas próprias leis, instituições e costumes, continuou atraindo irlandeses gaélicos, "ingleses velhos" e reformadores do século XVIII até 1801. Não chega a surpreender, portanto, que, tendo adquirido a emancipação católica, O'Connell passasse a exigir a revogação da União. À ironia de um movimento pela democracia apoiado pela Igreja acrescentou-se outra: a de um movimento pela independência irlandesa baseado na tradição inglesa de reforma por meio de mudança estatutária, legal e administrativa.

Subjacente a tais ironias, e sustentando as atitudes ambíguas da política anglo-irlandesa no início do século XIX, estava uma crescente confiança de que a própria Constituição da Inglaterra havia se desenvolvido a ponto de conseguir enfrentar e resolver qualquer desafio, uma vez que o problema se tornasse realidade. Uma ironia mais terrível é que foi a partir desse consenso ideológico em grande parte não questionado que ocorreu o acontecimento mais trágico da história da Irlanda moderna: a Grande Fome.

A fome de 1845-47, causada pela praga na cultura da batata, constituiu o maior divisor de águas da história anglo-irlandesa desde o século XVII, e suas repercussões foram sentidas por mais de um século. Em parte como consequência da fome, da desnutrição e de doenças, mas principalmente pela constante hemorragia da emigração, a população da Irlanda caiu de 8,2 milhões em 1841 para 4,4 milhões em 1911. Entre os que mais perderam, os que emigraram para os Estados Unidos e os intelectuais que refletiram sobre as causas da fome, surgiu o republicanismo radical, em especial uma organização secreta que defendia a revolução por meios violentos e pelo terror: a Irmandade Republicana Irlandesa, ou Movimento Feniano.

Ao lado dos muito pobres e desafortunados, as vítimas mais proeminentes da catástrofe foram os senhorios (tanto os que tentaram amenizar os sofrimentos de seus arrendatários quanto os que nada fizeram). O colapso da renda fez com que muitos deles mergulhassem em dívidas. Alguns apressadamente venderam seus negócios, mas qualquer um que tentasse melhorar sua posição através de iniciativas agrícolas, administrativas e legais era contestado em cada etapa pelos grupos que sofreram menos e ganharam mais com a calamidade: os arrendatários de nível médio e os proprietários finais. Essa forte classe agrícola formou a espinha dorsal do movimento político mais poderoso do final do século XIX, centrado na reforma agrária.

Embora o movimento de O'Connell pela revogação da União tivesse sido atropelado pela fome, a aspiração por algum tipo de autogoverno ressurgiu de uma forma bastante civilizada, liderada por representantes do interesse na reforma agrária. Esse movimento só ganhou força quando, sob a liderança astuta e maquiavélica de Charles Stewart Parnell no final da década de 1870, se uniu com o movimento pela transformação da propriedade da terra irlandesa e com o movimento republicano ainda mais radical financiado pelos norte-americanos irlandeses representados pelos fenianos. O *new departure* [novo rumo] de Parnell deu à agitação constitucional e agrária na Irlanda uma vitalidade que não se via desde o início da década de 1840. Sua pressão incessante sobre o sistema partidário em Westminster forçou concessões, na forma da mais radical legislação agrária já redigida por um parlamento inglês e do compromisso do Partido Liberal de Gladstone com o autogoverno autônomo.

A resposta dos liberais e dos conservadores às demandas irlandesas, no entanto, foi mais do que um sinal de fraqueza. A liderança de ambos os partidos via a política irlandesa como um meio de se diferenciar de seu rival e de consolidar o controle sobre seus próprios seguidores. Assim, o liberal Gladstone usou a promessa do governo autônomo como um meio de redefinir os liberais, enquanto o conservador lorde Salisbury comprometeu os Tories com uma série de leis agrárias radicais como um meio – em uma frase que sintetiza o papel da Inglaterra como agressora apaixonada da Irlanda – de "matar o governo autônomo com ternura".

A natureza condicional do apoio britânico à reforma irlandesa ficou ilustrada quando ambos os partidos permitiram que os assuntos irlandeses caducassem depois que Parnell foi abandonado pela maioria de seus partidários católicos após ser citado em um processo de divórcio em 1889. Mas o compromisso liberal com o governo autônomo tornou-se mais uma vez questão central na década de 1910 como parte dos esforços de Asquith para reposicionar seu partido na política inglesa, e foi finalmente concedido, em princípio, em 1914. Mesmo assim, foi bastante controverso e questionado pela ameaça de insurreição no Ulster protestante, onde era considerado "governo de Roma"[2], e pelo motim dentro da

---

2 Jogo de palavras entre *"home rule"*, governo autônomo, e *"Rome rule"*, governo de Roma. [N.T.]

guarnição britânica na Irlanda. Quando a guerra europeia eclodiu mais tarde naquele ano, sua implementação foi arquivada.

Nessa atmosfera de desilusão, o republicanismo da força física recuperou seu poder, com a intensidade de seu apelo enriquecida pela repressão brutal de uma insurreição em pequena escala em Dublin em 1916, conhecida como a Revolta da Páscoa. Entre 1918 e 1921, a Irlanda esteve nas garras de uma sangrenta luta de guerrilha. A ansiedade republicana em relação às baixas civis e o constrangimento da Grã-Bretanha com a conduta de sua força paramilitar, a milícia Black and Tans[3], compeliram os dois lados a buscar uma trégua. O Tratado Anglo-Irlandês resultante, de 1921, assegurou a independência da Irlanda, mas ao custo de o Estado Livre Irlandês permanecer dentro da *Commonwealth*[4] e, ainda mais importante, da divisão da ilha, com a Irlanda do Norte permanecendo uma província do Reino Unido. Embora tendo causado uma breve, mas intensa guerra civil na elite política, o tratado foi endossado pelo eleitorado e, nas duas décadas seguintes, o desenvolvimento de um sistema democrático estável no Estado Livre Irlandês foi facilitado por outra dessas longas fases de indiferença britânica. O lado contra o tratado entrou novamente na política constitucional formando um partido populista, o Fianna Fail, sob a liderança de Eamon De Valera. No governo após 1932, De Valera buscou rever unilateralmente os termos do tratado através da elaboração de uma nova Constituição e provocou uma "guerra econômica" com a Grã-Bretanha por sua recusa em pagar as prometidas anuidades da terra. A "guerra" terminou em grande parte devido à boa vontade do governo Chamberlain-MacDonald em 1938, num acordo que também devolveu ao Estado Livre os portos navais retidos pela Grã-Bretanha. A oportuna devolução dos portos ajudou na manutenção da frágil neutralidade da Irlanda durante a Segunda Guerra Mundial. A contínua não interferência da Grã-Bretanha entre a década de 1930 e o início da década de 1950 permitiu que o experimento de autarquia fosse considerado insatisfatório – seu fracasso sendo demonstrado pelas taxas de desemprego e emigração persistentemente elevadas. No final da década de 1950, a liderança da República da Irlanda (proclamada,

---

3 Força de elite britânica composta por veteranos da Primeira Guerra Mundial usados entre 1920 e 1921 como força especial para reprimir violentamente as rebeliões na Irlanda. [N.T.]
4 A *Commonwealth* (Comunidade de nações) é uma organização intergovernamental composta por nações que faziam parte do Império Britânico. [N.T.]

sem oposição britânica, em 1949) estava preparada para um envolvimento mais ativo com o mundo internacional. A Irlanda e a Grã-Bretanha trabalharam em conjunto na busca de condições favoráveis para sua inclusão na crescente Comunidade Europeia.

A indiferença do vizinho da Irlanda entre a década de 1920 e o início dos anos 1960 contribuiu então para o surgimento de uma democracia moderna em que os direitos civis e políticos dos cidadãos eram estritamente observados – embora a Igreja católica (com sua posição consagrada na Constituição de De Valera) impusesse uma sociedade conservadora, na qual o divórcio, a contracepção e o aborto eram proibidos, e vigorasse uma censura rigorosa. Já na Irlanda do Norte, uma negligência semelhante produziu consequências menos felizes. Apoiado por um sistema eleitoral desigual, uma polícia armada e uma milícia sectária, um Estado unionista de partido único governava no interesse de uma maioria protestante e muitas vezes diretamente contra os interesses de uma substancial minoria católica. Imperturbada pela retórica nacionalista do sul e pelos esforços esporádicos do Exército Republicano Irlandês (IRA), a posição da província no Reino Unido foi consolidada pelo serviço leal durante a Segunda Guerra Mundial. Ironicamente, a agradecida determinação dos governos britânicos do pós-guerra em estender os benefícios do Estado de bem-estar social à província na forma de investimento em educação, saúde, habitação e indústria serviu para minar o governo unionista. Com suas aspirações políticas e sociais sendo ao mesmo tempo estimuladas pelas promessas de progresso e frustradas pela persistente discriminação unionista, a minoria católica no final da década de 1960 ficou mais combativa em suas demandas de igualdade. A intimidação e a repressão provocaram uma violência sectária, uma transformação no destino e no poder do IRA (interino) e uma quebra da lei e da ordem, levando à suspensão do autogoverno e à imposição do governo direto de Westminster em 1972.

No quarto de século que se seguiu, a Irlanda do Norte representou em microcosmo a relação entre a Irlanda e seu vizinho. Graves ataques da repressão – direcionados principalmente contra paramilitares republicanos ou associados suspeitos – alternavam-se com sinceras iniciativas de paz (o acordo de compartilhamento de poder de 1972, o acordo anglo-irlandês de 1986). Houve também longos períodos (sobretudo após as greves de fome de 1981) em que nenhuma ação significativa além da contenção foi considerada; e a situação se deteriorou rapidamente. Iniciativas tímidas retomadas pelo governo Major na década de 1990 foram intensificadas pelo *New Labour* [Novo Trabalhismo] a partir de 1997. Isso resultou na etapa mais importante já alcançada na resolução do problema da Irlanda do Norte: o Acordo da Sexta-Feira Santa de 1998, que levou ao estabelecimento de um Executivo de poder compartilhado, chefiado por representantes do Partido Unionista Democrático e do Sinn Féin, até então irreconciliáveis. Embora não isento de dificuldades e desconfiança, esse acordo tem sobrevivido e progredido. Seu sucesso deve-se muito à sinceridade da manutenção do compromisso com a reforma pelo governo britânico e ao apoio sem dúvida ainda mais constante da República da Irlanda, cujos governos e povos se opuseram firmemente às táticas terroristas durante o longo período de "tumultos". A maturidade política e ideológica demonstrada pela república nesse tempo de teste de sua independência é um testemunho da afirmação de que, se a relação da Irlanda com seu poderoso vizinho nunca foi de todo para o bem, também nunca foi inteiramente para o mal.

ESPANHA
ALÉM DA INQUISIÇÃO
Enric Ucelay-da Cal

Muitos detalhes são conhecidos sobre a gama diversificada de povos que habitou a península Ibérica em tempos pré-romanos, mas parte do quadro mais amplo está faltando. Os ibéricos negociavam pelo Mediterrâneo, mas sua escrita é indecifrável; os celtas presumivelmente migraram de outro lugar; e quem eram os bascos e quando surgiram continua sendo muito discutido. Muitas informações que efetivamente existem sobre o início da península Ibérica foram distorcidas por leituras nacionalistas divergentes (espanhola, basca, catalã, galega, portuguesa). Houve também contatos fenícios, assentamentos púnicos nas Baleares e na costa, bem como postos helênicos de comércio que se tornaram colônias urbanas.

As campanhas de Aníbal na península no século III a.C. trouxeram a conquista romana em seu rastro. Por volta de 27 a.C., Roma controlava a maior parte do que se chamava Hispânia (daí "Espanha"), embora a costa norte, no Atlântico, abrigada por trás das montanhas, demorasse a ceder. Os romanos hispânicos forneceram ao império muitos luminares, incluindo os escritores Sêneca, seu sobrinho Lucano e Marcial, no século I, e os imperadores Trajano e Adriano no século II. A Hispânia acabou sendo integrada ao império, falando o latim vulgar com variantes locais.

As migrações que esfacelaram o Império Romano do Ocidente nos séculos V e VI impuseram o domínio "bárbaro": eram em sua maioria visigodos, com os vândalos no sul (daí "[V]Andaluzia") e os suevos no noroeste. No reinado de

Leovigildo (*c.* 572-86), os visigodos organizaram alguma forma de unidade peninsular. Os visigodos adotaram em grande parte a língua e o estilo dos hispano-romanos, embora tenha havido uma longa discussão sobre a doutrina cristã: o arianismo (a negação da doutrina da trindade) foi apoiado até 589, quando o rei Recaredo (r. 586-601) converteu-se ao catolicismo ortodoxo. A Espanha visigótica também produziu um dos grandes polímatas da chamada Idade das Trevas, Isidoro de Sevilha (*c.* 560-636).

A invasão islâmica vinda do norte da África atravessou o reino visigodo com surpreendente rapidez: a investida começou em 711 e terminou alguns anos depois. Os atacantes não se preocuparam em ocupar todos os espaços do norte da costa atlântica, preferindo avançar em direção à Gália até serem obrigados a parar pelos francos, em torno de 732. Os novos governantes muçulmanos islamizaram a região e assentaram ali os colonos do norte da África, mas não foram excessivamente duros com a população conquistada, pois esta era cristã e, como os judeus, "povo do livro". Eles chamaram o país inteiro de "al-Andaluz", projetando o sul controlado pelos vândalos para o norte. A disputa no Oriente Médio sobre a herança muçulmana – o califado ou "sucessores" do profeta – trouxe para o extremo oeste da Europa o único sobrevivente da derrota e do assassinato dos califas omíadas pela nova dinastia abássida: Abderramão I. Em 756 ele proclamou o Emirado de Córdoba contra a hegemonia de Bagdá, dominada pelos abássidas; em 929, o oitavo emir, Abderramão III, reivindicou o califado como "sucessor" e chefe de todos os crentes muçulmanos. Córdoba desfrutou de um período de esplendor cultural, durante o qual estudiosos como o judeu Maimônides (1138-1204) e o muçulmano Averróis (1126-98) se dedicaram à tradução e interpretação dos clássicos greco-romanos. Assim, a herança da Antiguidade clássica foi passada para os reinos pós-romanos no Ocidente, que foram reunidos em um esporádico e simbólico Sacro Império Romano, sob Carlos Magno (*c.* 742-814) e seus herdeiros.

Carlos Magno entrou na península pelos Pireneus e estabeleceu uma área conhecida como "Marca Espanhola" (território fronteiriço de seu império), que se tornou por volta de 864 o condado de Barcelona, ou Catalunha. A essa altura, a presença carolíngia recuara, e o domínio islâmico praticamente não era contestado, exceto nas montanhas do norte, onde pequenas potências desafiavam os mouros, como os habitantes muçulmanos da Espanha eram chamados na Europa. Astúrias tornou-se uma entidade soberana após 718, expandindo-se lentamente até 1065, quando passou a ser o reino de Castela. Navarra surgiu após meados do século VIII e ajudou a criar Aragão, que se separou por volta de 1035; cerca de cem anos depois, o conde de Barcelona casou-se com a herdeira de Aragão e uniu as duas entidades. No Atlântico, o reino de Castela reconheceu o condado de Portugal, que logo também reivindicou sua própria soberania.

As línguas modernas da península apareceram por volta do século X, espalhando-se para baixo a partir do norte. O basco emprestou seus tons ásperos ao dialeto local do latim vulgar, criando o castelhano. Para o oeste, o galego evoluiu para o português e se expandiu para o sul. Para o leste, o aragonês se fundiu com o castelhano, enquanto a língua catalã abraçou a costa e ampliou seu alcance com a conquista de Maiorca e Valência no início do século XIII.

Uma cruzada local contra as forças invasoras muçulmanas começou no final do século XI, durante o qual os cristãos ibéricos receberam o apoio dos cruzados, em vez de eles próprios partirem para a Terra Santa. Desde antes do século XII, o santuário de São Tiago em Santiago de Compostela na Galícia foi um dos grandes pontos focais de peregrinações cristãs. Em geral, o que veio a ser chamado de "Reconquista" trouxe uma beligerância religiosa intensa, até mesmo odiosa, às culturas hispânicas, que se manteria pelos séculos vindouros. A ascensão da cultura dos trovadores no século XII, porém, trouxe sofisticação ao catalão e ao galego falados na corte – o galego ainda era a língua literária de Castela sob Afonso X, o Sábio (1221-84) –, mas um novo despertar religioso destruiu grande parte do discurso sob um renascimento cristão. Enquanto isso, um conflito se seguiu entre as novas ordens mendicantes: os dominicanos, fundados em 1216 pelo castelhano São Domingos, com seu apelo à razão e disciplina através do mecanismo da Inquisição; e seus acerbos rivais, os franciscanos, cujo sentimentalismo teológico era muito apreciado nos reinos ibéricos.

O reino aragonês-catalão perdeu Languedoc para a França na batalha de Muret em 1213, mas se expandiu para a Sicília depois de 1282 e Nápoles depois de 1442. Consequentemente, o intercâmbio hispano-italiano, tanto comercial quanto cultural, assumiu uma intensidade cada vez maior.

Se Muret assinalou a queda dos aragoneses-catalães em Languedoc e incentivou o seu avanço para as rotas marítimas do Mediterrâneo, a batalha de Navas de Tolosa em 1212 marcou o início do fim para o al-Andaluz muçulmano. O poder do califado se dividiu em pequenas entidades conhecidas como *taifas* ou "reis de facções". A hegemonia estava nas mãos de fundamentalistas muçulmanos do norte da África, primeiro os almorávidas (c. 1062-1147) e depois os almôadas (até a derrota em Navas). Em meados do século XIII, Castela dominava o centro da península, com um Estado cliente muçulmano em Granada. Seus rivais eram um Portugal agressivo, que avançava pelo mar em direção ao norte da África e para o Atlântico, e Aragão-Catalunha, que detinha metade da Itália e continuava sendo um ator importante no Mediterrâneo.

Assim como no restante da Europa Ocidental, a península Ibérica havia desenvolvido formas de devolução do poder aos locais, que podiam manter alguma autarquia econômica e gerar capacidade de combate. Esse sistema barato de governança delegada assumiu formas variadas nos reinos ibéricos. Era de certo modo pautado pela fronteira entre áreas cristãs e muçulmanas, que era porosa e aberta ao comércio, mas também sujeita a ataques e batalhas. A peste negra, que devastou toda a Europa em meados do século XIV, teve um impacto considerável nos reinos cristãos. Na Alemanha, a epidemia provocou ondas de ataques cristãos aos judeus; na França e na Inglaterra, a alta taxa de mortalidade tirou de cena a ordem rural mais antiga e incentivou a nova produção urbana artesanal e comercial, voltada para o comércio de lã de Castela e têxteis de Aragão. O resultado final, no entanto, foi reforçar a autoridade dos pregadores, tanto dominicanos quanto franciscanos, e exaltar a nobreza em detrimento das Coroas: Castela, Aragão e Navarra passaram grande parte do século XV em uma terrível guerra civil. Por fim, dois ramos da mesma família de origem bastarda, Trastâmara, ocuparam o trono em Aragão e Castela. Os primos Fernando de Aragão e Isabel de Castela, casados em 1469, estabeleceram seu controle indiscutível de cada Coroa e criaram uma superpotência peninsular que deixou Portugal de lado (mas não conseguiu conquistá-lo), anexou a Granada muçulmana em 1492 e, com a jornada de Colombo, fincou sua bandeira conjunta no Caribe.

Sem nenhuma unidade além da dinastia, esses novos "reis católicos" encontraram na religião das cruzadas um forte elemento unificador: em 1492, no mesmo ano da anexação de Granada, os reis expulsaram os judeus sefarditas que não se converteram. Os muçulmanos, de início, foram tolerados, se nominalmente convertidos, mas, em 1609, após uma série de guerras amargas nas montanhas de Granada, os últimos mouriscos espanhóis foram embarcados à força, em um claro ato de limpeza étnica. Castela e Aragão foram mantidos pela exaltação religiosa e pela sede de expansão ultramarina para a África ou para o Novo Mundo. Fernando assumiu o controle de extensas possessões aragonesas na Itália em uma época em que os valencianos ocupavam o papado, iniciando assim quase dois séculos de guerra contínua com os reis franceses pela hegemonia para além dos Alpes. Parte dessa luta levou Fernando a anexar Navarra em 1515, deixando um Estado pobre no lado francês. No processo, a moderna guerra baseada em poder de fogo foi inventada pelas formações de infantaria espanhola, conhecidas como *tercios*.

No exterior, "Espanha" – como logo ficou conhecida a fusão de Castela, Aragão e Navarra – e Portugal tiveram sorte no início. Os portugueses invadiram o oceano Índico e as Índias Orientais logo depois que o imperador Ming ordenou aos chineses que abandonassem suas próprias patrulhas navais: o Império Português expandiu-se então em um vácuo naval. A Espanha, por sua vez, assumiu as Índias Ocidentais com a ajuda de uma arma secreta: a população nativa não tinha resistência a doenças virais do Velho Mundo, como varíola, sarampo e caxumba. O imenso número de mortes que isso causou deu aos espanhóis uma reputação de ferocidade e crueldade da qual nunca conseguiram se livrar e um sentimento inflado de sua própria importância e valor, que infelizmente nunca superaram. No curto prazo, essa capacidade de "guerra biológica" foi uma vantagem extraordinária para os espanhóis, permitindo a conquista do México, do Peru e de grande parte do restante das Américas. A fraqueza da população nativa americana foi compensada pela introdução dos escravos vindos da África, havia muito expostos aos vírus do Velho Mundo. Os povos ameríndios sobreviventes adotaram com entusiasmo a versão espanhola do catolicismo, o que permitiu à colonização espanhola assumir um sabor fortemente cosmopolita.

Assim, aparentemente do nada, a Espanha tornou-se uma potência dominante, capaz de afastar a França, a Inglaterra e qualquer outro para monopolizar o oceano Atlântico e fazer dos assuntos europeus uma questão tática. Mas a sorte é volúvel. Os dois ramos dos Trastâmaras morreram, deixando um herdeiro Habsburgo, Carlos I (1500-58), cuja entronização como imperador Carlos V do Sacro Império Romano coincidiu com a conquista do México em 1519-21. Grandes revoltas em Castela, Valência e Maiorca no início da década de 1520, em protesto contra estrangeiros em posição de poder, só serviram para reforçar o domínio da Coroa. Carlos V também teve de enfrentar o desafio da reforma religiosa de Martinho Lutero na Alemanha, o que fez utilizando o espírito das cruzadas de seus ancestrais espanhóis.

Descumprindo a promessa de servir toda a vida como imperador e cruzado, Carlos abdicou depois de fazer as pazes com os príncipes alemães protestantes em 1555. Ele dividiu sua herança: as terras austríacas foram para seu irmão Fernando I, e os reinos espanhóis, para seu filho Filipe II (1527-98). Filipe tentou continuar as políticas de seu pai, reprimindo qualquer vestígio de protestantismo em Castela e confrontando manifestações protestantes nos Países Baixos. Mas a guerra com os neerlandeses foi um desastre: com duração de oitenta anos (1568-1648), drenou a renda espanhola vinda das Américas e incentivou a pirataria, até que finalmente o controle espanhol das rotas do Atlântico desmoronou, e os navios de tesouro levando a riqueza do Novo Mundo de volta à península tiveram de navegar em comboio para se defender dos corsários inimigos. No Mediterrâneo, os espanhóis lutaram contra os turcos até o final do século XVI.

Portugal representou para Filipe o sucesso tão necessário. Em 1581 ele conseguiu anexar o reino vizinho. Agora a península era uma única entidade dinástica e a primeira verdadeira potência mundial, estendendo-se da Itália a Flandres e do México às Filipinas. Os espanhóis estavam tão confiantes que realmente pensaram que poderiam dominar a China como haviam feito com o México e o Peru. Talvez a maior expressão do novo sistema "unipolar" espanhol tenha sido a expansão mundial de uma nova ordem religiosa, os jesuítas (fundada por um basco castelhano em 1540), que trouxe um missionário ardente ao catolicismo da Contrarreforma.

A reação veio dos neerlandeses e ingleses, que conseguiram rechaçar a tentativa de invasão de Filipe – a Grande Armada – em 1588. Existiram outras armadas posteriormente, mas neerlandeses, ingleses, franceses e até corsários escoceses e suecos quebraram o monopólio espanhol no Atlântico e a camisa de força portuguesa nos oceanos Índico e Pacífico. Quando em 1648 os representantes do rei espanhol assinaram o Tratado de Vestfália na Europa (e concordaram com a independência neerlandesa no simultâneo Tratado de Münster), a Espanha não era mais hegemônica. Portugal se separou na guerra de 1640-68. Sob o reinado dos últimos Habsburgo do século XVII, a Coroa foi servida por ministros-chefes que, embora poderosos, não estavam de forma alguma em posição de igualdade com seus contemporâneos na França.

O período entre o final do século XVI e o final do século XVII foi a idade de ouro da Espanha, com grandes escritores como Cervantes, Lope de Vega e Calderón de la Barca estabelecendo a língua castelhana como "espanhola" e pintores, especialmente Velázquez, estabelecendo um modelo estético para grande parte da posteridade europeia. O protesto cultural assumiu a forma de literatura econômica chamada *arbitrismo*, tratados eruditos que favoreciam soluções simples para problemas complexos, como a construção de canais para estimular o comércio interno.

Sem uma liderança eficaz, e com um rei incapaz de gerar um herdeiro, a Espanha tornou-se apenas um peão no tabuleiro de xadrez europeu após 1700. A Guerra de Sucessão Espanhola (1701-14) opôs os partidários de um príncipe Bourbon da França contra outro Habsburgo como candidatos rivais ao trono. O francês Filipe V (1683-1746) finalmente venceu, mas as possessões europeias da Espanha foram divididas, e até mesmo a Grã-Bretanha adquiriu posições na península (Gibraltar) e ilhas próximas (Minorca). A segunda esposa de Filipe V era uma princesa italiana ambiciosa que gerou muitos filhos ao marido e queria principados italianos para todos eles. Enormes recursos do império foram então despejados em intermináveis guerras dinásticas. Os herdeiros de Filipe (Fernando VI e Carlos III, anteriormente rei de Nápoles) em geral são apresentados como monarcas reformadores entre os chamados déspotas esclarecidos de meados do século XVIII. Seus principais esforços foram direcionados para uma exploração mais eficiente dos produtos e mercados imperiais, bem como para a recuperação do *status* através de uma Marinha forte.

Portugal, Espanha e França expulsaram os jesuítas na década de 1760, mas a Inquisição espanhola ainda continuava ocupada em parar livros na fronteira e, com isso, a Espanha não desfrutou muito do Iluminismo. O estilo francês era observado na sociedade instruída, mas despertava desconfiança entre os populares. Apesar das rivalidades territoriais na América do Norte, a Revolução Americana angariou admiração devido à animosidade tradicional aos britânicos, mas a Revolução Francesa tornou quase uma traição o estilo afrancesado, especialmente após o ataque francês à Igreja católica em 1790. Em 1795, no entanto, o ministro-chefe de Carlos V, Godoy, restaurou a tradicional aliança francesa em uma reviravolta impressionante. A Espanha foi então arrastada para a política francesa, e Napoleão, ao enfrentar a Marinha real britânica, perdeu as frotas francesa e espanhola em Trafalgar em 1805. Ele impôs um embargo geral europeu a produtos britânicos, ao qual Portugal se recusou a aderir. O ataque francês contra Portugal através da Espanha tornou-se uma invasão direta da própria Espanha, quando Napoleão se aproveitou de uma briga e um golpe entre os Bourbon, decretou uma

Constituição e colocou seu irmão mais velho, José, no trono. A administração espanhola aquiesceu, mas as classes média e baixa entraram em erupção, e o país inteiro foi consumido em um conflito cruel, em parte guerra civil, em parte guerra de libertação nacional, com apoio britânico à causa "patriota". Os franceses foram expulsos em 1813 e definitivamente derrotados em 1814, mas a Constituição de 1812, aprovada por um parlamento em Cádiz, sob a proteção de canhões navais britânicos, foi rejeitada por Fernando VII (1784-1833), que retornou do exílio francês e estava ansioso por reestabelecer o gabinete de governo. Na época, os efeitos sobre as concessões espanholas nas Américas foram decisivos: em 1824, todo o território do antigo império consistia em novas repúblicas independentes de Madri, e somente as Antilhas (Cuba e Porto Rico) e as Filipinas permaneciam sob o controle espanhol.

A revolta "liberal" em Cádiz, em 1820, restaurou a Constituição e desencadeou a primeira das ondas europeias da revolução. As potências da "Sagrada Aliança" que haviam derrotado Napoleão agora pediam uma nova invasão francesa, dessa vez para devolver Fernando ao governo absolutista. Onde em 1808 as tropas francesas haviam encontrado fúria, agora tinham uma parada militar. A ocupação durou até 1827. A essa altura, os protestos não vinham dos liberais, mas dos conservadores clericais, que consideravam Fernando muito indulgente.

A Espanha estava quase sempre em guerra consigo e tinha pouca energia para aventuras estrangeiras. Os liberais espanhóis se opuseram aos "carlistas" ultracatólicos e de extrema direita em uma sucessão de guerras internas (1846-49 e 1872-76). Esse conflito interno ficou mais complicado depois de 1868 por causa de Cuba, quando ainda era território espanhol: a ilha padeceu trinta anos de guerra até a intervenção militar dos Estados Unidos em 1898, que acabou definitivamente com o império ultramarino da Espanha.

Havia uma obsessão permanente pelo colapso do poder espanhol nas Américas entre 1810 e 1824, seguida pela perda das ilhas caribenhas e das Filipinas em 1898. Os únicos grandes esforços da Espanha no exterior estavam direcionados para a invasão do Marrocos, primeiro atacado fortemente em 1859-60 e, depois, com pequenas guerras de fronteira em 1893 e 1909. O sultanato tornou-se um coprotetorado dividido entre a França e a Espanha em 1912, com uma luta de "pacificação" cruel e onerosa que durou mais de uma década. A vantagem dessa ruptura e instabilidade internas foi que a Espanha ficou fora dos principais conflitos da Europa, entre 1854 e 1871, e permaneceu neutra nas duas guerras mundiais.

Barcelona tornou-se o centro econômico – em amarga rivalidade com Madri, a capital política – e floresceu culturalmente, com literatura em catalão, em vez de castelhano, e uma explosão de alegria na extravagância arquitetônica exemplificada por Gaudí. O nacionalismo catalão facilitou o aparecimento de entusiasmos semelhantes no País Basco e na Galícia. Em geral, o início do século XX assistiu a um reflorescimento da literatura hispânica – especialmente ensaios e poesia (a mais proeminente sendo a de García Lorca) – na chamada "era de prata". Ainda mais importantes foram as belas-artes, com figuras de renome mundial como Picasso, Miró e Dalí assumindo o centro do palco. A derrubada da dinastia Bourbon e a proclamação de uma nova república em 1931 (que incluiu a autonomia catalã) pareciam ligadas a essa sensação de florescimento cultural. Mas o otimismo não durou.

A Guerra Civil Espanhola (1936-39) foi vista com grande agitação pelo resto do mundo, com o conflito entre a Frente Popular e a Frente Nacional simbolizando a luta mais ampla entre revolução e fascismo. Mas o conflito era, na verdade, muito mais uma luta interna, uma continuação de confrontos de longo prazo dentro da sociedade espanhola, do que um grande divisor de águas ideológico. A vitoriosa ditadura Franco (1936-75) esmagou a esquerda, os nacionalistas catalães e bascos, e todo tipo de coisa que considerava indisciplina cultural. Após a derrota das potências do Eixo em 1945, o regime, embora tendo mantido um firme controle, não pôde se livrar de suas origens bastardas no golpe militar fracassado que desencadeou a guerra civil em 1936 e foi boicotado no período todo de sua duração até a morte de Franco, em 1975. Isso levou a recuperação econômica a ser mais lenta do que em grande parte do resto do continente, embora tenha decolado na década de 1960. Isso facilitou a pacificação ideológica e uma transição aparentemente fácil da ditadura para a democracia depois de 1975, sob uma monarquia Bourbon restabelecida. Em 1977, a aceitação negociada da autonomia catalã levou a um redesenho generalizado do sistema político democrático (a nova Constituição de 1978), baseado em 19 governos regionais para todo o território espanhol. A forma que esse acordo acabará assumindo no longo prazo – como uma federação completa e com que grau de devolução – continua a ser objeto de intenso debate político.

A história constitucional espanhola tem sido acidentada: desde 1808, nenhum sistema político durou cinquenta anos. A divisão política impediu o desenvolvimento de um sistema de transporte eficiente e restringiu a produção e o crescimento do consumo interno. O Estado desempenhou um papel excessivamente dominante na sociedade espanhola, e os militares tiveram uma importância autoritária nos assuntos de governo. Fraca e polarizada, a sociedade civil foi atraída por movimentos revolucionários e contrarrevolucionários com posturas do tipo tudo ou nada. O governo parlamentar foi interrompido pela inquietação do Exército no século XIX, enquanto o século XX foi dominado pelo militarismo.

Em meados do século XX, a opressiva pobreza rural ainda atrasava o que já era em essência uma sociedade urbana arraigada em costumes agrários ultrapassados: o machismo nativo oprimia as mulheres, e a religiosidade tradicional era forte e contrária às liberdades individuais. Mudanças na Igreja católica após 1962, juntamente com o afluxo de turistas não espanhóis, logo ampliariam as normas sociais. Patrocinado por Franco, o crescimento da produção em larga escala voltada para o consumidor provocou uma mudança impressionante, apoiada pela enorme quantidade de recursos europeus após a entrada na União Europeia em 1985. Em pouco mais de uma geração, a Espanha passou de um país socialmente conservador, centrado na família, com alta taxa de natalidade, para uma sociedade aberta, marcada por uma das menores taxas de natalidade do mundo, com a participação das mulheres na vida pública em níveis mais altos do que na Escandinávia. Após a década de 1990, a imigração maciça da América do Sul e da África manteve o crescimento populacional, mas essa nova sociedade aberta foi posta à prova pelo colapso do investimento após a crise de crédito internacional de 2008, que gerou altos níveis de desemprego e emigração, especialmente entre os jovens. O futuro da Espanha no século XXI dependerá de sua capacidade de manter esse tipo de mudança, crescimento e abertura em um clima econômico mundial muito menos favorável.

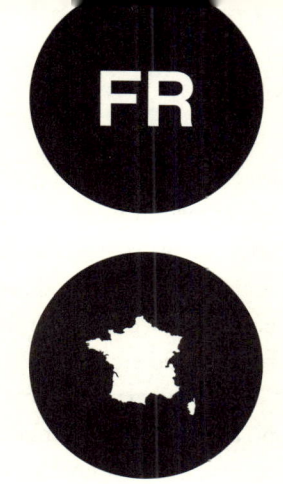

FRANÇA
A HISTÓRIA DO HEXÁGONO

Emmanuel Le Roy Ladurie

Nasci na Normandia e cresci acreditando que éramos descendentes dos *vikings*, um bando de rufiões loiros e de olhos azuis que invadiram a região pouco depois do reinado de Carlos Magno (r. 768-814): o sangue nórdico deles tinha nos transformado em normandos, os melhores homens no que outrora fora a Gália romana e que agora era a França. Um segundo preceito histórico da minha juventude era que nós, normandos, havíamos conquistado a Inglaterra em 1066 e levado a civilização para aquele país. No final, tive de desistir dessa ideia quando descobri que, mesmo antes da chegada de Guilherme, o Conquistador (c. 1028-87), os saxões tinham igrejas pequenas, mas bonitas, de modo que claramente não eram os selvagens que eu acreditava que fossem; e, além disso, o *Domesday Book*[5] revelou um nível bastante sofisticado de habitação e agricultura.

Atualmente, tudo isso é irrelevante. No que diz respeito à minha terra natal na região de Caen, na Baixa Normandia, o principal acontecimento histórico é o desembarque do Dia D, em 6 de junho de 1944. Um dia, no final de agosto de 1944, conheci pela primeira vez um soldado britânico e pedi-lhe um pouco de açúcar, uma mercadoria em falta; minha pronúncia do inglês era tão terrível

---

[5] Registro manuscrito de um grande levantamento feito na Inglaterra a mando de Guilherme I, a fim de arrolar as propriedades existentes, seu valor e sua produtividade, e com base nisso determinar os tributos devidos. [N.T.]

que ele galantemente me ofereceu um charuto. Desde então, o aniversário do Dia D tornou-se o maior festival da Normandia. A história da Normandia tinha dado mais um giro em seu eixo, tendo como fato constante os desembarques marinhos: os *vikings* do século IX desembarcando na Nêustria (como era então conhecida), os normandos, na Inglaterra em 1066 e os britânicos e seus aliados retornando em 1944.

A França pode nem sempre ter sido hexagonal em sua forma, mas o hexágono tem uma força simbólica singular. O país começou como *Francia occidentalis* ou Frância Ocidental; em seguida, Luís XI (1423-83) absorveu o ducado de Borgonha, no século XV. No século XVI, Henrique II (1519-59) fez tentativas ridículas de invadir a Itália (embora isso nos trouxesse benefícios culturais), mas depois conseguiu conquistar parte da Lorena, e, cem anos mais tarde, Luís XIV (1638-1715) avançou para a Alsácia e para o Nord e o Pas-de-Calais, ocupando uma área considerável do antigo sul dos Países Baixos.

Enquanto isso, o sul occitano (Toulouse, Montpellier e assim por diante) foi gradualmente conquistado pelos franceses a partir do século XIII: através de conflito no caso do Languedoc, mais pacificamente no caso de Auvergne e Limousin. A Bretanha tornou-se parte da França no século XVI. O País Basco tornou-se francês em 1453, embora sem interferir em suas antigas tradições – tal como outrora tinha sido involuntariamente inglês sob os Plantagenetas.

O hexágono de terra em que a França se constituiu foi pacientemente reforçado. Ainda que instável, desafiou a passagem dos séculos: embora privado da Alsácia-Lorena entre 1871 e 1918, e de novo em 1940-45, recuperou sua forma canônica rapidamente. Parafraseando Luís XV (1710-74), poder-se-ia dizer que essa forma "durará tanto quanto eu" ("*il durera bien autant que moi*") ou, de fato, ainda mais. Se algum elemento do passado permanece presente, é o mapa da França que aparece no boletim meteorológico da televisão todas as noites.

Outra indicação do passado na França moderna são suas regiões, ou mais precisamente, suas áreas etnolinguísticas. Dez dessas regiões podem ser distinguidas, relíquias de um passado distante jogadas no cadinho nacional. A maior é a região do *langue d'oïl* (a moderna língua francesa), que compõe cerca de dois terços do norte do hexágono, consistindo em cerca de sessenta *départements*. Nascida da invasão romana das terras da Gália, foi mais tarde temperada com uma mistura de elementos germânicos e finalmente se estendeu para o sul: a cultura de "elite" da Île-de-France foi levada para partes do sul do país por políticas de centralização e assimilação linguística nos séculos XIX e XX.

As outras regiões são principalmente, mas não apenas, consideradas periféricas. A mais antiga é o País Basco, herdeiro de uma língua que pode remontar à era paleolítica: a região está ligada tanto à França quanto à Espanha. Embora a atual crise econômica tenha levado muitos bascos espanhóis a abraçar a política socialista, o impulso nacionalista continua forte ao sul dos Pireneus, com sua ala terrorista ETA. O País Basco francês continua intimamente ligado ao resto da nação francesa, mas constitui uma base de "reserva" para a qual as forças clandestinas do ETA, por vezes, recuam.

Com raízes mais recentes, embora ainda antigas, estão as regiões norte e nordeste, nascidas das invasões germânicas do primeiro milênio. Elas incluem a região de língua flamenca da Flandres francesa, com Dunquerque e Cassel no extremo norte – uma antiga parte do sul dos Países Baixos que foi anexada no século XVII. Alguns de seus elementos nacionalistas sentiram-se tentados a colaborar com os nazistas, mas agora estão praticamente integrados à cultura francesa dominante. Mais ao sul, Lorena e Alsácia, ou Mosela e Alsácia, para ser mais preciso, foram anexadas respectivamente sob os reinados de Henrique II (r. 1547-59), Luís XIII (r. 1610-43) e Luís XIV (r. 1643-1715), e em graus variados passaram por momentos difíceis entre 1870 e 1945. A anexação pela Alemanha, depois de voltar à França entre as guerras, foi seguida pela violência da ocupação nazista de 1939 a 1945, com os homens jovens da Alsácia-Lorena conhecidos como *malgré-nous* (que pode ser traduzido como "contra nossa vontade") sendo recrutados à força e enviados à frente russa. Desde a Segunda Guerra Mundial, a Alsácia-Lorena tem levado uma vida dupla, ao mesmo tempo francesa e pan-europeia.

No noroeste está a Bretanha, com sua língua celta, fruto da colonização tardia de imigrantes vindos da Cornualha e do País de Gales, aparentemente fugindo dos invasores anglo-saxões. A Bretanha é parte integrante da França, mas mantém uma personalidade característica, com uma escola entusiasmada pela história bretã e tentativas contínuas de ressuscitar o antigo idioma. No sul estão as áreas de língua românica. Sua anexação à França, embora não sem tragédias, foi realizada de forma relativamente suave, pois raízes latinas compartilhadas as unem ao norte do país. Entre elas está o grande grupo de falantes do occitano (ocupando cerca de trinta *départements*), famoso pela poesia de seus trovadores medievais e pelo renascimento poético e linguístico inspirado pelo grande escritor Frédéric Mistral (1830-1914) no início do século XX. Tentativas de reviver o idioma occitano ou provençal são frequentes, mas enfrentam um duplo desafio em função da imigração de franceses do norte, muitos deles aposentados, e dos que deixaram as antigas colônias no norte da África, que acham o clima na Provença semelhante ao que deixaram para trás.

Há catalães no *département* dos Pireneus Orientais, resultado de outra anexação levada a cabo por Luís XIII e Luís XIV, talvez atraídos pela prosperidade de Barcelona. E há a Córsega, com sua própria língua românica italiana. Essa ilha abriga um forte movimento nacionalista, responsável ao longo de muitos anos por atos de terrorismo que, apesar de relativamente moderados em termos do número de vítimas humanas, têm dissuadido os financistas de investir na "Ilha da Beleza", como a Córsega é apelidada. Menos conhecida é a extensa região franco-provençal, que mistura características linguísticas do francês e do occitano e abrange o Ródano-Alpes: Lyon, Saint-Etienne, Grenoble, Saboia e – além das fronteiras da própria França – a parte francófona da Suíça. O dialeto dessa área está bem estabelecido, mas nunca teve um grande escritor para trazer um sentido específico de caráter e unidade.

O Estado é evidentemente uma parte central de qualquer visão histórica da França. Comecemos com *"L'Etat, c'est moi"* ("O Estado sou eu") de Luís XIV. Na verdade, não há certeza de que ele tenha proferido essas palavras. No máximo, pode-se dizer que a declaração se encaixa no estilo de governo de Luís, especialmente na primeira parte de seu reinado, quando incentivou um culto de personalidade e bajulação até aproximadamente o ano de 1685. Mais tarde, porém, assolado por circunstâncias difíceis, Luís ficou mais humilde: *"Il faut se soumettre"* ("É preciso se submeter [à vontade de Deus]"), disse ele, quando enfrentou as perdas terríveis que devastaram sua família. Os pensamentos do envelhecido Luís sobre o Estado estão sintetizados nas palavras ditas em seu leito de morte: *"Je m'en vais mais l'Etat demeurera toujours"* ("Estou partindo, mas o Estado permanecerá para sempre"). Isso ecoa a ideia medieval inglesa dos dois corpos do rei: o corpo político e o corpo natural. Luís estava fazendo uma separação semelhante de seu "eu" mortal da abrangente superestrutura do Estado.

A máquina estatal de Luís XIV era tão cheia de potencial que, várias gerações depois, emergiria definitivamente do corpo decapitado de Luís XVI (1754-93) e sobreviveria à queda de vários regimes monárquicos, e até mesmo à derrota desastrosa de 1870, para formar o núcleo de um futuro grande poder – o republicano. Mas o que ela abrangia? O aparato do Estado de Luís XIV já era poderoso o suficiente para manter um grau de autonomia em relação ao próprio monarca. Incluía *officiers* civis, precursores dos funcionários públicos modernos, que compravam seus próprios cargos e podiam repassá-los a seus filhos, tornando cada um deles independente do governo central.

A distinção entre monarca e Estado havia sido expressa um quarto de século antes de Luís XIV pelo cardeal Richelieu (1585-1642) em seu próprio leito de morte. Quando perguntado se perdoava seus inimigos, ele respondeu simplesmente: *"Des ennemis, je n'en ai eu d'autres que ceux de l'Etat"* ("Quanto aos inimigos, não tive nenhum a não ser aqueles que foram contra o Estado"). Essa distinção básica já estava incorporada no coração da crescente nação francesa.

O que mudou ao longo dos séculos não foi a ideia do Estado, mas seu tamanho. Na década de 1520, sob o governo de Francisco I (r. 1515-47), 15 milhões de franceses eram governados em nome do rei por cerca de 5 mil *officiers*. Sob Luís XIV, o número de *officiers* cresceu para 50 mil e, às vésperas da revolução, para 100 mil. Hoje, o setor público na França emprega vários milhões de pessoas. O núcleo central do Estado ainda está presente, mas suas dimensões mudaram radicalmente, tendo se expandido em um grau extraordinário, embora a eficiência do sistema não tenha aumentado na mesma proporção.

A história da França inclui muitos eventos lamentáveis, vários dos quais estão longe de ser simples, incluindo o massacre de huguenotes no Dia de São Bartolomeu em 1572, a revogação do Édito de Nantes em 1685, que oferecia tolerância aos protestantes, o Terror jacobino de 1793, que levou à execução de milhares de monarquistas, e a perseguição e deportação de judeus durante a ocupação nazista (1940-44).

A França, no entanto, tem muitas realizações das quais pode se orgulhar – embora bem menos do que as da Grã-Bretanha, que em todo o mundo são imensas. A esse respeito, a França está mais próxima de países como a Itália, que legitimamente se orgulha da arte do seu Renascimento, a Alemanha, com seus avanços científicos no século XIX, e a Espanha, com a literatura de sua era de ouro. As realizações francesas incluem: sua literatura, sobretudo a partir do início da Idade Média (*A canção de Rolando* facilmente se compara ao épico anglo-saxão *Beowulf*); a arte românica original e única do sul da França; a arquitetura gótica, enraizada na região de Île-de-France e da Normandia, mas se espalhando muito além das fronteiras modernas da França; a Sorbonne medieval com sua rede de faculdades; a literatura e o pensamento renascentistas de Rabelais e Montaigne em diante; a tolerância religiosa estabelecida por Henrique IV (1553-1610) no Édito de Nantes (1598), numa época em que não existia nada semelhante na Europa, fora dos Países Baixos; e o apoio oferecido por Richelieu, um cardeal católico, aos protestantes europeus durante a Guerra dos Trinta Anos, apoio que protegeria a França e talvez o resto da Europa de cair sob o domínio de uma Igreja católica inquisitorial. Outra das grandes realizações do país é sua literatura clássica do século XVII. A França talvez nunca tenha tido um Homero ou um Shakespeare, mas La Bruyère, La Rochefoucauld, Saint-Simon, Molière, Racine e Tallemant des Réaux foram todos autores dignos.

Em termos mais gerais, as realizações francesas devem incluir todo o reinado de Luís XIV. Embora seu nacionalismo descarado e a discriminação religiosa institucionalizada devam ser contados entre os fracassos de nossa nação, o florescimento dos artigos de luxo e a arquitetura de Versalhes produziram magníficas imitações por todo o continente e até mesmo entre a aristocracia britânica. A ciência francesa também não deve ser esquecida, inspirada por Jean-Baptiste Colbert, fundador do Observatório de Paris e uma força motriz por trás do desenvolvimento do mercado de bens de luxo. De fato, todo o século XVIII europeu foi uma criação francesa em muitos aspectos, incluindo a universalidade de nosso idioma por todo o continente, a filosofia do Iluminismo e o crescimento econômico do reino sob Luís XIV e, até mesmo, Luís XVI.

O balanço da Revolução Francesa – questão de orgulho ou de arrependimento? – deve ser examinado com cuidado. Se não mostra um lucro final é porque o preço do Terror tende a ser (erroneamente) subtraído da soma dos benefícios obtidos através do grande acontecimento. Mas, dos meses entre a Queda da Bastilha, em 14 de julho de 1789, e o assalto ao Palácio das Tulherias pela multidão, em agosto de 1792, os franceses não têm do que se envergonhar. Após o fim do Terror, o diretório fez o que pôde para salvaguardar os ganhos básicos da revolução, como a introdução dos direitos iguais e a remoção do poder da aristocracia e da nobreza.

Tampouco Napoleão (1769-1821) deve necessariamente ser enviado para a lata de lixo da história. Os países da América Latina, pelo menos, geralmente consideram o general corso como catalisador de sua libertação da Espanha, um país enfraquecido pela terrível guerra peninsular travada sob o reinado do imperador.

O que o escritor e jornalista Léon Daudet chamou de "estúpido século XIX" foi, na verdade, um amálgama bem-sucedido de elementos franceses com ingleses e alemães: o movimento romântico, por exemplo, que começou como uma síntese entre um tipo de medievalismo enraizado no antigo regime e os avanços emocionais da Revolução Francesa. A França adotou políticas nitidamente anglófilas na primeira metade do século sob Luís XVIII, Luís Filipe e Napoleão III, que era amigo íntimo da rainha Vitória. As bases da *Entente Cordiale*, que foram acordadas em 1904 por Eduardo VII e Théophile Delcassé, e que pavimentaram o caminho para a Primeira Guerra Mundial, foram estabelecidas nas décadas de 1830 e 1840 por Luís Filipe e seu primeiro-ministro François Guizot.

A Terceira República, ou *a* República, como era conhecida, nasceu em 4 de setembro de 1870 e se tornou um regime extraordinariamente sólido que governou a França sob vários números – Terceira, Quarta, Quinta – por mais de 140 anos (descontando os quatro anos da ocupação alemã). Esse sistema de longa duração é algo de que nosso país pode se orgulhar, ao contrário dos frágeis impérios e monarquias que existiram entre 1800 e 1870. Vale ressaltar a admirável resistência das classes trabalhadoras francesas, juntamente com a elite da nação, nos campos de batalha da Primeira Guerra Mundial. Não consigo ver o que a Europa teria ganhado com a vitória dos exércitos do *kaiser* Guilherme II. Após a Segunda Guerra Mundial, Charles de Gaulle (1890-1970) reintroduziu um elemento monárquico em nossa Constituição republicana. Isso foi, em geral, um sucesso, mesmo que alguns dos presidentes que lhe sucederam tenham sido, de forma justa, ridicularizados.

A França também liderou o caminho no pós-guerra para a criação de uma nova Europa. Os estadistas franceses desempenharam um papel fundamental: Aristide Briand (1862-1932), muito pouco reconhecido, durante a década de 1920 e início dos anos 1930; os estadistas católicos com vínculos de força variável com o catolicismo alemão, incluindo um grande francês, Robert Schuman (1886-1963), e o leigo moderado Jean Monnet (1888-1979).

Há, portanto, muitos motivos de orgulho entre inúmeros erros e falhas. Eles não se igualam às realizações da Grã-Bretanha ou dos Estados Unidos, mas sem dúvida deram à França uma reputação decente na Europa.

Os estrangeiros têm compreendido de maneira equivocada muitos aspectos da França e de sua história; eu gostaria de mencionar apenas alguns.

Alguns historiadores procuram estabelecer comparações entre Napoleão e Hitler, mas as diferenças são tão fundamentais que tornam qualquer comparação sem sentido. Também criticam a revogação do Édito de Nantes por Luís XIV em 1685, que reprimiu o protestantismo e fez muitos huguenotes partirem, mas eles costumam esquecer que a política da Grã-Bretanha – se é que pode ser assim chamada – em relação à Irlanda católica dificilmente foi mais digna do que a do Rei Sol em relação aos seus súditos huguenotes. A revogação não foi um ato isolado na história europeia.

É de alguns norte-americanos que as incompreensões a respeito de nossa história surgem com mais frequência. Franklin D. Roosevelt (1882-1945), por exemplo, não entendia Charles de Gaulle (o mesmo vale para Churchill, embora originalmente apoiasse De Gaulle quando este chegou a Londres em 1940). Talvez a arrogância do general explique isso: como ele tinha um nome aristocrático, frequentava a missa e se comportava como um militar seco e autoritário. Alguns franceses em Londres o confundiam com um homem da extrema direita e transmitiram essa impressão aos seus amigos britânicos e norte-americanos. Roosevelt, inacreditavelmente, planejou um Estado-tampão entre a França do general De Gaulle e a Alemanha, e entre a França e os Países Baixos, formado a partir da Bélgica e da Alsácia-Lorena, a pedra angular do patriotismo francês. Isso era um evidente disparate e exigiu toda a tenacidade do secretário britânico de relações exteriores, Anthony Eden, um francófilo inveterado, para dissuadi-lo. Outra ideia dos Aliados foi a instalação do Governo Militar Aliado nos Territórios Ocupados (Amgot, na sigla em inglês) após a libertação da França. A chegada triunfal do general De Gaulle a Paris foi o que impediu esse ato monumental de loucura.

Roosevelt tinha uma tendência para esses tipos de mal-entendidos. Na verdade, as imprensas britânica e norte-americana muitas vezes apoiaram Charles de Gaulle quando este teve de lidar com a hostilidade de Roosevelt e, depois, de Churchill. Essa atitude contra De Gaulle persistiu, de certo modo, após 1945: daí a tentação, em especial na Grã-Bretanha, de equivocadamente vê-lo como um fascista quando ele voltou ao poder em 1958.

Outro exemplo de erro de julgamento da França veio no início da Guerra do Iraque em 2003. O presidente Jacques Chirac (n. 1932) ficou praticamente sozinho na Europa ao se opor a esse ato de pura agressão. Não sou um partidário incondicional de Chirac: sua decisão de dissolver o Parlamento francês em 1997, que permitiu a chegada de seus opositores ao poder, foi insensata; mais grave ainda foi seu referendo sobre a Constituição europeia em 2005. Sua intenção pode ter sido constranger os socialistas franceses, mas o desastre resultante foi um duro golpe para a União Europeia. Mas nada disso foi tão importante quanto suas tentativas de impedir a guerra no Iraque.

Um efeito colateral da iniciativa de Chirac foi uma intensa campanha de propaganda contra a França. A conselheira de segurança nacional dos Estados Unidos, Condoleezza Rice, falou em punir a França. Mas a França começou a sofrer desafios internos mais significativos depois que o descontentamento crescente entre as comunidades de imigrantes nos *banlieux* [subúrbios] trouxe primeiro uma inquietação generalizada e, depois, a matança jihadista em Paris, em 2015. Em resposta parcial, o partido nacionalista, populista e anti-imigração, Frente Nacional, outrora marginal, transformou-se em uma força capaz de defender a saída da França da União Europeia e até mesmo de concorrer à eleição para a presidência.

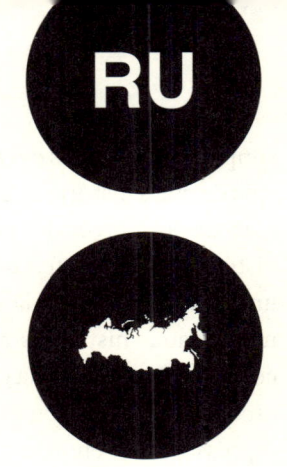

RÚSSIA
FRATURAS NO TECIDO CULTURAL
Dina Khapaeva

A Revolução Bolchevique de 1917, de acordo com o poeta Josef Brodsky (1940-96), lançou uma época de "terror permanente". Durante os anos do domínio soviético, 50 a 55 milhões de pessoas se tornaram vítimas da repressão e foram física e moralmente mutiladas; 11 a 13 milhões foram executadas ou pereceram na prisão. A inexistência de dados precisos sobre o número de vítimas é uma ilustração impressionante da falta de humanidade durante o regime soviético. A guerra civil de 1918, a coletivização forçada, a deportação de cidadãos, a grande fome de 1932-33, os expurgos de 1937, o cerco de Leningrado em 1941-44 e a Grande Guerra Patriótica[6] são todos símbolos da destruição de civis e soldados não apenas por inimigos, mas por seu próprio governo e povo. O regime durou 74 anos e enterrou três gerações, bem como inúmeras tradições seculares.

No entanto, em 2007, quando realizei uma pesquisa de opinião com o historiador Nikolay Koposov em São Petersburgo, Kazan e Ulianovsk, constatamos que mais de metade dos russos considerava positivo o impacto que teve o passado soviético na Rússia contemporânea. Mais de dois terços referiram-se aos anos de 1922 a 1953, quando Josef Stalin (1878-1953) era o líder da União Soviética, como uma era dourada, em que as "pessoas eram mais amáveis, menos egoístas e mais

---

6   Designação dada pelos soviéticos à Segunda Guerra Mundial. (N.E.)

simpáticas" e "o país era mantido em ordem". Oitenta por cento não tinham dúvida de que a história de seu país só deveria despertar sentimentos de orgulho, e mais de dois terços dos entrevistados não admitiram culpa ou responsabilidade histórica. Atualmente, os livros escolares cada vez mais consideram o stalinismo uma medida justificada e necessária para a modernização do país, enquanto monografias históricas apresentam a história soviética como uma celebrada continuação da história gloriosa do Império Russo. Mas as pessoas não tentam esconder os crimes ou esquecê-los – mais de 90% dos russos estão cientes das repressões e do enorme número de vítimas.

A atitude dos meus conterrâneos em relação ao passado soviético não pode ser totalmente explicada como um sintoma de apatia ou indiferença. Revela (e não pela primeira vez na história da Rússia) uma negação de valores culturais fundamentais, de humanismo e de sociedade humana.

A Rússia, sem dúvida, criou verdadeiras obras-primas culturais e ainda pode fazê-lo. No entanto, tem havido uma contínua hostilidade à cultura e à civilização, manifestada em dois eventos fundamentais: a fundação do Estado russo e a adoção da ortodoxia. Ambos expressam uma atitude em relação ao Ocidente e iniciaram o *leitmotiv* da história russa: um fascínio constante pelo Ocidente, aliado a um desejo de superá-lo para escapar de sua influência. A história russa pode ser vista como uma cadeia de fraturas no tecido cultural, como uma interrupção constante das tentativas da elite de espalhar a cultura e a civilização ocidentais para as imensas florestas, espaços sem fronteiras e áreas despovoadas do imenso país.

O primeiro marco da identidade nacional russa é o relato da fundação do Estado, que questiona a habilidade dos russos de criar um Estado por conta própria e de respeitar e manter a ordem nele. A fonte mais antiga da história da remota Rus, a *História dos anos passados*, dos séculos XI-XII, também conhecida como *Crônica primária russa*, traz os seguintes eventos: em 862, as tribos eslavas dos principais centros da antiga Rus (Novgorod, Beloozero e Izborsk) recusaram-se a pagar tributos aos nórdicos (*vikings*, também conhecidos como varegues) e caíram em estado de banditismo e anarquia. Não sendo capazes de parar a agitação, pediram aos nórdicos que fossem seus senhores e os governassem. O cronista informa que Rurik, o príncipe varegue, não respondeu imediatamente, "com medo da aparência e do temperamento ferozes" dos eslavos. Assim, de acordo com a lenda, os nórdicos que vieram para Rus e fundaram o primeiro Estado não foram conquistadores da maneira como Guilherme, o Conquistador, o foi na Inglaterra. Foram livremente convidados pelo povo que, assim, reconhecia sua incapacidade de governar a si próprio. Até mesmo o nome Rus parece ser de origem nórdica: segundo a *História dos anos passados*, "veio dos varegos, e hoje em dia o povo de Novgorod pertence à tribo dos varegos, embora inicialmente fossem eslavos".

Essa história foi lembrada por muito tempo. A origem da Rus foi tema de debates entre ocidentalistas e eslavófilos no século XIX e entre ocidentalistas e nacionalistas na era soviética. Os "normanistas" insistiam no papel dominante dos escandinavos (nórdicos ou normandos) na formação da Rus de Kiev, enquanto os antinormanistas insistiam no papel excepcional dos eslavos. O reconhecimento de que a Rus foi fundada pelos nórdicos favorecia a ideia de que a Rússia deveria seguir o caminho ocidental de desenvolvimento, enquanto a tese oposta apoiava a ideia da missão única da Rússia e sua independência do Ocidente.

O sentido da teoria normanda da autorrealização russa foi esboçado no *Curso de história russa*, do historiador Vasily Klyuchevsky (1841-1911): "não houve nada de extraordinário ou inusitado nos eventos, no pedido de ajuda aos príncipes. Não foi só em nosso país que isso aconteceu – tais eventos eram bastante comuns na Europa Ocidental daqueles tempos". O desejo do historiador de apresentar o pedido aos varegos como recrutamento militar e de interpretar esse acontecimento como "comum" na história de qualquer Estado europeu é uma evidência de quão doentio permaneceu esse assunto para a identidade nacional russa. Klyuchevsky era, na verdade, um defensor da teoria normanista. Ele enfatizou o papel excepcional dos príncipes varegos na formação do Estado russo, sendo os príncipes a classe dominante, ou "Rus", e os eslavos, a população dominada:

> **O Estado russo foi formado pelas atividades de Askold e depois de Oleg [seguidores varegues de Rurik] em Kiev. A consolidação política veio de Kiev, e não de Novgorod. O principado varegue em Kiev havia se tornado o núcleo da unificação das tribos eslavas e finlandesas, o que pode ser considerado uma forma inicial do Estado russo.**

A única coisa inaceitável para Klyuchevsky na teoria normanista era a implicação de que os russos foram incapazes de desenvolver sua própria ordem social.

O segundo marco da história russa – a adoção da fé ortodoxa, que viria a se tornar uma importante fonte de oposição ao Ocidente – compreende três eventos: a conversão e o batismo em massa da Rus pelo príncipe Vladimir, o Grande, em 988; o Cisma do Oriente em 1054, quando o papa em Roma e o patriarca bizantino amaldiçoaram um ao outro de forma irrevogável; e a queda de Constantinopla para os turcos otomanos em 1453, após o que Moscou, conhecida como "a Terceira Roma", proclamou-se a única portadora da missão ortodoxa e herdeira do Império Bizantino.

Os antigos eslavos da Rus mal tinham sido tocados pela cultura bizantina, romana, grega ou árabe. Bizâncio era profundamente estranho à população local: sua influência limitava-se à transferência de crenças religiosas e estilos artísticos trazidos por padres visitantes e artistas estrangeiros. O contato irregular significava que o legado de Bizâncio poderia influenciar apenas os representantes da elite instruída.

A conversão da Rus foi levada adiante pelos príncipes varegues. Segundo a lenda, Vladimir, o Grande, após ter sido batizado para se casar com a princesa Ana, irmã dos imperadores bizantinos Basílio II e Constantino VIII, forçou a ida de seus súditos ao rio Dnieper e os batizou. Traços dessa conversão forçada podem ser vistos na religião dupla e nos cultos pagãos generalizados das aldeias russas que ainda sobrevivem hoje.

O primeiro código de leis, o chamado *Ruskaya Pravda*, foi provavelmente criado por juízes cristãos estrangeiros – gregos ou eslavos do sul – no século XI, a fim de abolir ou, pelo menos, amenizar "alguns costumes nativos particularmente abomináveis para o sentido moral e legal dos juízes cristãos, que eram cultivados pelo direito eclesiástico e civil bizantino". O fato de a lenda proclamar que essas instituições vitais surgiram de uma intervenção forçada afetou as atitudes em relação à lei e à ordem, à cultura e à moralidade. As pessoas viam a cultura e a civilização como estranhas e adversas, como algo que teria sido imposto por governantes estrangeiros.

O consequente complexo de inferioridade está presente na identidade nacional russa, e o país e seu povo nunca conseguiram responder de forma convincente a isso. Esse sentimento tem gerado a ambição não apenas de ser igual ao Ocidente e à Europa, mas de superá-los. Daí os temas frequentes na história russa: a Rus protegeu a Europa dos mongóis no século XIII, a Rússia resgatou a Europa do jugo de Napoleão no século XIX, a União Soviética salvou o mundo do fascismo no século XX, e assim por diante.

Uma profunda incerteza sobre a identidade nacional, que alguns tentavam explicar pela posição intermediária da Rússia entre Ocidente e Oriente, estava na verdade enraizada nos esforços contraditórios de se tornar como a Europa, de superar a Europa e de negar os valores da Europa. Tentativas repetidas da elite dominante de exceder o Ocidente resultaram em reações desastrosas. A longa história de opressão da cultura e da civilização e o fracasso da ocidentalização estão entrelaçados na narrativa histórica russa e se mostraram profundamente enraizados na consciência nacional. No âmbito pessoal, esse conflito se tornou uma fonte de dilema e conflito psicológico. A devassidão e os escândalos descritos nos romances de Dostoiévski (1821-81) são evidências desse conflito – pequenos atos de rebelião nos quais um indivíduo contesta os valores da cultura e da civilização. A esse respeito, Dostoiévski é um verdadeiro escritor russo.

Outra manifestação desse conflito entre Oriente e Ocidente aparece nas reformas de Pedro, o Grande (1676-1725), que tentaram transformar a Rússia utilizando o modelo de países europeus avançados da época, notadamente os Países Baixos. As reformas de Pedro cobriram todos os aspectos da sociedade, desde a administração pública e da Igreja até a imposição de que a nobreza vestisse roupas europeias; das reformas educacionais e culturais (incluindo a criação de uma universidade e de uma academia de ciências) à modernização da economia e do Exército; da construção da nova capital em São Petersburgo à formação da Marinha. Tudo isso, porém, foi executado por meio de medidas tirânicas. Os servos de Pedro pagaram pelas reformas com milhares de vidas, e, nos quarenta anos de seu reinado, a população da Rússia caiu de 13 para 11 milhões. Até mesmo a introdução da cultura europeia entre a nobreza russa exigiu o uso da força, sendo objeto de indisfarçável admiração durante a era soviética. As reformas de Pedro aprofundaram ainda mais a divisão cultural na sociedade russa: o contraste entre o estilo de vida e o comportamento de uma minúscula elite e a massa de camponeses analfabetos era enorme, visto que as reformas pouco efeito tiveram em termos culturais, políticos e econômicos para as massas, que mantiveram o estilo de vida da antiga Rus até 1917. As reformas de Pedro, o Grande, provocaram um ódio crescente do "povo simples" pelas realizações culturais e pela civilização.

As discussões sobre o papel e a importância de tais reformas começaram em 1836 com a publicação das *Cartas filosóficas* de Peter Chaadaev (1794-1856), em que ele criticava o isolamento e o atraso da Rússia. O debate continuou, na segunda metade do século XIX, entre ocidentalistas (eminentes escritores, compositores e historiadores como Ivan Turguêniev, Nikolai Melgunov e Vasily

Botkin) e eslavófilos, defensores do caminho único e messiânico do desenvolvimento russo baseado na ortodoxia e autocracia (Aleksey Khomyakov, Ivan Kireevsky e Konstantin Aksakov). Nesses debates, a teoria normanista adquiriu um significado especial, enquanto o chauvinismo ortodoxo russo amadurecia em uma negação da civilização e da cultura ocidentais. As discussões também prepararam o terreno para uma nova negação do Ocidente baseada na teoria marxista da luta de classes.

Outra fissura na sociedade russa foi muitas vezes mencionada pelos historiadores russos: a da servidão, instituição que expressava uma atitude particular da classe dominante em relação ao seu povo cativo e colonizado. A Revolta Dezembrista (14 de dezembro de 1825) foi uma tentativa de reformar a sociedade russa para um modelo europeu. Os dezembristas exigiam a abolição da servidão e a substituição da monarquia por uma forma republicana de governo. O fracasso da revolta foi outra fissura dolorosa na fina camada da cultura e civilização. A servidão era vista como uma expressão da atitude da Rússia em relação ao Ocidente tanto por seus apoiadores (a elite dominante, embora geralmente educada na Europa e admiradora dos ideais iluministas, não estaria disposta a abolir a servidão até 1861) quanto por seus oponentes. Ao mesmo tempo, a servidão criou entre os camponeses uma poderosa percepção de que o governo, a lei e a cultura eram elementos estrangeiros, hostis e impostos pela força.

Essa atitude em relação à cultura e à civilização alcançou seu ponto culminante na Revolução de Outubro de 1917. Não foram apenas as multidões analfabetas de soldados, marinheiros, trabalhadores e seus líderes sedentos de poder que submergiram no sentimento de entusiasmo inebriante pelo triunfo do vandalismo e a destruição da ordem pública; também o fizeram muitos célebres intelectuais russos. Exemplos claros são os famosos poemas "Os citas" e "Os doze" de Aleksandr Blok (1880-1921), em que o poeta glorifica o êxtase de "livrar-se das correntes" da cultura e da civilização. As atrocidades das primeiras décadas do governo soviético e a destruição do modesto capital cultural da Rússia continuam a ser um trágico abismo no século XX.

Essa atitude poderia, em certa medida, explicar o destino da intelectualidade russa. Os temas de exílio, prisão e execução têm sido comuns nas biografias dos principais escritores e artistas russos – a tal ponto que o fato de não ser assediado pelo Estado poderia ser visto como um sinal de marginalidade. Os sovietes consideravam oficialmente a *intelligentsia* um "grupo socialmente estrangeiro", e a aniquilação em massa de intelectuais era uma política consciente dos bolcheviques. O assassinato dos melhores escritores, poetas, compositores e artistas do país foi acompanhado pelo ataque aos valores culturais e comportamentos da intelectualidade. A desconfiança do Estado sobre os intelectuais refletia as atitudes populares para com os compatriotas mais instruídos. Um episódio que reflete essa mentalidade tradicional é especialmente revelador. No final da década de 1880, o movimento Narodnik de "volta à terra" inspirou várias centenas de nobres russos, que se sentiam culpados pelos privilégios, a se vestirem do modo camponês tradicional e mudar-se para aldeias russas com a missão de educar e esclarecer o campesinato. No entanto, os camponeses somente sentiam desconfiança e suspeita: a maioria dos *narodniks* foi denunciada à polícia, espancada ou humilhada. O desprezo pelo trabalho intelectual e a desconfiança de que os intelectuais são tolos estranhos ou parasitas sociais covardes continuam generalizados hoje, embora quase um em cada três cidadãos das principais cidades russas possua um diploma de ensino superior.

A ideologia bolchevique baseava-se na oposição entre a Rússia e o Ocidente, entre o que era chamado de "Estado soviético de trabalhadores e agricultores" e o capitalismo ocidental. A propaganda soviética apresentava o Ocidente burguês como a encarnação de todos os males. A determinação dos líderes soviéticos, de Stalin a Kruschev, de "alcançar o Ocidente e superá-lo" em todas as esferas da vida a fim de provar a superioridade do socialismo sobre o capitalismo empurrava a população russa para o Ocidente escondido atrás da Cortina de Ferro, tornando-o ainda mais atraente e misterioso.

Nos últimos vinte anos, houve outra ruptura indicativa. De fato, a idealização do Ocidente nunca foi mais forte do que no final da década de 1980 e início dos anos 1990. Por um curto período de tempo, o Ocidente foi a escolha inequívoca como modelo para transformar a Rússia pós-comunista em uma sociedade democrática livre, e isso se tornou a base de reformas governamentais com forte apoio do povo em geral. A idealização do Ocidente passou a ser uma negação de tudo o que é soviético, e todos os problemas do socialismo eram explicados aludindo-se ao desvio da Rússia do caminho ocidental convencional de desenvolvimento para a humanidade depois que os bolcheviques chegaram ao poder. O Ocidente tornou-se um novo projeto social, criando uma saída para o impasse histórico ao qual a sociedade havia sido conduzida pelo socialismo. Na era da *perestroika*, nos anos 1980, a Rússia foi consumida pelas denúncias contra o stalinismo. Parecia lógico esperar que os intelectuais voltados para o Ocidente – líderes na busca da verdâde sobre o passado soviético – incentivassem fortemente a sociedade pós-soviética a pensar como deveriam lidar com esse grave legado. Mas o interesse acalorado pelo passado soviético desapareceu tão de repente quanto apareceu. No início de 1992, foi jogado para segundo plano pelo problema de escolher um modelo econômico adequado. Os intelectuais de orientação ocidental preferiram então considerar a si próprios e a sociedade vítimas do totalitarismo, renunciando a qualquer responsabilidade histórica ou conexão com o passado soviético.

A ruptura com o passado soviético teve, porém, um impacto enorme na consciência dos ocidentalistas russos: negar a importância do período soviético significava que este não seria mais considerado uma era histórica repleta de eventos marcantes. Em vez disso, os anos soviéticos haviam rompido a continuidade histórica e deixado uma lacuna no tempo, enquanto os que ainda aceitavam a ideologia comunista eram condenados ao ostracismo. De acordo com uma expressão típica da época, a Rússia dos anos 1990 era equiparada aos Estados Unidos da década de 1920, uma terra no "alvorecer do capitalismo". Naqueles anos, a palavra "presente" desapareceu: no jornalismo social e na linguagem cotidiana, foi substituída pela expressão "período de transição", enfatizando o anseio de apressar o presente e encontrar um futuro, seguindo o modelo de um Ocidente idealizado, o mais rápido possível. O futuro e o passado convergiam, negando o direito de existência do "presente" na Rússia.

A crença no progresso garantiria a chegada a esse futuro feliz. E, como o caminho a ser seguido já havia sido atravessado pelo Ocidente, tudo o que a Rússia precisava fazer era rapidamente seguir seus passos. A economia de mercado era considerada o veículo a ser utilizado para alcançar o futuro. No entanto, essa viagem à modernidade do Ocidente se tornaria problemática: a lembrança do *gulag* enfraqueceu a fé no progresso e teve de ser suprimida para dar aos russos, ainda que brevemente, a confiança de que alcançariam um futuro feliz ocidental.

Essa imagem russa do Ocidente como a materialização de suas expectativas de uma sociedade perfeita causou significativo desconforto psicológico. Os ocidentalistas russos do início da década de 1990, atormentados pela instabilidade política, pela crise econômica e pela escassez de bens de consumo, ficaram ansiosos a respeito de sua própria imperfeição e com a imperfeição da vida cotidiana. Portanto, a idealização do Ocidente intensificou o complexo de inferioridade nacional em vez de ajudar os russos a reforçar sua própria identidade, que fora abalada pelo colapso do regime soviético.

Em pouco tempo, as atitudes começaram a sofrer uma enorme transformação. Isso pode ser ilustrado comparando-se as pesquisas de opinião de 1990 e 2007. Em 1990, os moradores de Leningrado classificaram Pedro, o Grande, como seu estadista mais admirado, com Lênin em quinto lugar; as posições de dois a quatro foram preenchidas com os nomes de três presidentes norte-americanos: Roosevelt, Lincoln e Washington. Porém, em 2007, de todos os presidentes norte-americanos, os moradores de São Petersburgo apontaram apenas Roosevelt – mesmo assim, classificado somente em décimo sétimo lugar, enquanto os cinco primeiros eram todos heróis nacionais: Pedro, o Grande, Catarina, a Grande, Stalin, Lênin e Stolypin.

Em 1990, quatro quintos dos moradores de Leningrado repudiaram o dogma fundamental da propaganda oficial soviética sobre a superioridade social e política da União Soviética. No entanto, em 2007, a ideia da preeminência da Rússia sobre o Ocidente havia retornado. Enquanto em 1990 apenas um décimo dos moradores de Leningrado acreditava que a Rus moscovita era superior à Europa Ocidental, em 2007 o número desses entrevistados subiu para um quarto. A mudança na avaliação da era soviética é ainda mais marcante: em 1990, dos moradores de Leningrado, apenas 5,5% achavam que a Rússia soviética era superior ou igual ao Ocidente, mas em 2007 seu número aumentou para mais de 40%! Em 1990, a pergunta "Você se considera um europeu?" foi respondida positivamente por mais de dois terços dos entrevistados; em 2007 esse número caiu para um terço. À pergunta "Em que país você preferiria ter nascido?", metade dos entrevistados deu como resposta a Rússia em 1990, contra três quartos em 2007. Mais de metade dos entrevistados achava que havia uma ameaça externa, e três quartos apontaram os Estados Unidos como um potencial agressor.

A recusa em condenar o passado soviético e o desejo de abraçar o regime soviético na epopeia da "gloriosa história nacional" contribuíram para a prática da luta bem-sucedida e impune contra a cultura e a civilização e transformaram a negação do Ocidente em um *modus vivendi* do atual processo político. No entanto, o Ocidente não perdeu sua importância crucial para a consciência nacional russa. Ele continua sendo um fator determinante para a ansiedade cultural e para as preocupações ideológicas dos russos – está no cerne da identidade nacional e precisa ser negado e superado repetidamente.

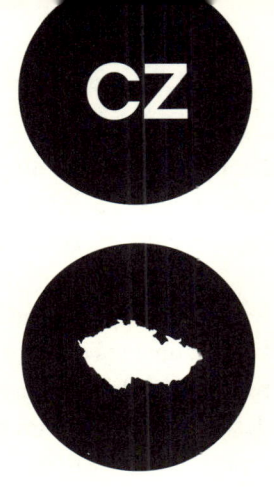

REPÚBLICA TCHECA
HISTÓRIA NACIONAL E BUSCA DE IDENTIDADE

Pavel Seifter

A encarnação mais recente do Estado tcheco, proclamada em 1º de janeiro de 1993, foi formalizada às pressas, e a história foi convocada para justificá-la. O primeiro-ministro escolheu um lugar simbólico para fazer o discurso de fundação: um cemitério nacional, onde ele ficou sob as estátuas dos heróis míticos Záboj e Slavoj, que haviam sido inventados quase dois séculos antes para dar carne e osso aos mitos da fundação medieval. O novo Parlamento começou imediatamente a debater se o nascimento da nação deveria ser observado em 1º de janeiro, dia em que a atual república foi declarada, ou em 28 de outubro, quando surgiu a Tchecoslováquia independente, em 1918. Outra data proposta foi 28 de setembro, dia em que São Venceslau, santo padroeiro da Boêmia, foi assassinado, em 935. O Parlamento acabou estabelecendo o dia 28 de outubro, asseverando a continuidade do novo Estado com a Tchecoslováquia; enquanto isso, o feriado de 9 de maio, comemorado por quase cinquenta anos para celebrar a libertação do país pelo Exército Vermelho em 1945, foi transferido para 8 de maio, data que marca o fim da Segunda Guerra Mundial na Europa. Apesar de ser uma mudança misteriosa para pessoas de fora do país, a decisão foi crucial para a autocompreensão tcheca, pois revisou o papel do país na história europeia desde 1945: não mais um Estado comunista obrigado a comemorar a chegada do Exército Vermelho em 1945, passava a ser um dos vencedores da Segunda Guerra Mundial.

Esta, por sua vez, justificou a expulsão em massa de alemães e húngaros tchecoslovacos de seu território após 1945, talvez a ação mais controversa em sua história do século XX. Foi um caso de parlamentares refazendo a história às pressas.

Duas forças dominam o mercado tcheco da história: o pragmatismo contemporâneo e o pretenso conservadorismo tradicional. Embora não sendo mais tão nacionalista quanto antes, o povo tende a ignorar seus próprios historiadores em prol de um sentimento patriótico residual que permaneceu inalterado desde o "renascimento nacional" do século XIX. Assim, os políticos retornam repetidas vezes à narrativa romântica nacional, que diz o seguinte:

Os tchecos são os antigos habitantes (eslavos) das terras da Boêmia; sua história tem milhares de anos e é cristã. Ao serem "descobertos" no início do século XIX, manuscritos medievais tchecos forjados pareciam confirmar que a história era ainda mais antiga, repleta de heróis e até de amazonas da Boêmia. Entre os primeiros duques, Venceslau (*c.* 907-35) ocupa hoje uma posição única na história tcheca (embora seu irmão fratricida tivesse de fato feito mais para o estabelecimento do Estado). Desde o início, porém, os tchecos tiveram um problema com os alemães, que começaram a se estabelecer nas fronteiras da Boêmia durante o século XIII. Os tchecos alcançaram a glória quando o "Pai do País", Carlos IV, subiu ao trono da Boêmia em 1346 e fez de Praga, às margens do rio Moldava, o centro do Sacro Império Romano; em 1348, ele fundou ali a primeira universidade da Europa Central. Um declínio seguiu-se ao reinado de Carlos; menos de um século depois veio a Revolução Hussita, quando o clérigo Jan Hus (*c.* 1369-1415) fez um discurso contra a decrepitude moral da Igreja de Roma, em virtude do qual foi queimado na fogueira e passou a ser considerado um mártir (um tema recorrente na história tcheca). O papa enviou cruzados que os boêmios derrotaram em várias batalhas "contra todos" (ou seja, *Proti všem*, o título do clássico romance nacionalista de Alois Jirásek, de 1894). A ala radical dos hussitas foi finalmente derrotada na batalha de Lipany, em 1434, em consequência de uma traição (outro tema tcheco recorrente). Praga tornou-se novamente um centro da cultura europeia sob Rodolfo II (1576-1611), e a língua tcheca continuou a florescer, intimamente ligada à protestante Unitas Fratrum (Igreja da Morávia). O desastre histórico seguinte ocorreu em 1620, quando os boêmios foram derrotados por uma coalizão de forças imperiais católicas e habsburgas na batalha da Montanha Branca. Vinte e sete de seus líderes foram executados; muitos outros membros da nobreza e da intelectualidade boêmia, incluindo o estudioso

Jan Comenius, decidiram deixar o país. Isso marcou o início dos trezentos anos de sofrimento, a "idade das trevas" barroca (ou *Temno*, o título de outro romance de Jirásek, publicado em 1915). A nação foi trazida de volta ao catolicismo pela força, quase perdeu seu idioma e correu o risco de desaparecer. No entanto, começando no final do século XVIII, os revivalistas nacionais despertaram a nação adormecida e passaram a reviver seu idioma, incentivando o desenvolvimento da literatura, de estudos acadêmicos e, por fim, da história da Boêmia. O renascimento teve sucesso e, em 1918, o Estado dos tchecos e morávios (e seus irmãos eslovacos) foi restaurado.

Esse modelo revivalista da história nacional corresponde à "infância" da nação. O importante aqui não é a história em si, mas os blocos de construção com base nos quais a nação foi erguida. A nação pequena e fraca precisava de algo em que se apoiar e o encontrou em seus primórdios eslavos; os hussitas forneceram a ideia de que os boêmios eram "guerreiros de Deus", e o próprio Hus sugeria a ideia de uma nação de mártires. Por outro lado, o período barroco era visto como uma época de sofrimento, associado a uma nobreza estrangeira, a Igreja Católica Romana "não tcheca" e a Áustria "alemã" dos Habsburgo; os alemães aparecem na história tcheca como o antigo inimigo. Durante tudo isso, o povo comum – o pequeno proprietário, o artesão, o padre, o professor e o escritor – é retratado como portador da história boêmia/tcheca, dando à nação seu caráter "plebeu", que alguns confundem com caráter democrático. Esse modelo nacionalista da história tcheca é imortalizado no panteão nacional do Cemitério Vyšehrad, em Praga, nas estátuas equestres de São Venceslau e do líder hussita Jan Žižka (c. 1360-1424), nas vinte telas imensas de *A epopeia eslava*, em estilo *art nouveau*, de Alfons Mucha (1860-1939), na ornamentação simbólica do Teatro Nacional e nas óperas de Bedřich Smetana (1824-84).

A versão patriótica da história tcheca, no entanto, não é a única. Os tchecos compartilharam sua história com muitas outras nações nas terras da Boêmia – quando governadas sob a monarquia dos Habsburgo e, mais tarde, quando tiveram seu próprio Estado, a Tchecoslováquia, juntamente com os eslovacos. O historiador Jan Křen vê a história tcheca através de uma lente europeia e a coloca no quadro mais amplo da Europa Central. Ao fazê-lo, fica claro que as terras da Boêmia estavam em grande desvantagem desde o início, longe do mar e dos principais centros da civilização clássica. Assim, o país teve um início tardio na história em comparação com o restante da Europa e foi forçado a recuperar o atraso. Essa é a característica mais importante da história tcheca, embora tivesse sido também o destino de grande parte da Europa Central. Outros temas importantes, como as descontinuidades da história e a percepção do país como vítima, também não são exclusivos dos tchecos. Tais aspectos são compartilhados por seus vizinhos eslovacos, húngaros, austríacos e, sobretudo, poloneses e alemães, para quem as interrupções foram incomparavelmente mais desastrosas.

Apesar de seu início tardio, a Europa Central também teve sorte. A Grande Morávia, um império dos eslavos ocidentais, desintegrou-se no final do século IX; assim, diferentemente da situação entre as tribos germânicas, nenhum senso de pertencimento se desenvolveu entre seus povos e, portanto, não surgiu nenhum contrapeso ao império dos francos orientais. Porém, a história tcheca não esteve completamente separada da história da Europa Ocidental. No ano aproximado de 885, o duque Bořivoj fundou Praga e construiu um castelo. Praga permaneceu o centro indiscutível das terras da Boêmia e capital do país por mais de 1.100 anos, e até hoje o chefe de Estado tem seu assento a poucos metros do local escolhido pelo fundador da cidade. As relações internacionais tchecas foram determinadas pelo fato de que o Estado fazia parte do Sacro Império Romano, mas no território boêmio o soberano não tinha quaisquer direitos imediatos e não podia intervir significativamente na formulação de políticas.

Desde o final do século XII até o século XIII, as terras da Boêmia passaram por uma radical modernização. Burgos e aldeias foram fundados na forma que manteriam até meados do século XIX. Para todos os efeitos práticos, a paisagem cultural estava, assim, completa. Os alemães chegaram, principalmente como cidadãos dos novos burgos, e a partir do século XIV foram se deslocando cada vez mais para as regiões fronteiriças. Passaram a fazer parte da sociedade nativa e, até o século XIX, não constituíam um grupo em separado dos tchecos. A Europa Central – e as terras tchecas – tornou-se assim uma zona de transição entre o Ocidente e o Oriente.

A Boêmia teve uma oportunidade única de se tornar o centro da história europeia com a Reforma tcheca, a primeira na Europa, iniciada por Jan Hus, mas foi a Alemanha que passou a ser o verdadeiro berço da Reforma um século depois, enquanto o hussitismo permanecia isolado. O Estado boêmio deixou, por fim, de ser o centro do Sacro Império Romano que o ligava ao Ocidente. Nesse meio-tempo, ficou em segundo plano em função de desdobramentos de outra ordem. Nos séculos XV e XVI, enquanto a expansão otomana abalava o comércio mediterrâneo e as viagens ibéricas de descoberta deslocavam o centro dos acontecimentos para a costa atlântica, as terras boêmias foram deixadas à margem de uma economia europeia em rápida globalização. A Guerra dos Trinta Anos, que começou em Praga com uma revolta dos Estados boêmios contra os Habsburgo em 1618, fez o resto. Quando a guerra acabou, o país estava exausto, a população, bastante reduzida, e o Estado, agora definitivamente controlado pela monarquia dos Habsburgo, deixou de ser relevante. Enquanto a Europa Ocidental se encontrava no limiar de um salto em direção à modernização pré-industrial, a Boêmia estagnava sob o absolutismo espanhol e o catolicismo romano imposto pelos Habsburgo. Tornou-se um território à margem da Europa, não mais o seu centro.

A modernização só teve início por volta de 1800, e com ela veio o nacionalismo. Entre todas as mudanças sociais, econômicas e intelectuais, uma sobressai: somente agora dois grupos étnicos começavam a se formar nas terras da Boêmia como duas unidades nacionais – a Boêmia e a Morávia. Os alemães do mesmo período tiveram de tomar a difícil decisão entre uma existência marginal em um futuro Estado alemão e uma posição privilegiada na monarquia multinacional dos Habsburgo. Para os tchecos foi mais fácil: eles preferiram ter autonomia em uma Áustria federalizada a ser minoria na Alemanha. O dilema foi resolvido por František Palacký (1798-1876), historiador e líder da nação. Sua preferência pela autonomia abriu um leque de possibilidades políticas: de um subEstado territorial dentro do Império Habsburgo (como a Hungria) a uma autonomia limitada como terra de língua tcheca, ou uma participação na administração do Império Austro-Húngaro em Viena. Sua *História da nação tcheca* foi uma interpretação dessa estratégia.

As narrativas históricas tchecas, algumas patrióticas, algumas mais partidárias, muitas vezes representam estratégias para interpretar a nação como dona de, por exemplo, um passado centro-europeu ou mais amplamente europeu. Na Tchecoslováquia do entreguerras, elas convergiram. A Primeira República, fundada após o fim da Primeira Guerra Mundial e o colapso do Império Habsburgo em 1918, é geralmente considerada o ponto alto da história tcheca do século XX. Seu fundador e primeiro presidente foi Tomáš G. Masaryk (1850-1937). Sendo um estudioso de mente aberta e um político bem familiarizado com a Europa moderna e os Estados Unidos (sua esposa era norte-americana), ele abriu a Tchecoslováquia para a modernidade ocidental. Por outro lado, concentrou sua própria interpretação da história e do Estado tchecos em Hus e na Unitas Fratrum. Assim, o "modelo Masaryk" transportou uma versão do renascimento nacional do século XIX para o século XX. Em seu papel como "rei filósofo" no castelo de Praga, ele reforçou a autoconfiança tcheca: sua república era moderna, hábil na diplomacia, economicamente desenvolvida e a única democracia em funcionamento na Europa Central. Mas a república pereceu não apenas em consequência dos defeitos na Europa do entreguerras, mas também em função de seus próprios defeitos, ou seja, o egoísmo nacionalista de seus partidos políticos e a superficialidade de sua democracia imatura. Masaryk falava de "democracia sem democratas". Os tchecos, no entanto, identificavam-se com seu Estado pela primeira vez; além do renascimento nacional, a Primeira República deixou a marca mais forte em sua consciência histórica. Era altamente estimada, até mesmo mitificada, pelos tchecos e judeus por sua tolerância, mas condenada por comunistas, alemães e húngaros pela sua oposição aos fins políticos desses grupos. Os eslovacos a louvam e a condenam.

Os eventos que se seguiram foram, e claramente continuam sendo, ainda mais questionáveis. Após o Acordo de Munique de 1938, pelo qual a Grã-Bretanha e a França efetivamente entregaram a nação a Hitler, surgiu uma Segunda República de extrema direita de tendência fascista. Seguiu-se a ocupação alemã nazista e, com ela, a resistência e colaboração tchecas. A restauração do pós-guerra de uma pretensa Tchecoslováquia democrática e de um Estado de bem-estar social coincidiu com a expulsão de mais de 2,5 milhões de alemães tchecoslovacos e 600 mil húngaros, uma ação que o Estado tcheco viria a ser mais tarde chamado a justificar.

Três anos do pós-guerra, muito contestados politicamente, terminaram em 1948 com a tomada comunista orientada por Moscou e subsequentes quarenta anos de domínio do Partido Comunista. Os tchecos, submetidos à civilização soviética, perderam mais uma vez o contato com o Ocidente. Paradoxalmente, foi o fato de compartilharem uma longa tradição de socialismo marxista com a Europa Ocidental bem como a força de um Partido Comunista (fundado em 1921) em pé de igualdade com os partidos comunistas franceses e italianos que contribuíram para que a Tchecoslováquia se isolasse do Ocidente no pós-guerra, enclausurando-se no bloco oriental. Em 1946, metade do país votou nos comunistas, aparentemente escolhendo por livre vontade um destino que mais tarde veio a desprezar.

Os traumas históricos se acumulavam: Munique e o fim do sonho tchecoslovaco; os anos de guerra com uma história limitada de resistência e heroísmo militar, juntamente com a colaboração sob a ocupação alemã; a expulsão dos alemães no pós-guerra; a "guerra de classes" e seu terror, julgamentos públicos e novos campos de concentração da Guerra Fria na década de 1950. Uma forte desilusão e reação a essa situação nos anos 1960 (a Primavera de Praga) levou novamente a Tchecoslováquia para o centro dos acontecimentos europeus por um breve momento, no turbulento ano de 1968. Quando a União Soviética liderou uma intervenção militar na Tchecoslováquia em agosto daquele ano para derrubar o movimento reformista, toda a nação, comunistas e não comunistas, se uniu contra isso. Após a derrota, no entanto, apenas um punhado de dissidentes resistiu abertamente à restauração de um regime comunista linha-dura. Quando o bloco oriental de países comunistas liderados por Moscou entrou em colapso em 1989, esses dissidentes, liderados por Václav Havel, foram levados ao poder em uma revolução não violenta (daí "Revolução de Veludo") e inspiraram – novamente por um breve momento – grandes esperanças no Ocidente, sobretudo na esquerda. Por causa dos acontecimentos de 1989 e dos anos que se seguiram, toda a Europa Central se reintegrou à Europa. Os tchecos entraram no conjunto completo das instituições ocidentais, incluindo a Otan em 1999 e a União Europeia em 2004. Quão perto do centro e quão longe da periferia europeia essa mudança acabará por levar os tchecos ainda é incerto.

O século XX foi especialmente traumático para a psique nacional, para a qual toda a história tcheca tem de continuar voltando. O passado comunista tornou-se embaraçoso. As pessoas correram para uma luta tardia contra o comunismo, reduzindo o passado aos arquivos da polícia secreta e a uma história de culpados ("os outros") e vítimas (eles próprios). Dos acontecimentos históricos mais distantes, o "trauma de Munique" está indelevelmente impresso na psique tcheca. O Acordo de Munique de 1938 continua sendo uma ferida que provavelmente nunca será curada. Deveríamos ter nos defendido contra os alemães? Fomos traídos? Nosso Estado alguma vez foi viável? A invasão soviética em 1968 e até mesmo o golpe comunista em 1948 costumam ser vistos através da mesma lente: deveríamos ter pegado em armas?

Talvez nunca fique claro o que os tchecos deveriam ter feito. Evidentemente, não há nenhum período, acontecimento, rei, herói ou lugar que não tenha se tornado controverso. Até mesmo o momento de triunfo no final de 1989 perdeu seu brilho dentro de semanas. Incompreensivelmente para o mundo exterior, uma vez livres do controle soviético, os tchecos e os eslovacos dividiram seu Estado conjunto em dois menores. O Estado eslovaco avançou com confiança, mas o Estado tcheco pareceu perder o rumo, colocando o próprio conceito de nação tcheca em questão. Essa noção blasfema já havia sido levantada no início do século XIX, quando foi perguntado se não teria sido melhor para a nação se unir a uma sociedade mais significativa e desenvolvida e fazer mais para a humanidade do que seria possível nas circunstâncias limitadas dos tchecos. Masaryk escreveu uma obra em 1894 chamada *Česká otázka* ("A questão tcheca"); Milan Kundera (n. 1929) proferiu em 1967 um discurso, no Congresso dos Escritores Tchecoslovacos, intitulado *"Nesamozřejmost existence českého národa"* ("Duvidando da existência da nação tcheca"); e o filósofo Jan Patočka (1907-77) chamou seus ensaios históricos de *"Co jsou Češi?"* ("O que são os tchecos?").

A intelectualidade tcheca atual não formula mais as aspirações da nação como o fazia nos séculos XIX e XX; os tchecos desistiram de sua tradição de ouvir os anciãos e os professores nacionais em busca da resposta para quem eles são. O mercado, a mídia e os políticos de hoje separam fragmentos desconexos da história e os utilizam para seus próprios fins políticos e de entretenimento. O preço desse reducionismo é a perda de uma narrativa e de um julgamento histórico unificados. A atitude do cidadão comum hoje é afirmar que a história perdeu sua autoridade: os tchecos podem sobreviver sem ela.

Os tchecos também têm uma maneira mais agradável de escapar da história: eles têm uma história irônica, inventada e frívola, em que a ficção se torna realidade e vice-versa. Identificam-se com o Bom Soldado Svejk (herói do livro homônimo de Jaroslav Hašek publicado em 1923) e há muito tempo pararam de vê-lo apenas como o principal personagem de um romance sobre a Grande Guerra. Têm uma atitude semelhante em relação ao inventor e viajante imaginário Jára Cimrman[7], personagem homenageado com uma placa comemorativa, que está afixada na embaixada tcheca em Londres. A estátua de São Venceslau na praça Venceslau, em Praga, onde a nação tradicionalmente se reúne ao se sentir ameaçada ou para comemorar um triunfo, hoje tem sua duplicata a algumas centenas de metros de distância: ele aparece montado com armadura

---

7 Também conhecido como "O Mestre", é um herói nacional de ficção, criado por Ladislav Smoljak, Jiří Šebánek e Zdeněk Svěrák, inicialmente para um programa de rádio. [N.T.]

completa na barriga de seu cavalo morto, suspenso pelas quatro patas no teto de um centro comercial.

O problema enfrentado pelos tchecos hoje não está em sua atitude em relação à história: está em seu conceito sobre o presente e o futuro, para os quais eles não têm ideais. Se não há objetivo para uma comunidade nacional, também não há objetivo para uma história nacional. Provavelmente, todo historiador tcheco – o partidário do renascimento nacional, o partidário de Masaryk, o marxista, o dissidente anticomunista, o europeu e o pós-moderno – concordaria com isso.

POLÔNIA
TRAGÉDIA E HEROÍSMO DIANTE DE VIZINHOS PODEROSOS

Iwona Sakowicz

Quando eu era estudante universitária durante os anos 1980, a história era assunto popular de estudo. Isso se devia à situação peculiar na Polônia comunista em que a política se misturava com a atitude do indivíduo em relação ao passado. A história era uma força que unia os que se opunham ao regime, fortalecendo a imagem que já tínhamos da Polônia como um país traído pelo Ocidente.

Esse sentimento era o legado do passado, de histórias amargas contadas em casa sobre avós detidos, encarcerados ou baleados durante e após a Segunda Guerra Mundial. O sistema comunista parecia forte como nunca, e o sentimento de desesperança fazia com que muitos jovens se voltassem para o estudo do passado. A história poderia nos dizer por que havíamos perdido nossa independência novamente após a Segunda Guerra Mundial e como reagir. Nossa geração foi mais uma na longa fila de poloneses revivendo o cenário de ocupação e de movimentos ilegais de oposição.

Desse ponto de vista, as partilhas no século XVIII foram acontecimentos cruciais na história polonesa. A fraqueza do sistema político interno da Polônia e a força e ganância dos países vizinhos, Rússia, Prússia e Áustria, significaram que, apesar das reformas domésticas, a Polônia perdeu sua independência. Em três partilhas entre 1722 e 1795, esse grande país de aproximadamente 12 milhões de pessoas desapareceu por completo do mapa da Europa – para não voltar por mais de 120 anos. O nome Polônia só sobreviveu na forma de "Reino da Polônia", um Estado semiautônomo em união com a Rússia entre 1815 e 1831.

A partir de 1569, antes das partilhas, a Polônia foi um país com sistema político incomum, frequentemente considerado anárquico no Ocidente. Conhecido como Reino da Polônia e Grão-Ducado da Lituânia, era uma espécie de democracia nobre em que a classe política controlava o Legislativo e limitava o poder dos reis, que eram escolhidos por meio de eleições. A nobreza era fortemente contra qualquer restrição da liberdade pessoal, e o próprio conceito de Estado absolutista era abominado. É possível ver esse sistema como um precursor da monarquia constitucional moderna e da democracia. Apesar de só a nobreza ter direitos políticos, ela constituía cerca de 10% da população, o que ainda era a maior porcentagem da população na Europa com tais privilégios. Os poloneses gostam de ver sua Comunidade Polaco-Lituana (como o Reino e o Grão-Ducado eram às vezes conhecidos) como um Estado tolerante e multiétnico, com a população desfrutando de relativa liberdade.

Essa tradição de tolerância antes das partilhas é sempre mencionada com orgulho. É importante lembrar que, durante os séculos de perseguição religiosa na Europa, a Polônia era um lugar seguro não apenas para os cristãos de todas as denominações, mas também para os judeus. O Estatuto de Kalisz de 1264 garantiu liberdades pessoais e religiosas para os judeus. A política tradicional de tolerar as denominações protestantes e todas as seitas cristãs radicais adquiriu uma base legal em 1573 sob os artigos da Confederação de Varsóvia. Estes se tornaram parte das disposições constitucionais polonesas nos séculos XVI e XVII, e a coexistência pacífica de todas as denominações era uma teoria somente violada de tempos em tempos na prática. Mas a Polônia foi um país que não queimava pessoas em estacas – o que não se pode dizer de muitos outros países europeus dos séculos XVI e XVII.

A partir de meados do século XVII, a Polônia começou a passar por um lento declínio em seu sistema político e econômico, o que acabou sendo uma das causas das partilhas. Pouco antes de sua desintegração final, procurou executar uma série de reformas que, em uma tentativa ousada de reverter a corrente do destino, culminou na Constituição de 3 de maio de 1791. Em 1990, essa data foi restaurada como um feriado para comemorar a primeira Constituição moderna europeia, que se baseava nos princípios da soberania popular e na separação de poderes entre Legislativo e Executivo. Foi um curto período de esperança para a Polônia e, apesar do rápido fim do Estado – a Constituição foi derrubada pelos russos apenas um ano após ter sido promulgada –, ainda hoje é motivo de orgulho para os poloneses.

A reação da classe política polonesa – a nobreza – às partilhas foi dupla. A aceitação da realidade política coexistiu com um forte desejo de reconstruir o Estado. Uma série de levantes malsucedidos e trágicos (os maiores ocorreram em 1794, 1830-31 e 1863) e o fracasso das intervenções diplomáticas europeias em prol da Polônia deixaram os poloneses convencidos de que o mundo estava contra eles. As insurreições foram seguidas por rigorosa repressão. Longas penas de prisão, exílio na Sibéria e confisco de propriedades constituíam punições típicas infligidas pelas autoridades russas a seus súditos rebeldes.

As insurreições polonesas dos séculos XIX e XX mostraram certas características em comum. Os rebeldes eram geralmente mal equipados, e o entusiasmo pela causa e a crença na possibilidade de vitória contra todas as probabilidades eram mais importantes que os preparativos racionais. Organizadas por visionários, as revoltas eram a resposta polonesa a uma situação aparentemente sem esperança. Mas essas revoltas são hoje uma fonte de controvérsia entre os poloneses. As tentativas desesperadas para conquistar a liberdade enfraqueceram a população, e os idealistas, jovens em sua maioria, foram mortos ou exilados. Alguns poloneses hoje consideram essas revoltas grandes feitos heroicos, enquanto outros as lamentam por causa de seu alto custo.

Apesar de a Polônia ter sido dividida em três partes, a Rússia foi, e ainda é, na imaginação popular, a principal culpada pelas partilhas. O império dos czares foi o que mais ganhou com elas – mais de 80% do território polonês ficou em suas mãos. As maiores e mais trágicas revoltas foram organizadas contra a ocupação russa. Embora a germanização tenha sido imposta aos poloneses no final do século XIX e início do século XX, na memória popular isso não é tão lembrado quanto a russificação forçada. O sentimento de superioridade do polonês "civilizado" em relação ao moscovita "bárbaro" se misturava com o medo e o ódio que o fraco tinha do opressor.

Provavelmente, o acontecimento histórico mais discutido entre os poloneses é o Levante de Varsóvia de 1944. O Exército Nacional da Polônia lutou por 63 dias para libertar Varsóvia dos nazistas antes da chegada dos soviéticos, mas seus esforços acabaram em derrota. O preço de sua esperança e heroísmo foi terrível: cerca de 16 mil combatentes poloneses foram mortos, e 6 mil ficaram feridos. O número de baixas civis foi enorme: cerca de 200 mil foram mortos pelos nazistas, e uma grande parte da capital foi completamente destruída.

A maioria dos poloneses acreditava e ainda acredita que o exército soviético parou deliberadamente na margem esquerda do rio Vístula para esperar que os nazistas acabassem com o levante. Dessa forma, usaram os alemães para se livrar dos elementos mais ativos e independentes da capital polonesa, facilitando a tomada do poder no país pelos comunistas poloneses. Essa crença não infundada fortaleceu os sentimentos anticomunista e antissoviético na Polônia do pós-guerra.

O Levante de Varsóvia pode ser considerado um símbolo de toda a história da Polônia dos últimos dois séculos. Trágico e heroico, foi mal organizado, mas levado a cabo com a máxima devoção pelos jovens patriotas. Para minha geração, foi lendário. Nos tempos sombrios do regime comunista, esse era o melhor exemplo de patriotismo. Este foi o dilema polonês das gerações posteriores: lutar é a melhor maneira de servir o país?

Depois da Segunda Guerra Mundial, a Polônia foi forçada a se tornar vassalo da União Soviética. Esse vizinho poderoso era considerado por muitos a encarnação mais perigosa da Rússia. Os acordos do pós-guerra foram vistos como uma nova partilha, pois, além de perder a soberania, a Polônia também teve de abrir mão de grande parte de seu território. A nova fronteira polaco-soviética estabelecida em 1945 empurrou a Polônia para muito mais a oeste. Embora algumas terras que eram alemãs antes da guerra tenham sido acrescentadas ao território polonês, isso não compensou a perda. O país ficou menor, e os milhões de poloneses que se mudaram para oeste dos territórios tomados pela União Soviética levaram consigo o ressentimento para com o vizinho oriental.

O sistema comunista na Polônia não era um monólito, evoluindo à medida que as condições mudavam na própria União Soviética. Extremamente repressivo nos anos 1950, tornou-se mais brando nas décadas de 1960 e 1970. O movimento de resistência anticomunista formou-se logo após a Segunda Guerra Mundial, mas foi rapidamente eliminado como força militar e política, deixando os poloneses sem saída para expressar sua insatisfação. A agitação social cresceu, e manifestações e greves entre os trabalhadores de grandes fábricas começaram a ocorrer. Em 1956 e 1970, o exército e a milícia usaram uma força brutal para reprimir grandes manifestações, matando mais de uma centena de manifestantes e transeuntes. As demandas dos trabalhadores eram principalmente econômicas, mas foram muitas vezes interpretadas por muitos poloneses e pelos ocidentais como um sinal de oposição fundamental ao sistema político opressivo. Grupos de oposição não violentos começaram a surgir depois de 1976 – um ano em que medidas severas foram tomadas contra os trabalhadores que participavam de greves.

A oposição formada após 1976 baseou-se na crença de que a Polônia, como membro do bloco soviético, precisava gradualmente criar uma sociedade autônoma que defendesse seus direitos humanos por meios legais. Ações como coletar assinaturas para cartas de protesto e organizar ajuda legal e econômica para as famílias dos prisioneiros políticos foram realizadas de forma semiaberta. Palestras em residências sobre temas históricos e literários, com o objetivo de aprofundar o conhecimento sobre a Polônia e sua cultura, eram vistas como essenciais para sua sobrevivência como nação distinta. Outra atividade de oposição era a impressão de livros, apostilas e panfletos.

Essa ação não agressiva era reservada a pequenos grupos, mas as informações sobre a existência de oposição viajavam rapidamente pelo país, e muitos poloneses começaram a acreditar na possibilidade de liberalização. Programas de rádio transmitidos do Ocidente eram ouvidos desde os anos 1950. As seções polonesas da Rádio Europa Livre e da BBC mantinham suas audiências informadas sobre todas as ações da oposição e as táticas repressivas do governo. Ouvir emissoras de rádio proibidas e muitas vezes bloqueadas era uma manifestação segura e popular de resistência que podia ser praticada em casa. No entanto, era bastante comum até mesmo para membros do Partido Comunista, que oficialmente apoiavam o sistema, extrair informações políticas básicas dessa fonte. Era um "duplipensar"[8] clássico orwelliano comum em países totalitários.

Apesar das fortes tradições anticomunistas e católicas na Polônia, o Partido dos Trabalhadores Unidos era uma grande organização, com 3,5 milhões de membros no final da década de 1970. Pertencer ao partido era uma necessidade para conseguir promoções profissionais, e não uma questão de ideologia: todos os postos-chave em organizações estatais exigiam a filiação. No entanto, mesmo os membros do partido estavam insatisfeitos com os efeitos do regime comunista.

---

8 Conceito inventado por George Orwell em seu livro 1984 com o significado de aceitar simultaneamente duas crenças contraditórias como corretas. [N.T.]

Problemas econômicos e escassez permanente de determinados alimentos e produtos industriais, bem como filas nas lojas, eram um fato da vida. Exceto em curtos períodos de prateleiras cheias de produtos e de prosperidade relativa, porém superficial, a vida cotidiana na Polônia comunista era cansativa, enfadonha e difícil.

O sistema político em crise sofreu um duro golpe com a eleição do cardeal Karol Wojtyla (1920-2005), de Cracóvia, como papa João Paulo II em 1978, o primeiro papa não italiano em séculos. Quando visitou a Polônia em 1979, milhões de poloneses foram vê-lo e voltaram para casa com um sentimento de vitória: essa foi a primeira vez que a Polônia comunista, que oficialmente professava o ateísmo, permitiu grandes reuniões religiosas. Muitos dos que foram ver o papa não eram católicos praticantes, mas participar de sua visita era para eles uma forma de manifestar sua insatisfação com a ideologia dominante e com a falta de liberdade e sua crença na manutenção da herança e das tradições da Polônia.

A conexão entre ser polonês e ser católico tinha finalmente sido estabelecida no século XIX, após as partilhas, quando os dois principais agressores eram ortodoxos russos e protestantes. O catolicismo era uma forma importante de confirmar a autoimagem da nação em oposição a inimigos poderosos. Poloneses protestantes e ortodoxos também existiam, mas representavam uma pequena minoria. Após a Segunda Guerra Mundial o *status* do catolicismo polonês assumiu um caráter fortemente anticomunista.

O Solidariedade, primeiro sindicato independente oficialmente reconhecido e o orgulho da Polônia, foi criado em agosto de 1980, após uma série de greves. Isso provou que as autoridades comunistas estavam fracas e que as forças da oposição haviam chegado a um ponto de apoio em massa. Nos anos 1980, o Solidariedade era muito mais do que apenas um sindicato de trabalhadores: era um movimento social anticomunista muito amplo, com diferentes visões políticas. As implicações internacionais do Solidariedade tornaram-se fundamentais: a primeira organização independente no bloco comunista provou que os comunistas poderiam ser forçados a aceitar a liberalização de seu sistema.

Em um ato de desespero por parte das autoridades, a lei marcial foi introduzida em 13 de dezembro de 1981. Vários anos de repressão se seguiram, mas não destruíram a oposição. Após o choque inicial, as atividades subterrâneas foram retomadas, repetindo um padrão já estabelecido. A impressão e distribuição de livros, apostilas e panfletos eram atividades já conhecidas pelos poloneses. Pequenas reuniões eram realizadas em residências, e grandes reuniões, em igrejas, todas dedicadas à defesa dos direitos humanos. Houve greves ocasionais e crescente agitação social. O Solidariedade existia de forma subterrânea dentro de uma estrutura local e nacional bem organizada.

Em última análise, as autoridades comunistas não tinham poder para esmagar o Solidariedade e acabaram decidindo abrir negociações em 1988. As mudanças recentes na União Soviética – Mikhail Gorbachev (n. 1931) tinha se tornado secretário-geral em 1985 – facilitaram a possibilidade de sucesso nessas negociações. Mesas-redondas em 1989 levaram ao acordo que trouxe a legalização do Solidariedade e de outros sindicatos independentes, eleições parcialmente livres e mudanças reais na estrutura política do Estado. A vitória esmagadora do Solidariedade nas eleições de 4 de junho de 1989 abriu o caminho para o desmantelamento final do sistema comunista, levando a um país livre e democrático.

A chamada "revolução do Solidariedade" acelerou o colapso de todo o bloco comunista, introduzindo assim enormes mudanças na Europa Central e Oriental. A transferência pacífica do totalitarismo para a democracia na região é uma fonte de orgulho para os poloneses: provou que eles eram capazes de usar a oposição como uma força positiva e criativa.

Nos últimos duzentos anos, a Polônia teve poucas chances de desenvolvimento independente, com exceção de um curto período entre 1918 e 1939. A queda do comunismo, o crescimento da liberdade e a entrada na União Europeia desempenharam um papel na transformação do país em um Estado democrático normal. A história é muito importante para os poloneses, pois faz parte da autoimagem da nação. Apesar disso, não fornece um padrão de comportamento para a geração mais jovem começar de novo, livre do fardo de fracassos e derrotas.

HUNGRIA
O REINO DE MIL ANOS

László Kontler

O Estado húngaro é antigo, mas a integridade e a soberania da Hungria têm sido precárias em grande parte de sua história. A combinação desses fatores explica a preocupação húngara com a "fundação do Estado". A coroação do rei Estêvão I no ano 1000 instituindo uma monarquia cristã no país é um marco importante. Dependendo de quem está opinando, o exercício de Estêvão de sua vontade de ferro sobre seus próprios súditos e poderosos vizinhos poderia ser considerado um ato de estadista sagaz ou de piedade cristã, ou a primeira manifestação de uma visão mais ampla de associar o destino da Hungria à "civilização ocidental". Seja qual for o ponto de vista, a criação do governo tem sido celebrada de uma forma sem paralelo com qualquer outra história nacional europeia.

Os antecedentes do rei Estêvão são objeto de muita discussão e caricatura entre campos nacionalistas rivais. Um lado considera os conquistadores magiares, que haviam chegado da estepe um século antes, uma horda de selvagens que falavam uma língua isolada e cujas únicas habilidades eram saques e pilhagens. Outros os veem como gloriosos guerreiros, um povo de cultura material e espiritual refinada, que ensinou os europeus a cozinhar carne, usar garfos e vestir calças. No entanto, está claro que Estêvão e seus sucessores transformaram muito a sociedade magiar. A organização territorial substituiu a sociedade baseada no parentesco, enquanto a devoção ao evangelho substituiu o antigo culto pagão. A substância e a velocidade dessas transformações também definiram grande parte da história húngara dos anos vindouros.

A acomodação e a adaptação são fundamentais na história húngara. A questão de quanto espaço de ação independente a Hungria teve ao longo da história tem sido tema de discussão. Tratava-se de uma pequena nação lutando pela sobrevivência contra poderes hostis e seus clientes regionais ou fazendo esforços para manter sua identidade duramente conquistada como membro da família europeia? Há inúmeras respostas possíveis.

"Nós temos algo. Nós realmente temos *algo*... Mas talvez não a coisa real." A frase se repete, em um húngaro de sotaque arrebatador, nas *performances* de Arkady Raikin, um popular comediante soviético durante a década de 1960. Muitos ouvintes interpretavam isso como um humor agridoce autodepreciativo que expressava o mal-estar que o povo do "comunismo *goulash*"[9] sentia ao pensar que, afinal, estavam contentes em ter "algo" em vez de a "coisa real". Desde o ano 1000, a "coisa real" para muitos húngaros tem sido um suposto padrão europeu (ocidental), talvez na forma das assembleias nobres que mantiveram os reis medievais sob controle; cristianismo latino e sua prole reformada; filologia humanista e ideais iluministas; capitalismo de mercado; e constitucionalismo parlamentar. E muitas vezes o "algo" húngaro se assemelhava a esses padrões: o Édito do Touro Dourado de 1222, que estabelecia o direito da nobreza de resistir ao monarca, foi quase simultâneo à Magna Carta inglesa (1215) ao lançar as bases do constitucionalismo medieval; no final da década de 1460, o rei Matias Corvino (1443-90; r. 1458-90) deu início à construção da primeira corte renascentista ao norte dos Alpes. Entre essas datas, o *regnum Hungariae* medieval foi uma unidade sólida que sobreviveu à devastadora invasão mongol (tártaros) de 1241, bem como à extinção em 1301 da Casa de Árpád (que governava desde 896, quando os magiares chegaram). O reino também se afirmou como uma potência regional e escapou das calamidades da peste negra no século XIV.

Ao mesmo tempo, porém, as cidades eram pequenas e poucas; seus representantes, ausentes ou relegados a funções secundárias nas assembleias representativas; e suas comunidades mercantis, mais preocupadas em fornecer artigos de

---

9 *Goulash* é um prato típico da culinária húngara. A expressão foi cunhada por János Kádár para descrever o tipo de comunismo praticado no país. [N.T.]

luxo para a corte real e a aristocracia do que em expandir o mercado interno. A Hungria evitou a "crise econômica e demográfica do século XIV", mas somente por não ter o que a havia causado – a expansão excessiva. Assim, ela também não teve a dinâmica recuperação da crise desfrutada pela Europa Ocidental. As tentativas de estabelecer uma universidade permanente na Hungria se mostraram fúteis até 1635, pois os literatos com formação universitária ficavam felizes em viajar ao exterior. O generoso patrocínio das artes e do aprendizado por Matias foi uma ponta sem um *iceberg*: tratou-se da iniciativa de um indivíduo imponente, inspirado por uma elite intelectual isolada em meio ao atraso geral.

As esplêndidas residências de Matias em Buda e Visegrád são agora sítios arqueológicos onde fragmentos de pedra indicam o *layout* original. Isso sugere o próximo tema na grande narrativa do passado da Hungria: a decadência. Esta se iniciou com o triunfo do otomano Suleiman I na batalha de Mohács (1526), que causou uma das grandes rupturas na história húngara. O resultado foi a divisão do país em três partes: resíduo do reino da Hungria, herdado pela Casa de Habsburgo, a oeste; uma zona em forma de triângulo ocupada pelos otomanos, no centro; e um novo principado da Transilvânia, reduzido a uma oscilação diplomática permanente entre seus poderosos vizinhos, a leste. A outrora próspera potência regional tornou-se uma zona de fronteira entre dois impérios mundiais. A propagação da Reforma protestante em cada uma das três unidades territoriais contribuiu para a sensação de estar preso, dessa vez, entre dois "paganismos": o islã e a Contrarreforma católica dos Habsburgo.

Concessões foram feitas. Houve episódios pouco frequentes de repressão no lado dos Habsburgo durante o século XVII (evocando protestos constitucionais, conspiração e/ou resistência armada), mas estes não foram nem uma das principais causas da reconversão religiosa nem um impedimento ao progresso e à prosperidade. Tampouco a "decadência" pode ser atribuída exclusivamente à presença otomana e ao esgotamento dos recursos humanos e materiais pela guerra intestina. No entanto, o efeito cumulativo dessas guerras foi dramático. Quando o esforço internacional liderado pelos Habsburgo expulsou os otomanos no final do século XVII, apenas 2% das terras da Hungria estavam cultivadas, e eram habitadas por aproximadamente o mesmo número de pessoas de dois séculos antes. O reassentamento (sobretudo dos eslavos, romenos e alemães do norte e do sul) transformou a composição étnica da bacia dos Cárpatos. Embora o reino medieval também tivesse sido etnicamente exuberante, no final do século XVIII a proporção de húngaros caiu para cerca de 40%.

Mas, assim como a presença otomana teve consequências de longo prazo, a "decadência húngara" associada a ela teve algumas causas de longo prazo. Mesmo com os otomanos próximos e o Atlântico distante, os ciclos internacionais de prosperidade estimularam a economia húngara até o final do século XVI, mas não levaram à capitalização da agricultura e à ascensão da indústria. Uma razão é que, mesmo antes da chegada dos otomanos, a nobreza húngara conseguia colher os benefícios do *boom* agrário sem empreender tais transformações, simplesmente fortalecendo seu domínio sobre a terra e o campesinato.

Essa mesma nobreza vangloriava-se de defender "as liberdades da terra" contra o exercício do poder arbitrário e, por vezes, mostrou-se uma liderança comprometida com revoltas nacionais. Este foi o caso após a expulsão dos turcos em 1699 por Leopoldo I (1640-1705), quando os excessos da nova administração Habsburgo provocaram uma guerra de oito anos, liderada por Francis Rákóczi II, herdeiro dos príncipes da Transilvânia do século XVII. Em 1711, esse esforço terminou em fracasso, mas uma paz negociada restaurou a antiga "Constituição" húngara e integrou o país como uma unidade autônoma dentro da monarquia Habsburgo. Apesar das frequentes denúncias sobre o "*status* colonial", a Hungria obteve a paz interna e condições mais favoráveis para uma recuperação gradual do que as que existiam anteriormente. Muito dependia da capacidade das elites de responder a um mundo de mudanças aceleradas – às vezes impostas pela Viena dos déspotas esclarecidos Maria Teresa e José II no final do século XVIII –, de empregar melhores métodos de cultivo e administração e de absorver noções de bem público e responsabilidade social. Seus fracassos conservaram algumas estruturas e relações ossificadas, tornando difícil para o país lidar com os desafios da modernidade. Seus sucessos prepararam e, em grande medida, constituíram um dos capítulos mais vibrantes da história da Hungria: a era da reforma e sua culminação catártica, a revolução e a Guerra da Independência de 1848-49.

Um etos de melhoria pragmática, que visava a aumentar a competitividade com base na educação e na emancipação social, foi abafado na atmosfera criada pela Revolução Francesa do final do século XVIII, mas ressurgiu na década de 1820 e se somou à antiga busca da defesa da Constituição pela elite política e a uma nova preocupação com a cultura do vernáculo. O resultado foi um liberalismo geral e um "despertar nacional", um programa de emancipação civil e nacional associado ao progresso material – não apenas entre os húngaros, mas também entre os eslovacos, croatas, romenos e outras minorias étnicas. Os liberais húngaros, porém, invocaram a ideia da "nação política unitária", implicando que a igualdade civil para os indivíduos anularia a necessidade de direitos especiais da comunidade, e a tensão foi inevitável. No entanto, parecia se desenvolver uma dinâmica que poderia libertar a Hungria de seus estreitos limites. Em meio a discussões acirradas sobre "a pátria e o progresso", notadamente entre o conde István Széchenyi (o principal defensor do progresso) e Lajos Kossuth (o herói nacionalista), havia uma crescente euforia sobre os avanços da civilização. Seguiu-se uma revisão das leis e da administração para fomentar as relações de mercado e estender os direitos constitucionais àqueles que antes não eram cobertos por eles, ou, como Kossuth descreveu, para "estender os baluartes da Constituição". Essa frase implicava a abolição da servidão, a igualdade perante a lei e o governo representativo baseado no sufrágio liberal em uma Hungria ligada à Áustria somente através da pessoa do monarca.

Essas foram exatamente as conquistas da revolução sem derramamento de sangue de março de 1848. No entanto, foram anuladas dentro de um ano e meio quando Viena recuperou sua força após as dificuldades da sublevação revolucionária em vários cantos da monarquia. Tropas austríacas, apoiadas pelos russos, provaram ser demais para as forças húngaras recém-criadas. Um desafio adicional foi a magnitude das tarefas enfrentadas pelo governo revolucionário, em especial com respeito à resolução da emancipação camponesa, de modo a satisfazer todas as partes envolvidas, e à desconfiança mútua entre a elite húngara e o grupo étnico minoritário, que resultou em discussões sangrentas e ressentimento duradouro.

A Hungria carregou essas dívidas para além de 1867, quando a não cooperação da elite húngara com o regime repressivo e as dificuldades que a Áustria estava enfrentando na cena internacional geraram as condições para um novo compromisso: a criação da monarquia conjunta austro-húngara. Em grande parte graças à prudência de alguns veteranos de 1848, como "o sábio da nação" Ferenc Deák (1803-76), o imperador austríaco Francisco José (1830-1916) passou de um autocrata estrangeiro a rei constitucional da Hungria, que assim se tornou parceira da Áustria dentro da monarquia Habsburgo. Juntamente com um sistema parlamentar liberal, repleto como era de anacronismos, veio o capitalismo industrial (em um país predominantemente agrário, onde as relações de autoridade dentro da sociedade rural preservavam muito do seu antigo caráter feudal) e a modernidade urbana com toda a exuberância da *belle époque*. Judeus emancipados e assimilados desempenhavam um papel proeminente na vida econômica e cultural do país. O progresso e a prosperidade pareciam dar grandes passos, e a maioria das pessoas acreditava na ressurreição da "grandeza" da Hungria de outrora.

A Hungria de Francisco José, no entanto, diferia daquela de Matias I em um aspecto crucial: sua composição étnica. Mesmo o máximo de concessões que se poderia esperar dos húngaros teria sido insatisfatório para as minorias, que tendiam a desafiar a integridade do Estado húngaro. O Compromisso de 1867 foi forjado entre as elites dos dois grupos nacionais mais fortes da monarquia dos Habsburgo em detrimento das outras minorias; embora realista na época, o sistema baseado nele entrou em colapso depois de 1918 porque não existia solução satisfatória para todas as questões constitucionais.

O Tratado de Paz de Trianon de 1920, que selou o desmembramento da "Hungria histórica" – dando dois terços de seu território e a população total deles, incluindo um terço dos húngaros étnicos, para seus vizinhos –, é lembrado como a maior tragédia do país. Além disso, fornece material ideológico e político inflamável, e até mesmo ofusca horrores como o Holocausto húngaro de 1944 (que custou a vida de centenas de milhares de cidadãos, com o Estado cooperando voluntariamente com as forças alemãs de ocupação) e a repressão da Revolução de 1956. Segundo uma análise, o Trianon foi o resultado da política tacanha e repressiva da elite húngara em relação às minorias. Por outra análise, o acordo surgiu dos interesses estratégicos das grandes potências hostis, que usavam as tensões étnicas como parte de seu esforço de guerra e que estavam dispostas a ouvir as reivindicações dos novos Estados-nação agressivos que se aliavam a elas.

A tragédia real do Tratado de Paz de Trianon reside no fato de que contribuiu para a sobrevivência de estruturas que haviam conduzido o país à guerra. A consciência nacional húngara imaginara um Estado de tamanho médio em que a primazia dos magiares não se baseasse na maioria estatística e na identidade racial, mas na realização histórica e política. Ela ficou perplexa ao ser forçada dentro dos limites de um país muito menor. Internamente, as falhas do acordo justificavam o sentimento geral de indignação e vingança. Aos olhos dos vizinhos e seus patronos, a Hungria passou de uma nação de opressores arrogantes a uma de pequenos desordeiros, sendo uma ameaça à estabilidade internacional.

Como era de prever, a Hungria entrou na Segunda Guerra Mundial em aliança novamente com a Alemanha. É verdade que o regime do regente Miklós Horthy (r. 1920-44) era um aliado relutante, que tentava preservar a boa vontade das potências ocidentais. Também é verdade que a legislação contra os judeus foi introduzida na Hungria na década de 1920, antes mesmo de o mundo ter ouvido falar de Hitler. As armadilhas parlamentares pouco fizeram para esconder o caráter autoritário do regime, que atendia à classe média cristã fornecedora de seu principal apoio; uma classe que não estava vacinada contra as tentações do radicalismo de direita. As figuras que se tornaram nomes internacionais da cultura húngara durante esse período – László Moholy-Nagy (1895-1946), Robert Capa (1913-54) e Béla Bartók (1881-1945) – emigraram. O Holocausto húngaro já foi mencionado. Como se isso não bastasse, no outono de 1944, a Hungria se tornou o último aliado da Alemanha nazista, e a tentativa tardia e desajeitada de Horthy de abandonar o barco que afundava apenas abriu as portas para os socialistas nativos da Hungria. Os tanques soviéticos varreram essas e as últimas estruturas pós-feudais que haviam sido salvas em 1918-1920. Mas o que as substituiria estava fora do controle dos próprios húngaros.

Mesmo sem a presença de tropas russas, a situação de surpreendente esgotamento dos recursos e de quase completa tábula rasa no final da guerra favorecia os comunistas. Sua organização, seu ativismo confiante e suas soluções simples pareciam responder ao espírito dos tempos. Estratégia política e pressão militar, violência, manipulação e oportunismo ajudaram a transformar a democracia burguesa de 1945-47 em um regime totalitário dependente de Moscou em 1948. Mas *slogans* como "Teremos transformado o mundo amanhã" também conquistaram colaboradores dispostos. O período de sovietização e stalinismo durante a década de 1950 foi um doloroso teste de moralidade social e política para os húngaros, que o enfrentaram com diferentes graus de sucesso.

Durante a Revolução de 1956, quando um governo húngaro de curta duração sob Imre Nagy (1896-1958) foi reprimido por tanques soviéticos, além da indignação com os crimes do regime soviético e da situação difícil que este trouxe ao povo, um novo, embora vago, consenso democrático parece ter predominado, e a raiva contra o stalinismo não foi acompanhada por nenhuma possibilidade séria de recuperação do autoritarismo conservador. Os acontecimentos de 1956 tornaram-se um episódio da história húngara comparável em seu caráter com 1848-49, e restauraram grande parte do prestígio internacional perdido do país.

E 1956 repetiu o padrão de 1849, 1918-20 e 1944-48 no sentido de que contingências internacionais novamente, e de forma mais chocante do que nunca, privaram a Hungria da oportunidade de decidir o próprio futuro. Depois de 1956, um padrão também bem conhecido da história nacional pós-1849 (ou pós-1867) e pós-1920 se repetiu: um regime nascido do puro terror consolidou-se por meios aceitáveis para um amplo segmento de húngaros. Também de forma semelhante a 1848-49, a Revolução de 1956 poderia ser vista como a base para um ajuste, forçando os húngaros a fazer uma avaliação realista de sua situação e Moscou a reconhecer que havia limites para sua sujeição. Essa última circunstância abriu a oportunidade para novos líderes da Hungria – principalmente János Kádár (1912-89) – conquistarem a aceitação da maioria dos húngaros, embora com devoção de poucos, através de benefícios que não estavam disponíveis aos cidadãos de outros países no bloco soviético. Esses benefícios incluíam uma cautelosa liberdade de expressão e acesso a bens culturais – processos cuidadosamente conduzidos de mobilidade ascendente e consumismo. Eles reconciliaram o povo com o governo da burocracia do partido, a nomenclatura comunista sob a tutela soviética, e com certos tabus, como o sistema de partido único ou a qualificação de 1956 como uma "contrarrevolução". No entanto, nem a liberalização nem os crescentes empréstimos externos que a complementaram foram suficientes para manter os padrões alcançados no início da década de 1980, de modo que o regime não conseguiu fazer sua parte do acordo. Mesmo assim, em 1989, quando o comunismo foi finalmente derrubado, os húngaros haviam desenvolvido a desconfiança como sua segunda natureza e foram induzidos à preguiça política pelos pequenos compromissos exigidos em troca de confortos modestos. Poucos estavam preparados para essa nova chance de estabelecer a democracia, dessa vez como senhores aparentemente ilimitados de seu destino e como os únicos responsáveis por seu sucesso ou fracasso. A distância ajudará a posteridade a julgar quão bem eles se saíram.

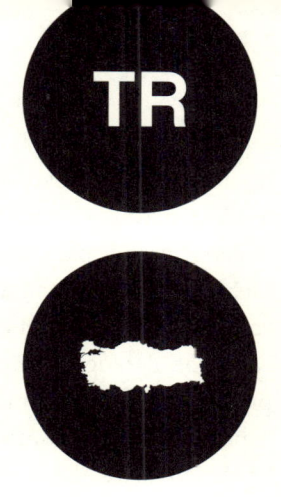

TURQUIA
O PAÍS COM UM IMPÉRIO PERDIDO

Murat Siviloglu

Os ancestrais imediatos de Osmã (128c-1324), fundador da dinastia otomana que perdurou até 1922, chegaram à Anatólia na segunda das duas grandes ondas de migração turca da Ásia Central, seguindo a expansão mongol em toda essa área no início do século XIII. O empreendimento começou modestamente, sem nada para sugerir seus triunfos subsequentes. A pequena tribo de quatrocentas tendas instaladas nas margens da Bitínia conseguiu tirar proveito dos distúrbios políticos na região e se estabelecer como uma entidade autônoma. Os otomanos não representavam o maior ou o mais nobre dos muitos outros principados turcos da época – os seljúcidas, por exemplo, eram considerados a "família dos reis" –, mas conseguiram ter o maior poder na região.

O sucesso otomano foi tal que, após conquistar Constantinopla em 1453, Maomé II (1432-81) se sentiu confiante o suficiente para dizer (em Troia, de forma apropriada) que "foram os gregos e os macedônios [...] que devastaram este lugar no passado, e cujos descendentes agora, através de meus esforços, pagaram a correta penalidade [...] por sua injustiça conosco, os asiáticos, naquela época e, com tanta frequência, em períodos posteriores". Essa declaração reproduziu a ideia endossada por alguns na Europa de que os turcos, como os romanos antes deles, eram troianos se vingando dos gregos por sua derrota na guerra de Troia. Em 1517, Martinho Lutero declarou que era errado lutar contra os turcos, pois fazer isso "equivalia a questionar os julgamentos de Deus sobre os pecados dos homens". Quando os otomanos chegaram a Viena em 1529, o principado outrora modesto havia se tornado um império que se estendia por três continentes, controlando grande parte do sudeste da Europa, do leste da Ásia e do norte da África. Mesmo em 1683, ainda inspirava medo nos corações dos europeus que esperavam que "o executor da vingança de Deus" chegaria a Roma antes do inverno.

Mas algo deu muito errado no século seguinte. A ordem desapareceu, o prestígio diminuiu. Em 1817, o conde francês Auguste de Forbin expressava espanto diante da continuação da existência do império; o primeiro-ministro britânico lorde Aberdeen (1784-1860) falava de uma "força oculta desconcertante" que parecia manter vivo o poder otomano. Por toda a Europa, as pessoas diziam que "os turcos sabiam conquistar, mas não governar". Havia até mesmo rumores sobre sua possível extinção, que era vista como uma oportunidade histórica por pessoas de mentalidade científica, como o filologista Hyde Clarke (1815-95), que convidavam o público "para o espetáculo da extinção de um povo poderoso e numeroso, tal como aconteceu com os antigos gregos e romanos". A história do povo turco está na rápida transição pela qual a nação deixou de ser a executora da vingança de Deus para se tornar o "homem doente da Europa", o "império orgulhoso que tenta manter sua dignidade em circunstâncias frequentemente indignas".

O século XIX provou ser o mais longo do Império Otomano. O declínio na arena política e as humilhações no campo de batalha deixaram marcas permanentes nos domínios bem protegidos dos sultões. O mapa físico do império não foi a única coisa a mudar drasticamente: o mapa mental de seu povo também se alterou em consequência dos problemas financeiros e políticos. Ao longo dos séculos, todos os otomanos acreditaram na invencibilidade de seu projeto imperial. Apesar de acidentes como a batalha de Lepanto em 1571, que, segundo Cervantes, revelou "a falácia da opinião prevalecente de que os turcos eram invencíveis", o "afrontoso orgulho turco", como era geralmente reconhecido, sobreviveu até o século XIX. No entanto, em poucas décadas as referências à arrogância otomana desapareceram. Na literatura, o clichê do turco lascivo, que podia comandar as vulneráveis prisioneiras de seu harém, foi reduzido à impotência; nos relatos de viagem, a ríspida população local, que se recusava a uma simples saudação por causa de seu "orgulho e austeridade turcos" (nas palavras de Sir Frederick Henniker, no início do século XIX), passou a ser descrita como compatriotas dóceis que admiravam o estilo de vida ocidental.

Os próprios otomanos começaram a pensar de forma semelhante. A posição otomana em relação à Europa, disse um jornalista otomano em 1872, era "como a de uma criança sem instrução ao lado de um estudioso bem-sucedido". Os programas de modernização patrocinados pelo Estado no final da década de 1830 aceleraram esse processo. Embora os otomanos tentassem criar suas próprias sínteses (quando a mobília ocidental era a regra, os paxás, saudosos dos bons e velhos tempos dos divãs, às vezes sentavam-se com as pernas cruzadas sobre as mesas, enquanto seus subordinados ficavam de cócoras nas poltronas), a admiração pelo estilo de vida dos "francos" gerou um sentimento de inferioridade que se mostrou um dos legados mais importantes do Império Otomano em sua encarnação posterior, como Turquia.

A "inferioridade cultural", porém, não foi o único legado do século XIX para a moderna Turquia, e a descoberta do assombroso Ocidente no Oriente coincidiu com a invenção de um Oriente diametralmente oposto no Ocidente. Ao comparar a política otomana com a europeia, os escritores apresentavam mundos separados com mínima interação. Já em 1863, Hyde Clarke destacava que "coisas e instituições comuns na Europa [com o Império Otomano] são diariamente marcadas por censura contra os turcos e representadas como opostas aos padrões europeus". Essa imagem não era completamente diferente do ponto de vista dos turcos. Os adeptos do otomanismo tentaram promover a ideia de um império único e produziram uma história chauvinista e ultranacionalista. Assim, em sua visão apareceu uma espécie de "cortina de ferro" que separava os mundos otomano e europeu antes do auge do imperialismo do século XIX. Mas essa abordagem era infundada. Ao longo da história, houve relações comerciais vibrantes entre a Europa e o Império Otomano, além de intensos contatos intelectuais e culturais. Para os realistas da Europa, o Império Otomano, segundo um historiador, "era um poder como qualquer outro e até mesmo uma potência europeia". Para os sultões otomanos, por outro lado, isso era natural, pois eles se consideravam, entre outras coisas, os legítimos herdeiros dos imperadores romanos: *Kayzer-i Rum*[10] era um título que carregavam com orgulho.

---

10 Em tradução literal, "César dos romanos", título que Maomé II deu a si próprio após a conquista de Constantinopla. [N.T.]

Quando o sultanato foi abolido em 1922, os jovens republicanos entenderam que a história otomana era um assunto muito controverso: a glorificação dos séculos XV e XVI não era ideologicamente conveniente, enquanto as lembranças do século XIX e do início do século XX estavam perto demais para esquecer. O papel central da religião na sociedade otomana também era um tema desconfortável para os nacionalistas seculares da jovem república. Além disso, a estrutura multicultural do Império Otomano estava em desacordo com os princípios do novo Estado, que destacavam a pureza nacional. Os republicanos precisavam de uma ruptura clara, de modo que descartaram o passado otomano-islâmico e desenvolveram o que é conhecido como a "tese da história oficial", baseada em um entendimento muito liberal da história turca pré-otomana. Foi uma tese defensiva contra, como disse um dos seus teóricos, "difamações e alegações como as de que os turcos pertencem à 'raça amarela', [são] inferiores aos europeus [...] [e] não possuem quaisquer direitos históricos sobre a Anatólia". Segundo essa teoria, "o *habitat* cultural dessa raça [o povo turco] era a Ásia Central. O clima [da região] mudou na ordem natural das coisas [...] [por isso] essa massa de pessoas [...] teve que emigrar". Embora afirmando que os turcos eram membros da raça ariana e que haviam fundado muitas civilizações, incluindo a dos sumérios, acádios, assírios, hititas, egípcios e egeus, a tese também tinha como objetivo informar o público sobre os efeitos prejudiciais do islã sobre os turcos. A ênfase nas antigas civilizações da Anatólia foi deliberada. Estranhamente, a teoria misturava o passado da Ásia Central do povo turco com a herança clássica do país. A Anatólia, disse Mustafa Kemal Atatürk (1881-1938), fundador da República Turca, "tem sido o berço dos turcos por sete mil anos". Nessa compreensão do passado, havia pouco espaço para os otomanos. Embora nunca tivesse obtido amplo reconhecimento entre os intelectuais, essa visão serviu muito bem como fonte ideológica da jovem república entre duas guerras mundiais.

Com o advento do sistema multipartidário no final da década de 1940, a "tese da história oficial" caiu no esquecimento. Esse período também testemunhou a "normalização" dos assuntos religiosos pelo partido do governo para manter seu poder. Enquanto os acadêmicos se concentravam na chamada idade de ouro do império – os séculos XV e XVI –, o mundo político via referências crescentes ao passado otomano. O império estava revidando. Uma nova percepção do império, baseada em diligente trabalho de pesquisas em arquivos, foi promovida por historiadores como Halil Inalcık e Ömer Lütfi Barkan na década de 1960. Segundo essa nova visão, o Império Otomano foi uma entidade política *sui generis* enraizada em uma compreensão elaborada da justiça. Era completamente diferente da Europa medieval, em que os camponeses não tinham liberdade. Assim como o fascismo teve influência na percepção da república em relação à sua própria história, o marxismo também gerou novas discussões. Muitos pesquisadores estavam interessados em verificar a existência de algum modo de produção asiático no império ou a presença de núcleos de desenvolvimento capitalista.

Após o golpe militar de 1980, o Estado começou a recorrer à educação islâmica para combater movimentos esquerdistas, e isso promoveu uma nova compreensão da história otomana. O artigo 24 da Constituição de 1982 diz: "a educação e a instrução em religião e ética devem ser conduzidas sob a supervisão e controle do Estado. Instruções e cultura religiosa e educação moral serão obrigatórias nos currículos dos ensinos fundamental e médio". Isso igualou o Império Otomano ao islã. Os turcos, desconsiderando os detalhes de seu passado na Ásia Central, eram agora apresentados como defensores do islã, especialmente durante o reinado de Abdul Hamid II (1842-1918; r. 1876-1909), quando uma ênfase sem precedentes na religião ganhou um novo impulso e a síntese "turco-islamita" foi oficialmente criada.

Desde os anos 1980, o império tem adquirido cada vez mais importância como ponto de referência nos assuntos internos e externos turcos. Em 1999, o 700º aniversário do estabelecimento do Estado otomano por Osmã foi comemorado em todo o país. Fundaram-se escolas, e livros foram escritos para comemorar o evento. Em janeiro de 2009, depois de um acalorado debate sobre Gaza com o presidente de Israel, Shimon Peres (n. 1923), o primeiro-ministro da Turquia, Recep Tayyip Erdogan (n. 1954), saiu irritado do Fórum Econômico Mundial em Davos. Ao voltar para a Turquia, foi recebido por uma multidão animada chamando-o de "último sultão otomano". Uma frase que poderia ter sido usada como um insulto político durante os primeiros anos da república agora tinha uma conotação completamente diferente. Meses depois, ao visitar a Síria, Erdogan fez um longo discurso sobre a herança comum dos dois países; ele foi novamente recebido nos dois países com o mesmo *slogan*. Essa herança comum que a jovem república tentou negar mostrou-se incontestável. Considerando todas essas questões, não posso deixar de me perguntar se Jason Goodwin estava certo ao começar seu *Lords of the Horizons: A History of the Ottoman Empire* [Senhores do horizonte: uma história do Império Otomano] (2003) dizendo "este livro é sobre um povo que não existe". O império, como entidade política, desapareceu faz tempo na história, mas seu espírito permanecerá conosco por algum tempo ainda.

BRASIL
O LEGADO DA ESCRAVIDÃO E O SUICÍDIO AMBIENTAL

Luiz Marques

Dois aspectos da história fizeram de nós brasileiros quem somos hoje. Em primeiro lugar, por três quartos de nossa história, desde que o explorador português Pedro Álvares Cabral desembarcou em Porto Seguro na Bahia em 1500, a sociedade brasileira se constituiu de escravos e proprietários de escravos, ou de beneficiários da escravidão. O Brasil foi de longe o maior importador de escravos no antigo sistema colonial e o último país do mundo ocidental a abolir a escravidão, em 1888. Em segundo lugar, desde a chegada dos portugueses, mas ao longo do último meio século em particular, as estruturas sociais e econômicas fundamentais da sociedade brasileira têm sido determinadas pela destruição predatória de seu ambiente, deslocando-se da região costeira oriental para o interior. Na década de 1960, o processo atingiu os principais biomas do Centro-Oeste e do Nordeste, as zonas úmidas do pantanal, a savana do cerrado e a região amazônica.

Essas duas características são as premissas fundamentais da existência do Brasil, no passado e no presente. Seu significado tem sido enorme, mesmo em escala global, e são constantes na história brasileira. As outras variáveis da sociedade brasileira também têm continuamente dependido ou são provenientes delas.

Entre os séculos XVI e XIX, um total de 10,7 milhões de escravos sobreviveu à travessia do Atlântico desde a África até as Américas, e (segundo cálculos recentes dos historiadores David Eltis e José Flávio Motta) quase metade deles foi enviada para o Brasil. Assim, ao longo de 350 anos, aproximadamente 5 milhões de escravos desembarcaram no Brasil. As colônias britânicas na América do Norte e os Estados Unidos da América provavelmente importaram apenas cerca de um décimo desse número. Em 1850, havia 2,5 milhões de escravos no país, e o censo de 1872 informava que cerca de 58% da população eram de ascendência africana (escravos ou homens livres).

A economia do Brasil exigia muita mão de obra, mas não requeria um mercado interno forte e crescente, pois os produtos básicos do Brasil colonial – cana-de-açúcar, ouro no século XVIII e café do século XIX em diante – tinham grande demanda em Portugal e no restante da Europa. Além disso, o próprio comércio de escravos era bastante lucrativo, e, em um país onde a terra era abundante e não amplamente negociável, os escravos eram muitas vezes a maior parcela do patrimônio pessoal.

Na verdade, os escravos não eram utilizados apenas no trabalho das plantações. Na Bahia, por exemplo, menos de um décimo dos escravos era usado em plantações de açúcar. No final do século XVII e início do século XIX, entre 13% e 39% dos domicílios na capitania de São Paulo tinham pequenos lotes de escravos. Entre os proprietários de escravos, estavam plantadores de tabaco, pescadores, proprietários de alambiques, artesãos, dignitários da Igreja, profissionais liberais, pequenos empresários ou chefes de gangues.

O escravo era, portanto, uma figura onipresente na sociedade brasileira e fundamental para o funcionamento da economia, mas não apenas para produzir excedentes. A escravidão permeava a sociedade, afetando suas formas de poupança, sua imaginação, religiosidade, sexualidade, consciência coletiva, seus símbolos de *status*, o *modus operandi* da vida familiar e muito mais. A figura do escravo era tão necessária para os não escravos que se tornou um fato "natural" para estes, uma característica da sua abordagem automática e inconsciente da vida e do viver. O Brasil é a manifestação mais profunda na história ocidental (antiga e moderna) da noção do antigo filósofo grego Aristóteles de uma sociedade que considera a escravidão natural. A escravidão é uma característica tão importante dessa sociedade que passa despercebida como a harmonia das esferas (a que Pitágoras disse que não podíamos ouvir porque precedia ao nosso nascimento). E, assim como essa música celestial só pode ser detectada ouvindo-se o seu oposto – o silêncio –, o legado da escravidão só é aparente na mentalidade brasileira contemporânea através de seu oposto, a "democracia racial": a crença proposta pelo sociólogo Gilberto Freyre em 1933 de que o Brasil não sofre preconceito ou discriminação racial. Se o Brasil tem conseguido exportar tão bem esse mito é principalmente porque realmente acredita nele.

A escravização de uma parte da sociedade por outra deixa a marca indelével de Caim. O resultado mais grave é que os brasileiros não criaram uma sociedade civil plena. O abismo que separa os estratos sociais impede o desenvolvimento de um senso de responsabilidade individual ou do sentimento de pertencer a uma comunidade. Os descendentes de escravos continuam a servir os herdeiros dos não escravos. Os dois continuam a viver em esferas sociais separadas e unidades simbólicas, uma separação que difere do *apartheid* apenas porque a estrutura legal contém muita legislação "igualitária". Assim, por exemplo, uma placa precisa ser exibida em elevadores de prédios de apartamentos assegurando aos empregados domésticos o seu direito de usar os mesmos elevadores que os proprietários. Mas a lei é ignorada: como descendentes da escravidão, as classes subalternas não reivindicam realmente o que é delas por direito.

A ausência de um senso de pertencimento social leva ao individualismo extremo. A corrupção econômica e política é vista como normal e permeia a sociedade: está presente nos negócios e é encontrada em todos os níveis do Executivo, Legislativo e Judiciário. O público se resigna a escândalos de corrupção, e políticos descaradamente corruptos são reeleitos. Comportamento antissocial é a norma. Grandes investimentos em infraestrutura destinam-se a encher os bolsos da indústria automobilística em vez de melhorar o transporte coletivo. Estradas e ruas representam uma espécie de terra de ninguém. Caminhões queimam óleo diesel com níveis letais de enxofre, poluindo cidades e exacerbando comportamentos agressivos. A procura por carros blindados com vidros escurecidos disparou. O que é chamado de "informalidade brasileira" – outra exportação que encontra pronta aceitação no exterior e da qual os brasileiros se orgulham – é menos um sinal de apreço pela liberdade individual do que um privilégio desfrutado pelos que podem fazer pender a lei a seu favor. Enquanto isso, aqueles sem o poder para tal são submetidos à burocracia e ao formalismo.

Da mesma forma que a escravidão, a burocracia é uma parte do legado sombrio da origem ibérica da sociedade brasileira. Outros aspectos incluem a influência da Inquisição (que durou em Portugal até 1821) e de padrões jesuíticos de educação. Uma mentalidade pró-agrária e anti-industrial foi introduzida, sancionada pelo Tratado de Methuen de 1703 entre Inglaterra e Portugal, que teve o efeito de desestimular o desenvolvimento industrial neste último. Portugal proibiu rigorosamente a existência de editoras e até mesmo a presença de máquinas de impressão no Brasil até 1808, resultando em uma tradição extremamente fraca de palavra impressa na história colonial brasileira e daí em diante, produzindo o analfabetismo e o anti-intelectualismo profundamente enraizados das "elites" brasileiras. Por último, mas não menos importante, uma contínua tradição de absolutismo ibérico explica por que Portugal e Brasil recaíram tantas vezes em regimes autoritários durante os séculos XIX e XX (com não menos de cinco golpes no Brasil: em 1889, 1930, 1938, 1945 e 1964) e também por que os partidos de esquerda têm sido tão simpáticos ao stalinismo.

A desigualdade social que surge da escravidão está diminuindo, pelo menos em termos de distribuição de renda. Infelizmente, isso não se aplica ao segundo tema da história brasileira: a ocupação predatória e devastadora da terra. A vegetação da mata atlântica que antes contornava a costa e cobria 15% da massa terrestre do país praticamente não existe hoje. Em 1993, apenas 7% de sua extensão original permanecia; outros 100 mil hectares foram perdidos nos três anos entre 2005 e 2008, e não há sinais de que os últimos vestígios remanescentes serão salvos. No final do século XVIII, surgiu um tipo de consciência ecológica precoce entre os intelectuais brasileiros educados na Europa. Através de suas críticas ao desmatamento – que ecoam os ideais iluministas da harmonia entre cultura e natureza –, podemos acompanhar o ritmo da destruição da mata atlântica.

O mesmo destino aguarda a região amazônica. Por milênios, a ocupação humana da Amazônia não causou grandes mudanças em sua vegetação – até 1964, quando um golpe militar inaugurou uma ditadura movida por tortura e motosserras. O regime desencadeou enormes desequilíbrios sociais e ambientais: novas estradas foram construídas; houve destruição desenfreada da cobertura florestal e expansão das terras utilizadas para fins agrícolas; assentamentos foram construídos para colonos de outras regiões do país; bacias hidrográficas foram interrompidas por grandes represas hidrelétricas; a mineração a céu aberto foi estabelecida, e corridas do ouro passaram a ocorrer; rios foram poluídos por mercúrio; espécies selvagens foram ameaçadas, extintas ou contrabandeadas e comercializadas; e assim por diante.

A ditadura terminou na década de 1980, mas a ideologia de "integração nacional" que havia sido promulgada pela Escola Superior de Guerra (segundo a qual os militares tinham o direito de governar para garantir a soberania nacional) representava, e representa ainda, os interesses de amplos setores da sociedade brasileira. Trata-se de entidades que têm interesses imediatos em destruir o que resta da floresta do Brasil: proprietários de terra; companhias farmacêuticas; fabricantes de equipamentos industriais, fertilizantes, pesticidas e sementes transgênicas; empresas madeireiras e de construção; frigoríficos e varejistas; o sistema financeiro e administrativo que irriga essa estrutura; e, finalmente, partidos políticos e lobistas. Em resumo, todo o tecido do poder econômico e político brasileiro.

Intelectuais nacionalistas da extrema direita à extrema esquerda foram mobilizados para argumentar que a destruição da floresta é o preço a ser pago para o crescimento econômico e que qualquer tentativa de impedir esse processo só serve aos interesses das principais economias globais, que agora cobiçam lucrar com "nossas" florestas, depois de terem destruído as delas no passado.

Além disso, os movimentos sociais toleram a ocupação da floresta por populações urbanas ou rurais excedentes. Como as terras no Sudeste são em sua maioria para uso produtivo, esses movimentos defendem o direito moral dos trabalhadores sem terra de tomar posse de terra "improdutiva" – isto é, a floresta.

Por outro lado, os ideólogos da "sustentabilidade" – economistas e engenheiros agrícolas – têm produzido toda uma série de publicações para mostrar que economias de escala podem ser obtidas pela integração da região amazônica com mercados locais e internacionais sem destruir a floresta.

Desde a década de 1980, os biomas do Brasil têm sido destruídos a um ritmo mais rápido do que nunca. Entre 1977 e 2005, 16% das formações florestais da Amazônia na região conhecida como Amazônia Legal foram eliminadas, uma área muito maior que a da França. Não houve trégua desde então. Do período colonial em diante, a pecuária foi a principal força motriz por trás do desmatamento no Brasil – mesmo agora é responsável por 80% da destruição da Amazônia –, tornando o país um dos maiores exportadores de carne bovina do mundo, com o mercado interno também consumindo enormes quantidades.

A necessidade desesperada de conservação dos biomas brasileiros não conseguiu despertar a nação. Seus únicos defensores são as comunidades nativas da Amazônia e pequenos grupos de acadêmicos e ambientalistas, nenhum deles com peso suficiente em termos do equilíbrio de forças dentro e fora do Brasil. Se a comunidade mundial realmente quer salvar a Amazônia, deve agir com rapidez e vigor. Historicamente, o Brasil tendeu a evoluir "de fora para dentro".

A escravidão foi abolida muito tarde, e somente sob forte pressão de interesses internacionais. O regime fascista do Estado Novo, estabelecido em 1938, teria se unido ao Eixo germano-italiano se não fosse pela pressão norte-americana. A ditadura instalada em 1964 foi estimulada pelo Departamento de Estado dos Estados Unidos, e provavelmente teria durado mais tempo se o presidente Jimmy Carter (1977-81) e as democracias europeias não tivessem exercido pressão sobre os ditadores para restabelecer a democracia.

O mesmo vale para salvar a floresta. Preso pelo autoritarismo e pelos costumes de seu passado colonial de colocar a propriedade privada em primeiro lugar, esse imenso país, tão inerte e arcaico por vocação, só recuará da beira do suicídio ambiental se for forçado a fazê-lo pela pressão internacional. Não há certeza de que tal pressão será exercida. Quando os brasileiros perceberem que submeter as florestas à lógica do lucro só os tornará mais pobres, ou o mundo tomar consciência dos efeitos catastróficos de o Brasil ser reduzido a savana ou deserto, será tarde demais.

MÉXICO
A TERRA DA ÁGUIA, DO CACTO E DA COBRA

Elizabeth Baquedano

Um visitante no centro da Cidade do México pode se surpreender com a beleza dos edifícios maneiristas, igrejas barrocas e hotéis *art nouveau*, sem perceber que ali era outrora um lago onde, em 1325, astecas errantes encontraram sua terra prometida. Em 1978, ao instalar um transformador elétrico, os funcionários da companhia de eletricidade atingiram uma grande pedra decorada com relevos. Arqueólogos de salvamento descobriram uma escultura da deusa da lua, Coyolxauhqui. O presidente José López Portillo (1920-2004) ordenou que os edifícios fossem demolidos para revelar o passado de seu povo. "Eu tinha o poder", disse ele, talvez ecoando conscientemente a autoridade de seus predecessores, os imperadores astecas, embora uma parte de sua origem familiar fosse da espanhola Navarra.

Havia o presságio de que os mexicas (como os astecas chamavam a si próprios) encontrariam um lar quando seus sacerdotes vissem uma águia pousada sobre um cacto, devorando uma serpente. Essa era a terra prometida onde eles seriam os senhores de um grande império. A ilha foi chamada Tenochtitlán ("lugar da pera espinhosa" ou "lugar do fruto do cacto") e foi ali que se construiu o Templo Mayor (o grande templo dos astecas), seu local religioso mais importante, para homenagear Huitzilopochtli, deus da guerra, e Tlaloc, deus da chuva.

Foi nesse templo que ocorreram as cerimônias mais luxuosas e onde o poder dos astecas se manifestou. Muitas cidades prestavam homenagem aos astecas com uma variedade de produtos – joias, máscaras, vasos e esculturas de terracota –, enquanto os povos conquistados davam seu sangue como sacrifício aos deuses. Outras descobertas feitas ali indicam a consciência e o respeito dos astecas por culturas anteriores: por exemplo, foi encontrada uma máscara de jade olmeca de 1200 a.C., enquanto a arquitetura da pirâmide de Teotihuacán, a grande cidade no planalto central do México, construída entre 50 e 880 d.C., foi copiada. Os astecas claramente reconheciam sua própria dívida com o passado.

Os olmecas, cuja civilização floresceu na costa do golfo entre 1500 e 400 a.C., lançaram as bases para todas as civilizações mexicanas posteriores. Seus deuses, calendário e culto ao jaguar espalharam-se pelo interior, onde foram adotados pelo povo de Teotihuacán e pelos toltecas, que floresceram entre 900 e 1150 d.C., durante o que hoje é considerada a idade de ouro do México pré-colombiano. Foram suas realizações, e seus deuses, que os astecas homenagearam em sua própria capital.

Entre esses legados, estava o mito de Quetzalcoatl, o deus da serpente emplumada. O símbolo da serpente emplumada foi adotado pelo último imperador asteca, Montezuma II (c. 1466-1520; r. 1502-20), que encomendou muitas esculturas de serpentes com seu glifo esculpido, que incluía uma tiara e um plugue de nariz. Segundo o mito, o Quetzalcoatl de pele clara foi enganado por seu adversário Tezcatlipoca (Espelho Fumegante) e acabou cometendo incesto. Na manhã seguinte, ele ficou tão envergonhado que partiu para o leste, prometendo retornar – no mesmo ano em que o conquistador espanhol Hernán Cortés (1485-1547) chegou ao México.

Esse mito tem sido usado para explicar o vacilo inicial de Montezuma quando Cortés apareceu de repente em Tenochtitlán em 1519. Após a conquista, a história mexicana apresentou esse episódio como se Montezuma esperasse a chegada de Cortés e estivesse pronto para desistir de seu trono e deixar que Cortés governasse. Mas isso foi uma construção pós-conquista: Montezuma acreditava que Cortés era o emissário de um grande rei, não que ele próprio fosse o rei.

Levou apenas dois anos para os espanhóis conquistarem Tenochtitlán. Seu sucesso não se deveu apenas aos conquistadores europeus, mas também aos aliados nativos não astecas. É comum ler – especialmente em livros europeus e norte-americanos – que os espanhóis conquistaram o México com apenas algumas centenas de homens. É verdade que vieram somente cerca de 650 homens com armas de fogo, cavalos e cães de briga; mas lutando ao lado deles estavam milhares de mexicanos que preferiram ajudar os recém-chegados, e não os imperialistas astecas. A escolha feita marcou o fim do antigo México e o início da "Nova Espanha".

Terminada a conquista, os espanhóis consideraram importante acabar com a antiga religião e introduzir a nova fé cristã. Em 1524, Cortés saudou a chegada de uma missão franciscana para converter os nativos. Em 1535, o rei da Espanha oficializou o vice-reinado da Nova Espanha no México. O primeiro vice-rei, Antonio de Mendoza (1495-1552), criou uma cidade espanhola no local da antiga capital asteca, a maior parte da qual havia sido arrasada. A Cidade do México não era apenas a capital da Nova Espanha: era também a sede do arcebispado do México.

O primeiro vice-rei pediu para a Coroa espanhola criar uma universidade: em 1551 foi inaugurada a Universidade Real e Pontifícia do México, tendo como reitor um renomado acadêmico, Francisco Cervantes de Salazar. Antonio de Mendoza e Juan de Zumárraga, primeiro bispo do México, também aprovaram conjuntamente a fundação em 1536 do Colégio de Santa Cruz em Tlatelolco. Este era administrado pelos franciscanos com o intuito de fornecer uma educação para as crianças da elite asteca, e foi ali que o primeiro "antropólogo" das Américas, Bernardino de Sahagún (1499-1590), auxiliado por seus informantes nativos, escreveu o trabalho mais abrangente sobre a cultura asteca, *Historia general de las cosas de la Nueva España* [História geral das coisas da Nova Espanha] (1540-85). A obra foi escrita em espanhol e no nativo nauatle, acompanhada de ilustrações. Continua sendo uma fonte importante sobre qualquer aspecto relacionado com a vida dos povos nativos, da religião aos passatempos.

A partir de 1522, os espanhóis estabeleceram uma relação formal de dominação com os senhores de terras mexicanos. Cada grande cidade (*señorío*) foi concedida a um dos conquistadores. Esse sistema ficou conhecido mais tarde como *encomienda* (da palavra espanhola "encomendar"). As *encomiendas* davam aos latifundiários o controle sobre o trabalho e a produção nativa, o que resultou em maus-tratos na população mexicana. O frade dominicano Bartolomé de las Casas, vendo os abusos, denunciou-os ao rei Filipe II (1527-98; r. 1556-98). Um exemplo disso pode ser verificado no Códex Kingsborough[11] do século XVI: uma das imagens é de quatro nobres mexicanos sendo queimados vivos por atraso

---

11 Manuscrito pictórico do século XVI que mostra a história de Tepletaoztoc e o abuso dos *encomenderos*. [N.T.]

de pagamento aos *encomenderos* espanhóis. As exigências impostas pelos espanhóis eram, sem dúvida, mais duras do que qualquer outra coisa que os nativos já tivessem visto.

No século XVII, muitos jovens *criollos* (espanhóis nascidos no Novo Mundo) tinham orgulho de sua identidade mexicana, mas estavam ansiosos para criar uma capital de aparência espanhola. No final do século XVIII, o conde de Revillagigedo (vice-rei 1789-94), um expoente do despotismo esclarecido de Carlos III (1716-88; r. 1764-88) da Espanha, embelezou a grande praça da Cidade do México, o Zócalo. Os trabalhos envolveram a escavação das fundações da cidade velha, durante a qual dois tesouros nativos foram descobertos: a estátua colossal da deusa da terra, Coatlicue, e a chamada Pedra do Calendário, uma grande escultura encomendada por Montezuma II, representando a era atual, o símbolo para o movimento (uma cruz semelhante à de Santo André) que leva aos terremotos, o rosto de uma divindade (possivelmente o sol) no centro, as eras anteriores que terminaram em cataclismos, bem como as indicações dos vinte dias do mês asteca.

No entanto, passariam mais cem anos até que os valores das civilizações antigas começassem a ser apreciados. Os *criollos* estavam mais preocupados com o estilo europeu e desprezavam os objetos religiosos dos nativos mexicanos, interessando-se mais pelo simbolismo religioso da Virgem de Guadalupe, uma aparição da Virgem Maria a um nativo mexicano em 1531; a imagem da Virgem também apareceu miraculosamente impressa no manto de um agricultor, tornando-se o símbolo cristão mais importante no México.

Contudo, as cidades, valores e cultura europeus não eram suficientes. A maioria da população não era europeia, e havia uma inevitável insatisfação com as autoridades espanholas. Dois padres, Miguel Hidalgo y Costilla e José María Morelos, pediram a independência da Espanha. Em 1810, Hidalgo denunciou a exploração europeia e solicitou uma redistribuição de terras. Ele organizou uma revolta contra os espanhóis, impulsionada pelo fervor religioso sob a bandeira da Virgem de Guadalupe. Quando Hidalgo foi executado, em 1811, Morelos assumiu a revolução, mas sofreu o mesmo destino. Esses levantes foram liderados por *criollos* que lutavam contra a abolição da escravidão e pela soberania mexicana. Durante a conquista do século XVI, os mexicanos lutaram pelos espanhóis, mas a luta do México pela independência – que acabou sendo alcançada em 1821 – foi orquestrada e organizada pelos *criollos*. Essa aparente contradição caracterizou dois capítulos importantes da história mexicana.

A independência não trouxe muita mudança à hegemonia cultural europeia, embora gradualmente tenha mostrado um movimento para a construção de uma sociedade mais justa. A primeira figura dominante foi a do general López de Santa Anna (1794-1876), que inicialmente se rebelou contra a nova presidência e, em seguida, estabeleceu sua própria ditadura, levando o país a uma guerra desastrosa contra os Estados Unidos em 1846-48. Santa Anna foi derrubado, e uma nova Constituição liberal foi promulgada em 1857. Embora não radical, baseava-se nos princípios dos direitos humanos e do liberalismo, com uma clara divisão entre Estado e Igreja. O clero não mais poderia interferir nos assuntos do governo.

O novo presidente Benito Juárez (1806-72) – de origem humilde, falante da língua do povo mixe – forçou a Igreja a vender suas terras e a parar de interferir nos assuntos políticos. Esse foi um dos atos mais importantes da história mexicana, que moldou o país de forma muito diferente da de outros países latino-americanos, onde a política e a religião costumam andar de mãos dadas.

Em 1862, a França invadiu o México com o intuito de estabelecer um império. Os franceses apoiaram os conservadores mexicanos oferecendo a coroa a Maximiliano de Habsburgo (1832-67), na esperança de que ele derrubasse as reformas liberais de Juárez. No entanto, o novo imperador não cumpriu com o esperado e, em consequência, perdeu o apoio dos conservadores; ele foi capturado e executado pelas forças leais a Juárez em 1867. Todo o episódio tem sido tratado na história mexicana como algo que é melhor esquecer. A avenida que liga a residência imperial de Maximiliano ao centro da Cidade do México foi originalmente chamada Paseo de la Emperatriz (Alameda da Imperatriz), mas Juárez a rebatizou de Paseo de la Reforma. Em vez da realeza europeia, a preferência era pelos novos ideais de liberdade, ordem e prosperidade.

A história mexicana pode ser caracterizada como uma série de disputas entre direitos humanos básicos e os interesses de alguns poucos. "Dê a todos o que lhes é de direito" era o lema de Porfirio Díaz (1830-1915) quando assumiu a presidência em 1876. Infelizmente, seus ideais não durariam, e ele logo passaria a favorecer a elite, tanto mexicana quanto estrangeira. Durante seus 35 anos de governo, a cidade foi bastante influenciada pelas tendências francesas. Muitos belos edifícios no país seguiram o estilo europeu. A casa de ópera (Palacio de Bellas Artes) na Cidade do México, inaugurada em 1904, mostra uma mistura de estilos que revela as ambições de um ditador obcecado por grandeza. Díaz estava convencido de que a economia nacional saudável justificava isso.

Em 1911, Porfirio Díaz foi expulso do país depois de prometer eleições livres e não cumprir. Seu adversário, Francisco I. Madero (1873-1913), adotou o poderoso *slogan* "Sufrágio efetivo e sem reeleição", que diferencia o México de outros países latino-americanos no século XX. No entanto, o governo de Madero foi desafiado pelo general Victoriano Huerta (1850-1916), que na época enfrentava as revoltas camponesas lideradas por Francisco (Pancho) Villa, no norte, e Emiliano Zapata, no sul, e que se transformaram em uma revolução longa e confusa. A paz só voltou a reinar em 1920.

O México pós-revolucionário foi construído com base nos conceitos de anticlericalismo, reforma agrária, proteção dos trabalhadores e nacionalismo. Em 1930, os campos de petróleo foram nacionalizados. A identidade nacional do país foi então conscientemente construída a partir da fusão de culturas, expressando-se com mais força nas pinturas murais de Diego Rivera (1886-1957), José Clemente Orozco (1883-1949) e David Alfaro Siqueiros (1896-1974). As raízes indígenas foram reavaliadas, e o passado se tornou uma inspiração para os artistas modernos, que usaram as paredes dos edifícios públicos como livros para doutrinar a população do México sobre sua história. Embora pintados em sua maior parte nos anos 1920 e 1930, esses murais ainda estavam sendo produzidos por Siqueiros nos anos 1970 e foram imitados por toda a América Latina.

Desde a revolução, antropólogos e historiadores têm desempenhado um papel fundamental em moldar a identidade mexicana. O lema da Universidade Nacional é "Através da minha raça, meu espírito será revelado". Mas essa não é uma visão racista: os que lamentam a contribuição espanhola à história do México são uma pequena minoria, e o passado do México foi descrito pelo poeta Octavio Paz (1914-98) como "policultural e multifacetado". Os mexicanos com ascendência espanhola olham para trás com orgulho do passado nativo do país, e os de origem nativa olham para a Europa, enquanto muitos postos governamentais e culturais importantes estão nas mãos de indivíduos de origem europeia (muitos também estão nas mãos de mulheres).

No entanto, o estereótipo norte-americano do mexicano de *sombrero* como um tipo preguiçoso, bêbado e apoiado em um cacto ainda perdura. Originária do século XIX de uma aversão protestante anglo-saxônica ao catolicismo espanhol, essa imagem tem pouca base na realidade – os mexicanos são tão diligentes quanto seus vizinhos, ou até mais – ou na história: os astecas honravam o trabalho árduo e reservavam um inferno especial para aqueles que morriam em suas camas.

É verdade que a população nativa ficou desmoralizada após a conquista, mas o consumo de álcool pelos camponeses era tolerado pelos espanhóis, enquanto os astecas só o permitiam aos guerreiros honrados e aos idosos.

O anticlericalismo dos anos pós-revolucionários foi acompanhado pelo anticapitalismo, especialmente em relação ao norte-americano. O século XX assistiu a uma relação de amor e ódio com o vizinho do norte, sobretudo após o Acordo de Livre Comércio da América do Norte (Nafta) de 1994, que acentuou o sentimento de exploração. No entanto, em contraste com muitos outros países latino-americanos, o México moderno é próspero, cosmopolita e voltado para o exterior, com conexões culturais particularmente fortes com a Europa.

PAÍSES BAIXOS
ENFRENTANDO OS DESAFIOS DA ÁGUA

Willem Frijhoff

Pergunte a qualquer neerlandês que força moldou seu país e ele responderá: a água. Ou melhor, nossa luta contra a água. *Luctor et emergo*, "Lutando eu supero", lema que Zelândia, a província mais inundada dos Países Baixos, utiliza orgulhosamente.

O homem é a segunda força do país, sempre competindo com a natureza, administrando a adversidade física e criando novas formas de *design* territorial. Embora às vezes ele possa ser forçado a ceder terreno, as palavras-chave que permeiam a história de seu país são segurança, *design* e a busca da perfeição: elas formam o cerne do ser neerlandês.

Os neerlandeses vivem em uma terra de trânsito, tanto para mercadorias quanto para pessoas. Sempre buscam a perfeição em todos os lugares: anteriormente no céu, depois em nações que consideravam um exemplo. Já foram cativados pela França, seu primeiro aliado durante a revolta contra a Espanha nos séculos XVI e início do XVII, mas agora admiram (e seguem cegamente) os Estados Unidos da América. Não chega a ser uma surpresa que os calvinistas neerlandeses persigam obsessivamente a certeza espiritual da predestinação. Ou que, desde o início da Idade Média, os comerciantes neerlandeses busquem a prosperidade no exterior, nas economias de seus vizinhos e em países do ultramar. Colonização e emigração, comércio internacional, empresas de comércio exterior e investimento estrangeiro têm sido as respostas neerlandesas aos limites de desenvolvimento de seu país e às ameaças da natureza.

Para alguns países, a água divide. No espírito dos neerlandeses, porém, a água une o país a partir de dentro e o desafia a expandir seus limites para fora. O mar do Norte une os Países Baixos com a Inglaterra, a Escócia, a região da Frísia e a Escandinávia em um vínculo muito mais forte do que o existente entre o leste dos Países Baixos e a Alemanha, vizinha no continente. Assim que os neerlandeses conquistaram a independência, seus descobridores mercantes buscaram novas rotas para o comércio e a colonização. Nomes neerlandeses como Cabo Horn, Spitsbergen, mar de Barents, Terra de Arnhem, Tasmânia, Nova Zelândia e Ilhas Maurício são testemunhas de sua expansão. Por dois séculos (de 1641 a 1853), os neerlandeses detiveram o monopólio completo do comércio com o Japão. Outras conquistas acabaram sendo perdidas, mas ainda carregam as marcas de sua presença, como Malaca, Ceilão (Sri Lanka), África do Sul, Costa do Ouro (Gana), Nova Amsterdã (Nova York) e Nova Holanda (litoral do Brasil).

Foi, no entanto, a organização comercial da Companhia Neerlandesa das Índias Orientais, fundada em 1602 como o primeiro grande empreendimento europeu semiestatal com acionistas, que criou o império colonial neerlandês. Em pouco tempo, chegou a abraçar todo o imenso arquipélago indonésio. Os neerlandeses eram administradores coloniais eficientes, mas muitas vezes impiedosos, com o lucro sempre prevalecendo sobre a civilização, apesar dos enormes esforços missionários. Seu papel no comércio de escravos das Américas, ainda palpável na arquitetura do centro histórico de Willemstad, na ilha de Curaçao (nas Antilhas Neerlandesas), continua a alimentar o ressentimento nos últimos remanescentes caribenhos de seu império colonial e na antiga Guiana Neerlandesa, hoje o independente Suriname.

A água realmente tem sido a *materia prima* da história dos Países Baixos. Sete dos nove monumentos neerlandeses na lista de Patrimônio Mundial da Unesco referem-se à gestão da água: o pôlder[12] de Beemster, o primeiro dos grandes pôlderes, criado em 1609-12 por investidores da vizinha Amsterdã, na época o centro em expansão da economia mundial; os moinhos de vento de Kinderdijk do século XVIII; a antiga ilha de Schokland no Zuiderzee (mar do Sul); a linha de defesa de Amsterdã (1880-1920); uma estação de bombeamento aberta em 1920; o mar de Wadden; e os canais históricos do centro da cidade de Amsterdã (o

---

12 Terrenos baixos protegidos por diques contra inundações. [N.T.]

Grachtengordel). Séculos moldando suas terras transformaram os neerlandeses em excelentes *designers*, como testemunham a casa Rietveld Schröder em Utrecht e a fábrica Van Nelle em Roterdã. A imagem dos Países Baixos como uma terra de diques, pôlderes e moinhos de vento pode ser um clichê, mas tem a ver com a realidade histórica da sobrevivência do país, mesmo a das regiões internas mais seguras.

A água não tem sido apenas a substância da história dos Países Baixos, mas também está no centro de sua autoimagem nacional e é um poderoso instrumento de imaginação coletiva. As paisagens ribeirinhas de Jan van Goyen (1596-1656), os céus nublados de Jacob Ruysdael (*c.* 1628-82) e as pinturas marinhas da família Van de Velde do século XVII refletem a intensa interação entre natureza e cultura na mente dos neerlandeses, bem como suas constantes tentativas de ajustar as forças físicas em seu benefício.

A ameaça do aumento do nível do mar destruindo a metade mais baixa do oeste do país tem recentemente revivido antigos temores e lembranças de cataclismos, deixando muitas pessoas em pânico. E a ameaça não é nada hipotética: em janeiro de 1995, mais de 200 mil habitantes da área entre os rios Reno e Mosa (Maas) foram evacuados devido ao nível crescente desses cursos de água. A perspectiva de mudança climática atinge os neerlandeses de forma mais vital do que a outros europeus e explica seu enorme envolvimento em proteção ambiental, planejamento e ecologia, ainda mais sabendo que o Reno e o Mosa transportam para os Países Baixos os resíduos físicos, químicos e nucleares de todo o noroeste da Europa.

Depois da inundação desastrosa de 1º de fevereiro de 1953, em que mais de 1.800 pessoas morreram, o antigo arquipélago da Zelândia e seu interior receberam a proteção do Projeto Delta. Esse ícone da engenharia neerlandesa moderna ilustra a velha máxima: Deus fez o mundo, mas os neerlandeses fizeram seu país. Não é por acaso que, percorrendo pôlderes e margens dos rios do sudoeste da Zelândia até o nordeste de Overyssel, existe um grande cinturão bíblico em que o pietismo neerlandês exibe, em sua forma mais ortodoxa e firme, a crença de ter sido eleito por Deus. Não surpreende, pois, que o Museu da História dos Países Baixos, recentemente comissionado pelo Ministério da Educação, pretenda colocar o tema "terra e água" em segundo lugar entre os cinco principais itens históricos, depois do "sentimento de identidade nacional" e antes dos temas universais de "ricos e pobres", "guerra e paz" e "corpo e mente".

A construção de diques, a drenagem de pôlderes, a irrigação e a tecnologia de moinhos foram os primeiros produtos de exportação dos neerlandeses no final da Idade Média, e a construção de portos continua sendo uma habilidade neerlandesa reconhecida em todo o mundo. As inovações técnicas estiveram na base da supremacia comercial neerlandesa no século XVII, não apenas em construção naval, logística portuária e *layout* urbano, mas também em engenharia, matemática e fortificação de cidades. Nesse século, pintores como Frans Hals (*c.* 1580-1666), Rembrandt (1606-69) e Vermeer (1632-75) desenvolveram técnicas para novas formas de representação visual; cartógrafos disponibilizaram o mundo para exploradores neerlandeses; o telescópio, o microscópio e o relógio de pêndulo foram invenções neerlandesas que mudaram a percepção da natureza, do espaço e do tempo; técnicas de impressão tornaram as universidades neerlandesas, especialmente Leiden, o novo centro da ciência europeia; e argumenta-se ainda que Amsterdã, no início do século XVII, conseguiu se transformar no centro da economia mundial graças a técnicas inovadoras de comunicação incentivadas por autoridades municipais, incluindo jornais diários, bolsa de valores, gestão compartilhada de riscos e ciência atuarial. A enorme prefeitura de Amsterdã – hoje o Palácio Real, localizado na praça Dam –, iniciada em 1648, foi celebrada como a oitava maravilha do mundo. Seu projeto decorativo original explicita todas as virtudes da sociedade burguesa dos Países Baixos: a liberdade de uma sociedade igualitária, paz para o comércio florescer, tolerância na comunidade, justiça igual para todos e confiança em Deus.

Em nenhuma parte do mundo a gestão da água é tão determinante quanto nos Países Baixos. Em 1809, Luís Bonaparte (1778-1846), o primeiro verdadeiro rei dos neerlandeses, depois que seu irmão Napoleão converteu a República Batava no novo Reino da Holanda (1806), criou um ministério para a gestão da água. Na Idade Média, os conselhos de águas e diques foram as primeiras estruturas organizacionais eletivas no país, envolvendo representantes da aristocracia rural, proprietários de terra e agricultores. Ainda desempenhando um papel vital atualmente, tais conselhos são considerados o coração da democracia neerlandesa. O chamado "modelo pôlder" continua sendo uma estrutura de tomada de decisão que, levando em conta os interesses de todas as partes envolvidas, tem de chegar a uma solução viável para todos, inclusive na política, na cultura corporativa das grandes empresas neerlandesas e no sindicalismo.

Os antigos conselhos de águas correspondem a algumas características básicas da sociedade neerlandesa ao longo da história. Trata-se de estruturas igualitárias que gerenciam os interesses da comunidade, em que as diferenças de opiniões, ideais e atuação são toleradas, a meritocracia é valorizada e a negociação prevalece sobre a autoridade e o poder. A fragmentação de interesses particulares que elas incorporam é reconhecida como uma característica legítima da organização histórica do país. Isso impede a formação de qualquer maioria com base em um interesse que adquira o controle, obrigando a contínua formação de coalizões em praticamente todos os campos da vida política, social e cultural.

A *materia secunda* da história dos Países Baixos é o homem. Na Antiguidade, a fronteira do Império Romano passava por Nijmegen e Utrecht, mas Roma deixou apenas algumas ruínas, nomes de lugares e monumentos fúnebres. Isso está quase esquecido agora, exceto pelo mito duradouro dos batavos, os primeiros habitantes históricos do país, mencionados por Tácito. Do ponto de vista moderno, o legado medieval consiste em histórias de condes e cavaleiros no oeste, o mito da liberdade frísia no norte e a nostalgia da Liga Hanseática no leste. Alguns grandes monumentos desse período foram conservados, como as majestosas catedrais de Utrecht e 's-Hertogenbosch, muitas igrejas rurais e urbanas, além de um conjunto de castelos magníficos, como Muiderslot e Loevestein.

As cidades, ducados e condados dos Países Baixos faziam parte do Sacro Império Romano no período medieval e assim permaneceram até o reconhecimento formal da independência neerlandesa no Tratado de Vestfália em 1648. Nos séculos XV e XVI, no entanto, eles estavam unidos sob o ducado da Borgonha. A revolta contra o sucessor do duque, o rei da Espanha (a Guerra dos Oitenta Anos, 1568-1648), levou à independência da parte norte do país (os atuais Países Baixos) e sua separação do sul (a atual Bélgica). Os rebeldes, apelidados de mendigos (*geuzen*), eram motivados por um desejo de liberdade, bem como pela reforma da Igreja e a renovação evangélica. Como os seus líderes mais proeminentes professavam o credo calvinista, este se tornou a religião oficial do novo Estado neerlandês, embora tenha sobrevivido uma pluralidade de outros grupos confessionais importantes, incluindo os católicos, dando o tom para a futura diversidade e tolerância religiosa do país.

O Estado rebelde fundado na União de Utrecht em 1579 foi governado por uma oligarquia republicana até ser democratizado após a Revolução Batava de

1795. Era, na verdade, uma confederação de sete pequenas repúblicas independentes, as "províncias", governadas por elites locais. Embora não sendo contra a monarquia desde o início, a organização política descentralizada dessa sociedade urbanizada, com sua cultura burguesa, sem mencionar algumas experiências desastradas com governantes estrangeiros, rapidamente levou os neerlandeses a decidirem não ter um rei. O *Staten-Generaal* (Estados Gerais) em Haia uniu-os para a guerra e outros interesses em comum, mas na realidade não havia nenhum chefe de Estado. Geralmente um membro da família Nassau e príncipe de Orange (França), o *stadtholder* (magistrado-chefe das Províncias Unidas dos Países Baixos) era um curioso anacronismo. Chefiando o Exército e a Marinha como um servo da república, ele não tinha poder político formal, embora desfrutasse de um imenso prestígio moral entre as massas, o que fazia dele um quase soberano.

Em 1815, após a era napoleônica (1806-13), o país tornou-se uma monarquia constitucional sob a dinastia Orange, o chamado Reino dos Países Baixos, que até a Revolução de 1830 incluía a atual Bélgica. Essa estrutura de Estado em evolução antecipou a lenta, mas inevitável, formação de uma verdadeira nação neerlandesa, fora da união das "províncias" soberanas: inicialmente sete, depois onze, hoje doze. Muito recentemente, foi acrescentada a província de Flevolândia, na realidade um punhado de pôlderes recuperados, que tem Lelystad como capital, assim batizada em homenagem ao visionário engenheiro Cornelis Lely (1854-1929).

A reforma constitucional de 1848 produziu um Estado liberal com um regime parlamentar moderno que abriu o país à sua segunda idade de ouro no comércio, na indústria, no colonialismo e na ciência, mas também revelou a fraqueza congênita do "particularismo" neerlandês: a nação acabou segmentada em corpos confessionais e ideológicos concorrentes – os "pilares" protestantes, católicos, socialistas e liberais, entre outros – que reivindicavam autonomia total e autodeterminação dentro de um Estado distante. Como os Países Baixos permaneceram neutros durante a Primeira Guerra Mundial, a Segunda Guerra foi o primeiro desafio real para a unidade nacional. Além das delicadas e duradouras divisões entre neerlandeses "bons" e "maus", colaboradores e combatentes da resistência, o conflito trouxe o profundo trauma do Holocausto para uma nação que outrora se gabava de ser o Novo Israel e um refúgio para os judeus perseguidos de toda a Europa. Após a guerra, o fim das colônias foi rápido e rude.

A Indonésia foi perdida no início de 1949, e os "pilares" da sociedade neerlandesa entraram em colapso nos anos 1960 para dar lugar a um Estado de bem-estar social cada vez mais centralizado, invasivo e secular, dominado por algumas das maiores empresas do mundo (Philips, Royal Dutch Shell, Unilever) e um poderoso setor financeiro herdado do passado.

O legado do calvinismo, no entanto, continuou a se expressar na convicção de que os Países Baixos eram uma nação eleita, uma bússola moral para o mundo, um *gidsland* ("país-guia"): contra a guerra nuclear, em prol de uma ação pacífica entre Estados, tolerante com todas as minorias, um asilo para as vítimas políticas e, um pouco paradoxalmente, sempre pronta a expandir os limites legais e reais do consumo de drogas, da homossexualidade e da eutanásia. Mas só na última década é que a sociedade permissiva dos Países Baixos foi obrigada a lidar com um duplo problema inesperado: a imigração em massa oriunda dos países mediterrâneos com uma cultura não ocidental e o aparecimento de um islã intolerante, além dos problemas econômicos que desafiam o Estado de bem-estar social. Totalmente despreparada, a sociedade neerlandesa foi abalada pela força, rapidez e brusquidão desses desafios, e ainda está trabalhando em busca de novas fórmulas de integração, diversidade, multiculturalismo e participação. No momento, a política dos Países Baixos refluiu para uma forma de nacionalismo conservador, e o país perdeu sua fé incondicional na integração europeia.

Ainda assim, pergunte a qualquer neerlandês qual é a maior contribuição de sua nação à humanidade, e ele provavelmente responderá: tolerância, democracia e liberdade religiosa. Alguns, conhecendo o trabalho do sociólogo Max Weber (1864-1920), podem mencionar o calvinismo, em termos de sua ética de trabalho e probidade moral. O resultado do calvinismo, mesmo em sua variedade atual puramente cultural, não é apenas uma atitude profundamente individualista, mas também um Estado liberal com uma missão moral e um senso de responsabilidade global.

Por outro lado, a água e a necessidade de atuação compartilhada e negociação contínua entre o homem e a natureza fizeram dos Países Baixos uma sociedade pragmática: a sobrevivência física precede o florescimento da mente. Na ciência, como na vida cotidiana, o povo neerlandês tende a pensar em iniciativas práticas, resolução de problemas e técnicas, antes de desenvolver ideias abstratas, valores amplos e perspectivas universais. Seu principal filósofo, Spinoza (1632-77), era um racionalista perfeito; seu quase contemporâneo, o matemático francês Descartes (1596-1650) sentia-se muito à vontade nos Países Baixos, e, no início do século XX, o pintor Piet Mondrian (1872-1944) desenvolveu uma concepção puramente geométrica de formas e cores. Os neerlandeses ganhadores do prêmio Nobel sempre se destacaram mais em física, medicina e economia do que na literatura. No entanto, a literatura existe – lamentavelmente, porém, em uma língua antiga e rica que a maioria dos europeus ignora. E, infelizmente, poucos neerlandeses se orgulham o bastante de sua língua materna para utilizá--la ao falar com estrangeiros.

EGITO Retrato de Muhammad Ali Pasha, fundador do Egito moderno. Ele transformou o país de uma província inativa do Império Otomano em uma superpotência do seu tempo. Através de suas várias campanhas militares, criou um grande Estado e ameaçou muitas potências europeias.

ÍNDIA *Robert Clive e Mir Jafar depois da batalha de Plassey* (1757), de Francis Hayman, ilustra um momento decisivo na história da Índia: Robert Clive vence a batalha de Plassey, derrotando o nababo Siraj-ud-Daulah. Ele deve sua vitória ao suborno do general do nababo, Mir Jafar, a quem oferece o trono de Bengala. Ambos sabem que os britânicos são os verdadeiros governantes.

IRÃ Frontispício de um manuscrito de poemas do poeta Rumi, do século XIII, datando de 1453. Rumi foi o mais famoso poeta místico persa. Seus volumosos versos e vários contos de seu poema narrativo *Mathnavi* foram traduzidos para todos os principais idiomas.

GRÉCIA Imigrantes em uma passeata do Dia do Trabalho em Atenas, em 2009, manifestando-se pelo direito de seus filhos à educação. Desde a década de 1990, uma onda de imigrantes chegou à Grécia; pessoas da Europa Oriental, Oriente Médio, Ásia Central e África representam atualmente cerca de 10% da população grega.

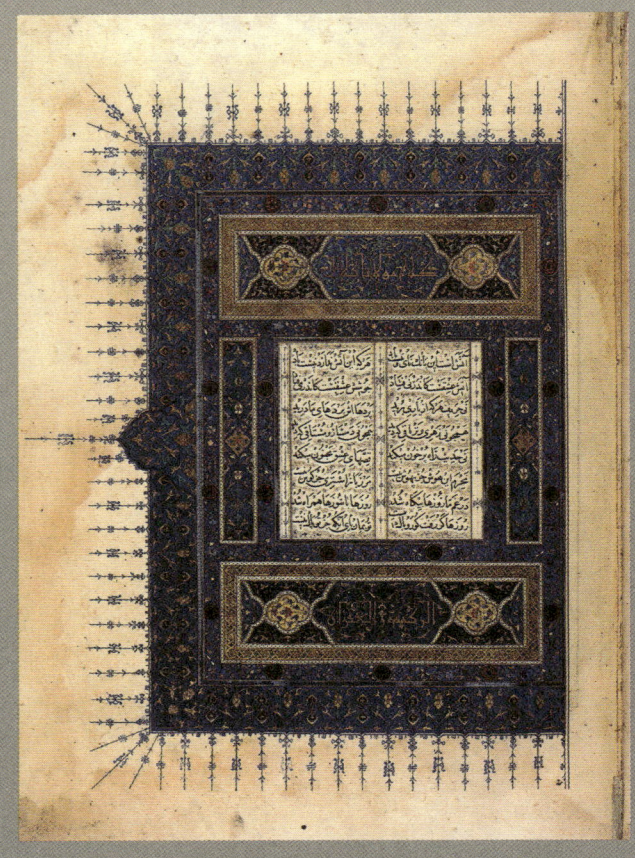

IRLANDA Árvore cronológica da história irlandesa desde a primeira invasão pelos ingleses até 1876, quando a imagem foi criada. Nos galhos da árvore são registrados datas e eventos importantes da história irlandesa. Sentada à esquerda está Erin, a personificação feminina da Irlanda, com harpa e cão de caça; um homem possivelmente Daniel O'Connell, está diante dela.

CHINA A cerimônia de abertura das Olimpíadas de 2008 em Pequim, coreografada pelo cineasta Zhang Yimou, incluiu um espetacular desfile da história chinesa com uma representação das viagens navais de Zheng He à África no século XV.

ESPANHA A Alhambra ("Forte Vermelho" em árabe) foi construída no século XIV como uma fortaleza palaciana para a dinastia Nazarí de Granada; os belos edifícios atraem visitantes do mundo todo.

FRANÇA Se os caprichos de Hitler assim o tivessem decretado, Paris poderia ter sido destruída em 1944 como muitas outras cidades europeias. Graças à feliz combinação dos Aliados com o general Charles de Gaulle e Philippe Leclerc, e talvez a certa moderação das forças nazistas, a Cidade Luz conseguiu sobreviver e continua tão eterna quanto antes.

RÚSSIA *A esposa do comerciante bebendo chá*, de Boris Kustodiev, 1918. Kustodiev cresceu na casa de um comerciante, onde observava o estilo de vida de uma classe que se viu arruinada. Mais tarde, utilizou essas memórias para criar suas pinturas coloridas. Morreu em Leningrado em 1927.

REPÚBLICA TCHECA
Entre o chicote de Turania e a espada dos godos, pintura de Alfons Mucha (1912) que mostra o espírito da nação ascendendo ao reino do sagrado. O quadro faz parte da *Epopeia Eslava*, um ciclo de vinte telas que ilustram a história do povo tcheco.

POLÔNIA Um pôster da década de 1950 produzido pelo Partido Comunista Polonês para o Primeiro de Maio. O Dia Internacional dos Trabalhadores foi transformado em um ritual de apoio ao regime comunista, quando as massas eram forçadas a marchar diante de seus líderes para manter o mito de um Estado feliz de trabalhadores e camponeses.

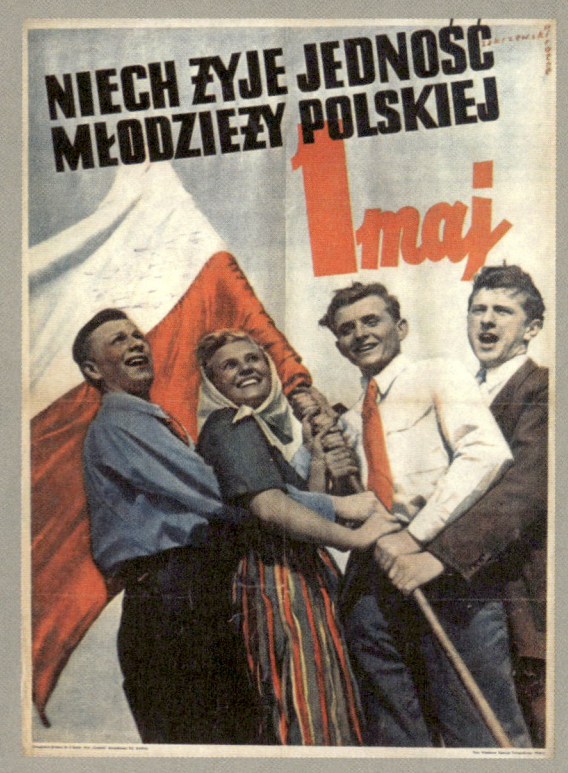

HUNGRIA Pintura de Alexander Bogdanovich Villevalde, de 1881, retratando uma escaramuça durante a Revolução Húngara de 1848-49. As reformas húngaras das décadas de 1830 e 1840 culminaram em uma "revolução das leis", que se transformou em uma guerra contra os Habsburgo e foi subjugada pela intervenção das tropas czaristas.

TURQUIA Retrato do século XIX de Osmã I, o fundador da dinastia otomana. O Império Otomano recebeu esse nome em sua homenagem ("otomano" ou "otman" são corruptelas ocidentais de "Osmã") e dominou a maior parte das antigas terras do Império Romano do Oriente durante séculos.

MÉXICO Página do Códex Mendoza mostrando uma águia empoleirada em um cacto nascido de uma rocha, como previsto em uma lenda asteca. A capital asteca de Tenochtitlán foi fundada, em 1325, em um local que teria sido escolhido onde a águia foi avistada. Tenochtitlán abrigava mais de 250 mil pessoas na época da conquista espanhola.

BRASIL Vista aérea mostrando a extensão do desmatamento na floresta Amazônica. As florestas do Amazonas, do pantanal e do cerrado foram sendo lentamente destruídas desde 1964, principalmente pela agroindústria. Mais de 15% da floresta amazônica desapareceu, e o governo brasileiro parece incapaz de deter esse suicídio ecológico.

PAÍSES BAIXOS O erudito humanista neerlandês Erasmo de Roterdã (c. 1469-1536) e o filósofo islâmico e poeta Rumi (também conhecido como Mevlana, 1207-73) estão representados em um mural ao lado de uma mesquita em Roterdã como ícones da necessidade universal de tolerância entre religiões e culturas.

SUÉCIA A iniciativa de habitação social do "Programa do Milhão" (1965-74) dos social-democratas tinha como objetivo proporcionar moradia acessível para todos. Algumas áreas rapidamente se tornaram guetos e símbolos da dificuldade de formular políticas de bem-estar eficazes.

GRÃ-BRETANHA Mapa do Império Britânico de 1886. Os mapas transmitiam uma forte percepção do poder imperial ao exibir as ligações marítimas com as colônias em todo o mundo. O *New British Atlas* de Henry Teesdale (1831) foi um dos primeiros mapas a mostrar as possessões britânicas em vermelho, uma convenção que entrou em uso geral após 1850 com o desenvolvimento da impressão em cores.

ESTADOS UNIDOS

Derrubando a estátua do rei Jorge III, de Johannes A. Oertel, c. 1859. Fundamentando a legitimidade de seu novo regime republicano na soberania do povo, esses nova-iorquinos iconoclastas derrubaram o rei de seu cavalo e, assim, viraram as costas para a história.

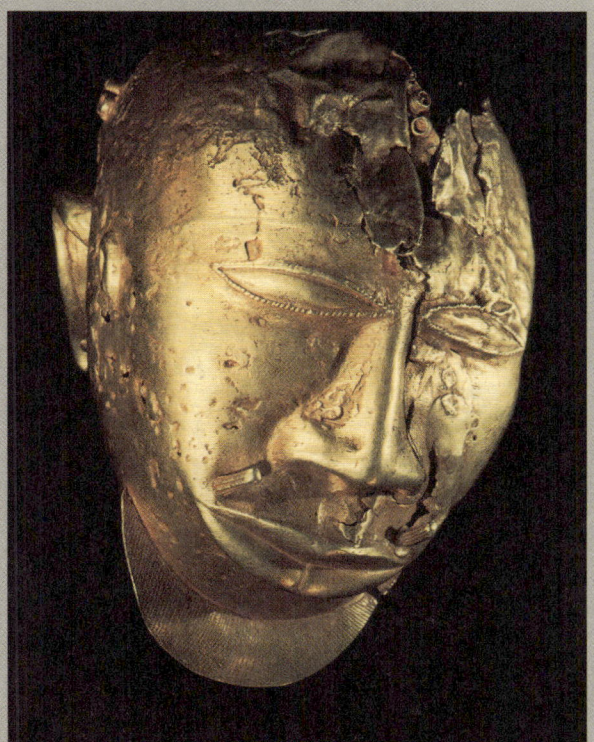

AUSTRÁLIA "Sea of Hands" [Mar de mãos] em Sydney. Esta série de instalações simbolizando a reconciliação com a população nativa foi montada pela primeira vez em frente à Casa do Parlamento, em Camberra, depois que o governo de coalizão liberal-nacional de John Howard introduziu mudanças nos títulos de posse dos nativos em 1997. As mãos de plástico trazem assinaturas das petições.

GANA Pingente de ouro do tesouro do *asantehene* (governante) Kofi Karikari (r. 1867–74). Além do uso econômico, o ouro tem um valor emblemático, pois simboliza a permanência ao longo de gerações. Representando a riqueza permanente, era geralmente trabalhado em artefatos requintados e usado como um sinal de *status* social.

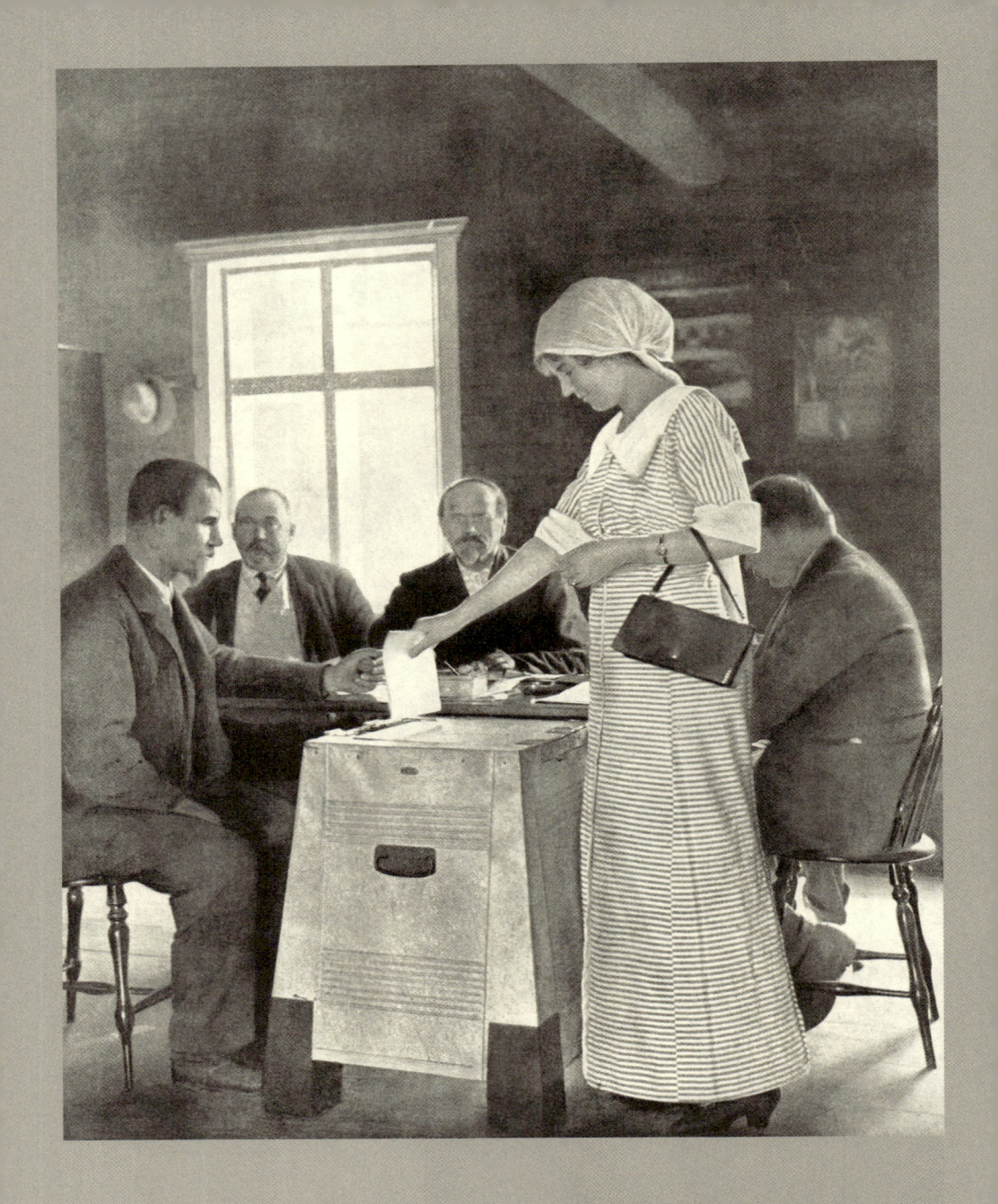

FINLÂNDIA Homens e mulheres finlandeses de todas as classes sociais conquistaram o direito de votar e de se candidatar quando o sistema parlamentar unicameral foi adotado em 1906. As mulheres têm utilizado ativamente esses direitos desde as primeiras eleições, em 1907.

ARGENTINA Fogos de artifício em Buenos Aires, maio de 2010: no ano do bicentenário, celebrações foram realizadas em toda a Argentina. Mais de 3 milhões de pessoas visitaram a exposição e participaram de manifestações em Buenos Aires. A festividade foi considerada sintoma de uma nova era, à medida que o país deixava para trás os traumas das décadas de 1970 e 1980.

CANADÁ Inuítes das ilhas Belcher em frente à loja da Hudson's Bay Company em Whale River (agora Kuujjuarapik), em Québec, 1946. Na época em que a fotografia foi tirada, o dinheiro disponibilizado através do programa universal de crédito familiar estava começando a complementar as peles como meio de troca.

PER LA XXVII LEGISLATURA RINNOVATRICE DELL'ITALIA

Ecco il giorno, ecco il giorno della prora
e dell' aratro, il giorno dello sprone
e del vomere. O uomini, ecco l'ora.

D'Annunzio

ITÁLIA Cartaz de Benito Mussolini, primeiro-ministro em exercício e líder do Partido Nacional Fascista na eleição geral de 1924. Mussolini rapidamente instaurou a ditadura total e aboliu as eleições em 1928. A lembrança de seu governo brutal e presunçoso mantém até hoje o seu fascínio para alguns.

JAPÃO Sob forte influência norte-americana desde a ocupação, em 1945, as cidades e a paisagem japonesas, na segunda metade do século XX, se tornaram indistinguíveis das de outras grandes cidades do mundo, à medida que florescia o universalismo.

ALEMANHA O Memorial do Holocausto em Berlim, projetado por Peter Eisenman, foi inaugurado em 1999. A história de muitas nações inclui a perpetração de crimes terríveis e traumas enormes. A forma como estes são tratados na memória nacional diz tanto sobre uma nação quanto os próprios acontecimentos originais.

ISRAEL Imagem icônica de judeus na Palestina depois dos horrores da primeira metade do século XX. Sobreviventes do Holocausto em uniformes listrados de campos de concentração aparecem lado a lado com um pioneiro sionista, sob a bandeira nacional com a estrela de Davi.

SUÉCIA

DA COMUNIDADE *VIKING* AO ESTADO DE BEM-ESTAR SOCIAL

Peter Aronsson

Os suecos, como outros europeus, sentiram um tremendo alívio após 1945, com o aparente fim das guerras e crises. Guerra, violência e ocupação levaram muitos países a desenvolver uma percepção de seu destino histórico; a Suécia, por outro lado, começou a acreditar que a história pertencia ao passado e que a pobreza, a sordidez, doenças e divisões de gênero e classe estavam chegando ao fim. O mundo seria governado por políticos, engenheiros e especialistas benevolentes e inventivos em quem se poderia confiar para administrar todos os problemas possíveis. A neutralidade da Suécia durante a guerra projetou-se tanto no passado quanto no futuro, à medida que o país se constituía como a consciência do mundo e o porta-voz dos direitos humanos. As invenções e o *design* suecos conquistaram o mundo. A invenção da dinamite por Alfred Nobel (1833-96) foi hoje eclipsada pelo brilho dos prêmios criados em seu nome, o que fez da Suécia o lar global da razão. A celebração da modernidade gerou um orgulho nacional muito distante da antiga ênfase nas glórias históricas. O fim da ideologia e da história estava próximo.

Cada época tem seu próprio entendimento do passado. Os suecos nem sempre viram a si próprios dessa maneira, nem o fazem totalmente hoje. Suécia, ou Svea Rike, é o nome do Estado que tomou forma, na virada do primeiro milênio, a partir dos prolongados combates entre os gotas de Göta Rike, no sudoeste do país moderno, e os suiones de Svea Rike, no leste. Segundo os cronistas medievais, os gotas estavam associados aos góticos que conquistaram o Império Romano. A imaginação fértil dos historiadores medievais transformou esse povo corajoso, mais conhecido como visigodos, em descendentes diretos do neto de Noé, Magogue; eles se mudaram para o sul, para o mar Negro, ocuparam Roma em 410 d.C. e conquistaram a Espanha. Era uma história bem conhecida pelas elites instruídas da Europa. Mil anos depois, no Concílio de Basileia, em 1434, quando a delegação sueca reviveu esses fatos para exigir os melhores assentos ao lado do papa, os ingleses responderam que, embora a história possa ter sido verdadeira, foram os corajosos que deixaram a Suécia, enquanto os covardes ficaram em casa – então os suecos deveriam permanecer sentados em posição menos importante à mesa.

Essa visão grandiosa da história sueca, que misturava a Germânia de Tácito do século I com histórias bíblicas e sagas islandesas, inspirou a conquista sueca de grande parte do norte da Europa, a partir do reinado de Gustavo Adolfo (1594--1632; r. 1611-32), cuja intervenção na Guerra dos Trinta Anos mudou o curso da história do leste europeu, até 1718, quando Carlos XII (1682-1718; r. 1697-1718) morreu em batalha. Ainda há alguma controvérsia quanto a se ele foi morto por seus adversários noruegueses ou por membros do próprio exército, cansados de lutar. Durante essa chamada "idade de ouro", a combinação de um governo centralizado com as qualidades pessoais dos monarcas e as convicções protestantes, juntamente com técnicas inovadoras na guerra, mobilizou a nação a uma expansão sem precedentes. Esse país pequeno e pobre foi transformado em uma grande potência no norte da Europa, interrompendo a longa tradição em que outros países jogavam a Dinamarca e a Suécia uma contra a outra para impedir que uma única potência monopolizasse o comércio báltico.

A perda gradual do império báltico da Suécia para o poder crescente da Rússia começou no início do século XVIII e continuou até o início do século XX. Em 1809, durante as guerras napoleônicas, a Rússia conquistou a Finlândia, que era a parte oriental do território sueco. Esse trauma teve um alívio temporário quando a Noruega foi forçada a abandonar sua união com a Dinamarca e adotar uma aliança informal com a Suécia entre 1814 e 1905.

Voltando-se principalmente para a era da grandeza sueca durante o século XVII, os historiadores nacionalistas do século XIX contrapuseram a perda gradual de territórios à posterior ascensão da ciência, liderada por grandes intelectos como o botânico Carlos Lineu (1707-78), e ao progresso industrial, ambos restaurando o sentimento de orgulho nacional dos suecos, ainda que dentro de fronteiras reduzidas. Assim, passaram a enfatizar mais a história do povo do que a de seus reis.

Esses historiadores do século XIX descreviam os agricultores como representantes da estabilidade que tinham direito absoluto sobre a terra, com os *vikings* contribuindo com um toque de brutalidade – a uma distância confortavelmente segura do presente. A história da nação que surgiu dessa escola começava com a era do gelo, quando as geleiras cobriam toda a Escandinávia. Quando o gelo recuou um pouco, há mais de 10 mil anos, uma terra virgem se revelou, pronta para a habitação humana. As várias tribos que chegaram deixaram vestígios na forma de objetos arqueológicos desse período. À medida que os primeiros povos foram sendo conquistados pelos mais avançados, surgiu uma cultura de agricultores que deu seu nome ao período Neolítico, o império dos colonos. As tribos neolíticas plantaram as primeiras sementes em uma nação sueca que, desde então, cultivou a terra e trabalhou o ferro: as evidências podem ser constatadas em objetos deixados no solo e esculpidos em pedra. Os *vikings* foram os primeiros a falar à posteridade através de runas esculpidas em pedras, que contam das relações familiares, dos locais de residência e das ações nobres: "O bom agricultor Holmgöt fez erigir [a pedra] em homenagem à sua esposa Odendisa", lê-se em uma delas, "Nunca haverá uma dona de casa melhor em Hassmyra para cuidar da fazenda. Rödballe esculpiu estas runas. Odendisa foi uma boa irmã para Sigmund".

A era dos *vikings* foi saudada no início do século XIX como motivo de orgulho nacional e uma sociedade idílica em que nórdicos rústicos se reuniam no tribunal para tomar decisões e administrar a justiça. As famílias eram unidas por conceitos de honra, iguais para homens e mulheres, que tinham de ser defendidos a todo custo. Os *vikings* vigorosos partiam para aventuras em rotas orientais e ocidentais, para o comércio ou a pilhagem, de acordo com as circunstâncias. O respeito e o medo inspirados pelos nórdicos se espalharam por toda a cristandade e se intensificaram após o amplamente divulgado ataque *viking* ao mosteiro anglo-saxão de Lindisfarne, na costa nordeste da Inglaterra, em 793 d.C. "A *furore Normannorum, libera nos Domine*" ("Da fúria dos homens do norte, Deus nos livre"), diz-se que os monges rezavam. As histórias de horror muito provavelmente eram exageradas, a fim de exigir fidelidade à Igreja e sacrifício pessoal em defesa da pátria: o medo dos *vikings* foi uma fonte poderosa de força política doméstica para os governantes anglo-saxões durante o século IX.

Aos *vikings* foram atribuídos diferentes papéis na memória nacional de vários países escandinavos. Os belos navios *vikings* descobertos ao sul de Oslo durante o início do século XX foram importantes para a afirmação de uma herança e identidade cultural norueguesas, numa época em que a Noruega reivindicava sua independência política. Os *vikings* colonizadores da Islândia foram comparados aos cientistas polares noruegueses contemporâneos, sendo admirados como exploradores, e não como piratas. Na Dinamarca, à medida que a agricultura se modernizava, os *vikings* foram considerados os primeiros predecessores, com um olho tanto para a agricultura quanto para viagens marítimas. Na Suécia, onde a indústria era de suma importância, os *vikings* foram retratados como artesãos habilidosos e mercadores pioneiros que comerciavam com o Oriente. Finalmente, a Finlândia precisou inventar *vikings* finlandeses inexistentes para ser vista como uma genuína nação nórdica no final do século XIX.

Além do drama do período *viking* e do valor estético de castelos e tesouros culturais da "era de grandeza", criados principalmente por um pequeno grupo da nobreza europeia imigrante, o foco da história sueca foi dominado pela importância da cultura agrícola do país. Na Suécia, o papel do agricultor adquiriu um significado político muito maior do que em outras partes da Europa. O grande número de agricultores independentes exigiu, e obteve, representação política nos âmbitos local, regional e nacional. Essa representação foi formalizada nos aspectos religioso, judicial e político do século XVII em diante. O parlamento de quatro estamentos foi regulamentado a partir de 1617 e interrompido por curtos períodos de governo monárquico absoluto para neutralizar a Câmara dos Lordes. Gradualmente, os canais uniformes de integração social que haviam sido instituídos pela Igreja protestante (a Reforma foi introduzida em 1527) foram complementados por escolas, autoridades do conselho e cultura nacional. Isso criou um sentimento de orgulho da liberdade do *allmoge* sueco, o agricultor independente, como o núcleo de uma força vital de construção do Estado no século XIX. Por outro lado, as classes médias urbanas e a aristocracia eram pequenas. A monarquia celebrou alianças políticas importantes, às vezes com a nobreza, mas outras vezes com o povo simples pagador de impostos.

À medida que surgia a democracia social e o Estado de bem-estar social coletivo, historiadores do início do século XX passaram a minimizar o papel dos agricultores independentes e dos movimentos nacionais. Em vez destes, movimentos abstencionistas, revivalistas e trabalhistas eram cada vez mais vistos como forças para a construção da comunidade, da democratização e da cidadania. O poder forte do Estado iniciado sob o reinado de Gustavo Vasa (1496-1560; r. 1523-60) no século XVI e a burocracia bem-sucedida da era de ouro do século XVII foram enfatizados. A transformação do povo de rebeldes grosseiros em súditos obedientes dentro de uma máquina social e política eficiente tornou--se então a visão dominante da história sueca. Fortes coalizões políticas entre os partidos dos agricultores e dos trabalhadores em 1933 impediram a radicalização da política e, juntamente com acordos coletivos entre empregadores e sindicatos em 1938, criaram um quadro estável para a modernização. Depois de 1945, começou a crescer o sentimento de que a sociedade havia passado para uma era moderna de razão pura, a-histórica.

A estagnação da economia no início da década de 1970 ameaçou essa crença no fim da história. No final dos anos 1980 – com o assassinato do primeiro-ministro Olof Palme em 1986, a aceleração da globalização, a queda do império soviético, o pedido de adesão à União Europeia e as rachaduras na elite dominante social-democrata – a história foi redescoberta. Em 1933-34, um grande projeto de exposição por todo o país chamado "A História Sueca" tentou apresentar um retrato unificado da história do país. Muitas características suecas, como a quietude, a reserva, a busca de consenso e o conceito de *lagom* (que significa "nem mais, nem menos, apenas a medida certa") apareceram nos debates do início da década de 1990 como qualidades essenciais do caráter tanto político quanto individual dos suecos. O primeiro-ministro Göran Persson tomou a iniciativa de convocar uma grande conferência internacional sobre o Holocausto em 1999; ele também criou um departamento para ensinar as crianças suecas e o público em geral sobre o genocídio, um assunto que havia desaparecido do currículo escolar do ensino médio e que, em geral, estava ausente da consciência da nação. Ao mesmo tempo, vários estudos questionaram a lendária benevolência do Estado sueco. Não estiveram os suecos entre os primeiros a estabelecer um instituto de biologia racial – e a fechá-lo um pouco tarde demais em 1959? A esterilização forçada de mulheres "indesejáveis" não vinha ocorrendo ainda nos anos 1970, com base em uma ciência muito questionável? A Suécia não fora rápida demais em atender a exigência de Hitler de contatos comerciais entre os de raça pura e de permitir o trânsito de tropas? Não demorara no apoio aos Aliados? Depois da guerra, não fora rápida demais em satisfazer as exigências soviéticas de reconhecimento no Báltico? Não continuara o Estado a supervisionar seus cidadãos de forma secreta e inconstitucional, como ainda acontece agora? Essas perguntas desagradáveis ameaçaram a imagem confortável que a Suécia tinha a respeito de si mesma durante a década de 1990. No entanto, quando o partido conservador neoliberal Moderaterna decidiu abandonar a imagem tradicional de "casa do povo" para defesa de suas causas e, em vez disso, apresentar-se como o novo partido dos trabalhadores e o novo defensor do Estado de bem-estar social, a base política e ideológica de uma história alternativa se desfez.

Hoje, todos se unem em torno da descrição nostálgica do bom Estado de bem-estar social, mas com uma sensação um pouco incômoda de que seu tempo passou. Em 2010, o rei inaugurou a primeira exposição permanente em museu apresentando ao público uma cronologia completa da história sueca, em conjunto com a publicação da primeira nova história completa da Suécia em cinquenta anos, apoiada por produções de televisão e patrocinadores comerciais. Hoje nos encontramos em uma encruzilhada histórica, sem qualquer indicação de qual direção tomar. A história sueca é apenas para consumo de lazer ou deveria se tornar uma estrutura vital para a comunidade e para a integração política?

Na Suécia, como no resto do mundo ocidental, a herança cultural e os museus se tornaram componentes cada vez mais importantes da economia. Muitos países querem transformar suas cidades medievais, bem como suas áreas industriais abandonadas, em centros culturais. Na Suécia, um país com relativamente poucas lembranças traumáticas recentes, tem sido particularmente fácil apelar à história, como maneira simples de unir o povo, e ao turismo histórico como uma atividade agradável de férias.

A cidade medieval de Visby, na ilha de Gotland, foi incluída na lista do Patrimônio Mundial em 1995. Hoje, encenações animadas da cultura medieval são realizadas ali, incluindo a dramática recriação de uma invasão cruel (dinamarquesa) em 1361, incentivando o orgulho cívico e empresarial entre os 57 mil habitantes da ilha. Mais de 800 mil visitantes chegam todos os anos para viajar no tempo, bem como banhar-se e consumir uma quantidade razoável de boa comida e bebida. Uma nova indústria foi criada, tendo a história como matéria-prima. Visby é agora mais "medieval" do que foi em quinhentos anos, com o apoio de fortes instituições de defesa do patrimônio histórico.

O cavaleiro templário (1998-2000), uma trilogia de Jan Guillou sobre o cruzado ficcional Arn Magnusson, atualizou a visão dos suecos sobre a cultura árabe no final dos anos 1990. Retornando à Suécia depois de passar vinte anos confraternizando com Saladino, e também lutando contra ele na Terra Santa, Arn mostra a capacidade de lutar por sua terra natal e desenvolvê-la, evocando assim os velhos valores da glória militar e da modernização. O lar ficcional de Arn é Västergötland, na Gotalândia ocidental, e o autor encontrou algumas evidências de que uma pessoa com a descrição dele pode realmente ter existido. A ausência de provas irrefutáveis não impediu a construção do Mundo Medieval, um parque temático histórico baseado nos livros que se tornaram o maior sucesso no país. Ali, a Idade Média parece real, mas diferente de nosso próprio tempo; o parque funciona como uma terra de conto de fadas onde os visitantes podem brincar com seus papéis sociais esperados. Homens suecos – normalmente defensores da igualdade – podem fingir ser cavaleiros, enquanto mulheres trabalhadoras se permitem fazer uma mesura ao receberem um cortejo fictício.

As guerras da idade do ouro, no século XVII, despertam grande entusiasmo entre os especialistas nas artes e ofícios da época, embora também sirvam como modelos políticos para a extrema direita xenófoba. Isso é irônico, dado que a maioria dos oficiais do Exército eram imigrantes e que Carlos XII, o mais célebre rei da idade de ouro da Suécia, foi amplamente derrotado. O navio Vasa em Estocolmo oferece a oportunidade perfeita para explorar esse sentimento de entusiasmo com o grande passado da Suécia. Trata-se de um navio de guerra bem preservado e totalmente equipado, que afundou em sua viagem inaugural em 1628 sem nunca disparar um tiro. Em 1961, foi recuperado, um triunfo para a capacidade da engenharia sueca, e pode agora ser admirado perto de um museu ao ar livre sobre a vida camponesa sueca, em Skansen.

O patrimônio industrial enferrujado da Suécia não atrai a imaginação da mesma maneira. Embora tenha certa estética, às vezes chamada de *industrial cool*, esse elemento mais recente do passado do país não é tão empolgante, ou suficientemente nostálgico, para atrair muitos seguidores. Tem sido mais fácil explorar o bastante conhecido amor dos suecos pela natureza e pelas tradições camponesas. Hoje, porém, o produto cultural sueco mais amado talvez seja Astrid Lindgren (1907-2002), cujos livros infantis, sobretudo *Emílio de Lonneberga* e *Píppi Meialonga*, foram exportados para muitos países. Sua cidade natal até mudou o nome de Vimmerby para Vimmerby de Astrid Lindgren.

Se outros europeus têm alguma noção da história sueca, ela provavelmente se funde com a da Escandinávia como um todo. Os *vikings* aparecem em todo o mundo como um povo violento, acostumado a comercializar tudo, de hambúrgueres a pneus de carros. O período da superpotência sueca é mais conhecido no norte da Europa, talvez, por sua contribuição à Guerra dos Trinta Anos, que acabou com um terço da população alemã durante o século XVII, embora os países bálticos se lembrem do domínio sueco desse período como caracterizado por maior lei e ordem, quando comparado com a autocracia russa que se seguiu.

O conceito de Estado de bem-estar social sueco se espalhou por toda parte. O mundo acredita que na Suécia o Estado assume uma responsabilidade maior pelo bem-estar do indivíduo do que em muitos outros países, uma crença que interage com os estereótipos sobre sexualidade desenfreada e mulheres livres. A carreira de Alfred Nobel lembra às pessoas que a Suécia passou pelo crescimento industrial mais rápido do mundo durante grande parte do século XX. Enquanto isso, os filmes de Ingmar Bergman (1918-2007) fornecem uma vitrine internacional para a melancolia sueca.

Esses estereótipos não são totalmente enganosos. A identidade da Suécia emana de sua sociedade caracterizada por agricultores fortes e independentes que já eram politicamente conscientes na era pré-moderna. A industrialização e a urbanização ocorreram tarde e tornaram a Suécia um dos países mais ricos do mundo, com um Estado forte e uma coalizão estável entre trabalho e capital. O fato de não ter estado em guerra desde 1814 contribuiu muito para isso.

Menos conhecida, tanto dentro da Suécia como fora dela, é a antiga tradição de negociação bem-sucedida entre um Estado ambicioso e um povo bem organizado. Pode-se descrever a Suécia menos como uma sociedade levada à obediência pelo poder do Estado do que como uma sociedade organizada que invadiu o Estado. O resultado é um país em que os conceitos de sociedade e Estado são intercambiáveis. Os valores associados a isso são mais bem identificados pelos estereótipos estrangeiros do que pelas próprias impressões do país a respeito de si mesmo. Os suecos, por exemplo, consideram-se reservados e *lagom*, enquanto os estrangeiros ressaltam a individualidade sueca, especialmente em questões sexuais. Se olharmos abaixo da superfície, os suecos são extremados em vários aspectos. Sua sociedade é uma das mais secularizadas do mundo, e eles dão grande prioridade ao desenvolvimento da individualidade. No entanto, para escolher livremente uma educação, carreira, cônjuge ou lar e não depender dos pais e da família, esses indivíduos precisam de parceiros. Daí o maior paradoxo: os suecos necessitam de um Estado forte para garantir a liberdade do indivíduo.

GRÃ-BRETANHA[1]
O ESTADO-NAÇÃO COMPOSTO

Jeremy Black

"Governe, Britânia, governe as ondas, os britânicos nunca serão escravos." Os versos de James Thomson para a mascarada *Alfred* (1740) continuavam ecoando enquanto a Grã-Bretanha era a principal potência marítima do mundo. Eles apontavam para 1902, quando as palavras de Arthur Benson para "Land of Hope and Glory" [Terra de esperança e glória] foram ouvidas pela primeira vez como parte da "Ode à coroação" do rei Eduardo VII (1841-1910; r. 1901-10). Tal como acontece com os versos de Thomson, que foram escritos em uma época de guerra com a Espanha, grande parte da expressão de "britaneidade" estava focada na antipatia ao que era apresentado como um mundo completamente diferente, o da autocracia e do catolicismo continental. A identidade nacional foi moldada durante a guerra com a França e a Espanha. Em um período de pouco mais de cem anos, desde o início do século XVIII até o início do século XIX, houve guerra declarada contra a França não menos do que sete vezes, e duas não declaradas, existindo relações hostis em outros momentos.

---

1   O artigo refere-se ao Reino Unido da Grã-Bretanha e da Irlanda do Norte pelo termo usado há séculos pelos britânicos para se referirem à nação: Grã-Bretanha.

Esse era o contexto em que a identidade britânica foi criada e em que o império se expandiu. A identidade inglesa deveu muito à Guerra dos Cem Anos com a França nos séculos XIV e XV, à hostilidade ao catolicismo decorrente da Reforma no século XVI e à guerra com a Espanha nos séculos XVI e XVII. Da mesma forma, os valores da Grã-Bretanha, recém-criada como Estado em 1707, consolidaram-se na guerra com a França. A experiência das guerras napoleônicas do início do século XIX, em particular, marcou um discurso patriótico sobre a singularidade britânica, ao mesmo tempo que criou uma nova iconografia dos heróis militares nacionais, com destaque para o almirante Nelson (1758-1805) e o duque de Wellington (c. 1769-1852). Na década de 1800, "God Save the King" [Deus salve o rei] foi escolhido como hino nacional.

A ressonância dessas guerras foi duradoura para Londres, que era ao mesmo tempo a capital nacional e a imperial, bem como o cenário para a construção de memórias identitárias baseadas em vitórias. A Coluna de Nelson, a Estação Waterloo, os túmulos dos heróis nacionais na Catedral de São Paulo, o funeral de Wellington: esses locais e ocasiões contribuíram diretamente para um sentimento de excepcionalismo nacional.

O século XIX testemunhou também o surgimento de um senso de grandeza nacional que não se concentrava apenas no triunfo da guerra. A Grã-Bretanha vitoriana exibia um sentimento de singularidade, autoconfiança e desprezo pelos estrangeiros, em especial os católicos. Essa xenofobia não era uma questão de hostilidade ao que era estrangeiro propriamente, mas ao que se considerava atrasado e não liberal. Estes últimos eram definidos de acordo com critérios britânicos, mas tais critérios também tinham uma aplicabilidade mais ampla. A liberdade de expressão, a imprensa livre e – apesar da desconfiança dos católicos – a tolerância religiosa eram consideradas importantes.

O governo parlamentar era tido como uma característica-chave do britanismo, que a Grã-Bretanha exportou para seus domínios no exterior. Isso foi apropriado, pois, como Estado unitário, a Grã-Bretanha foi criada por ato do Parlamento e, portanto, pela política que levou a esse ato. O Reino Unido da Grã-Bretanha foi estabelecido em 12 de maio de 1707 como resultado da união da Inglaterra com a Escócia. A ideia é que fosse mais permanente e muito mais profundo do que a união das Coroas ocorrida com a morte de Elizabeth I (n. 1533) em 1603, quando Jaime VI da Escócia (1566-1625) também se tornou Jaime I da Inglaterra. Acreditava-se que essa união anterior pudesse se dissolver caso as coroas da Inglaterra e da Escócia seguissem caminhos diferentes – como se esperava que acontecesse após a morte da rainha Ana (1665-1714), que não tinha filhos vivos.

Foi a Grã-Bretanha, porém, que surgiu em 1707, e não os reinos muito mais antigos da Inglaterra ou da Escócia ou o principado de Gales, que haviam sido incorporados ao reino inglês por meio de um ato do Parlamento em 1536 (a Irlanda do Norte, que hoje faz parte do Reino Unido da Grã-Bretanha e Irlanda do Norte, advém de outro ato de união – o de 1801 entre a Grã-Bretanha e a Irlanda). Nesse sentido, a Grã-Bretanha não tem uma história profunda comparável às da Inglaterra, da Escócia e do País de Gales, pois muito do que associamos a uma delas não tem relevância para as outras. Assim, a Magna Carta, com a qual os barões ingleses forçaram o rei João (1176-1216) a submeter-se ao império da lei em 1215, é um acontecimento fundamental na história inglesa, mas não significa nada na Escócia, enquanto a Declaração de Arbroath (1320), que assegurou a independência da Escócia, não era de forma alguma digna de nota na história inglesa. Além disso, os processos comuns a todas as partes da Grã-Bretanha – como a conquista pelos romanos (que chamaram sua província de Britânia e tentaram estabelecer sua presença até mesmo no norte da Escócia), as invasões pelos chamados bárbaros (dos germânicos anglo-saxões aos *vikings* escandinavos), o feudalismo, a Reforma protestante e as guerras civis da década de 1640 – ocorreram de maneira muito diferente nos diferentes Estados da ilha, assim como em toda a Europa Ocidental. Portanto, apesar das tentativas retrospectivas de criar uma memória dos séculos anteriores que fosse comum a todos os britânicos, não havia nenhuma. Na luta moderna pela identidade nacional, muitos escoceses e galeses consideram que sua própria identidade tem mais fundamento histórico do que a da Grã-Bretanha. Consequentemente, remontar o início da história britânica a um período anterior a 1707 é uma declaração política – que parecerá cada vez mais inválida à medida que aumente a onda de separatismo.

Estabelecer o início da história britânica em 1707, e não em florestas medievais ou mesmo no mundo de Stonehenge, é muito mais relevante para nossos tempos atuais. Muito do que já existia e foi confirmado pelo Tratado de União e pela política das décadas vizinhas parece de alguma forma familiar agora. Em 1707, as ideias de governo limitado, política representativa, obrigação dos monarcas de prestar contas, Estado de direito e tolerância religiosa (embora os católicos possam não concordar) estavam todas bem estabelecidas e têm sido parte da história profunda da Grã-Bretanha desde então. Na verdade, suas raízes são ainda mais antigas em uma ou outra parte da ilha.

Assim, o direito comum, com sua ênfase no julgamento pelo júri e na igualdade perante a lei, era, desde muito tempo antes, um aspecto importante da singularidade inglesa, e no século XII isso passou a se aplicar tanto ao conteúdo da lei quanto à forma como era administrada. O direito comum inglês incentivou o respeito pelo caráter e pela continuidade da sociedade política inglesa. Na Escócia, a tradição jurídica era muito diferente, tendo como base o direito romano.

Além de ter uma grande força constitucional e política, tais práticas legais e políticas também refletiam e sustentavam pressupostos – em especial a crença na equidade e na responsabilidade de prestação de contas – que podiam ser transmitidos aos imigrantes e às novas gerações. Desde 1707, esses pressupostos têm fornecido uma base histórica para uma cultura democrática na história britânica, que não é simplesmente fundamentada em dispositivos constitucionais dos anos anteriores à união, tais como as restrições à autoridade real que se seguiram à chamada Revolução Gloriosa de 1688-89. A moderna cultura democrática britânica não é particularmente judiciosa em seu conhecimento de fatos históricos, mas reflete um historicismo generalizado, na forma de valores baseados em acontecimentos e práticas do passado.

A busca da liberdade, a defesa da autonomia e o respeito pela lei e pelos direitos individuais não constituem toda a essência da história britânica, mas caracterizam episódios importantes dos quais os britânicos muito se orgulham. Esses episódios são comumente ligados a fim de apresentar o relato de um progresso benigno em direção à liberdade; essa é a chamada interpretação *whig* da história da Grã-Bretanha, que forma a base da representação dos bretões de sua própria história.

Além disso, esses valores morais oferecem um exemplo notável para o presente e, de maneira geral, para o mundo todo. A grandeza peculiar da história britânica está no fato de que os cidadãos que lutaram gloriosamente pela independência nacional, sobretudo em 1805 contra Napoleão e em 1940 contra Hitler, também afirmavam valores mais nobres e edificantes do que os dos inimigos da nação.

Ao mesmo tempo, há um desconforto em relação a aspectos do passado imperial da Grã-Bretanha, em especial quanto ao papel de liderança assumido por marinheiros, comerciantes e donos de *plantation* britânicos no comércio de escravos no Atlântico. Uma das ironias da história britânica é que, tendo se beneficiado enormemente com a escravidão e o tráfico de escravos ao longo do século XVIII, o país tivesse desempenhado um papel de liderança em acabar com esse comércio no século XIX, legislando primeiro contra o tráfico de escravos (em 1807) e depois contra a escravidão em si (em 1833), e finalmente usando a Marinha Real e a pressão diplomática para acabar com ambos em todo o mundo.

Esse duplo papel indica até que ponto o passado nacional pode evocar temas muito diferentes e serve como um lembrete de que os elementos destacados na história de um país costumam refletir as necessidades do momento. Assim, enquanto a administração conservadora, a partir de 2010, enfatizava o relato patriótico do sucesso britânico e de suas realizações, o governo trabalhista da década anterior tentou incentivar o sentimento de "britanismo". Essa política pretendia fortalecer a identidade nacional diante de tendências desafiadoras, notadamente a ascensão do islamismo radical – mas também pode ser vista como uma tentativa de um governo bastante dependente dos votos escoceses de resistir à separação entre Inglaterra e Escócia. A linguagem do britanismo envolvia a afirmação de valores duradouros, mas estava relacionada, em grande parte, às necessidades da época. Após a criação, em 1997, de um Parlamento e de um Executivo escoceses, a orientação rumo a uma identidade britânica enfraqueceu-se. No início de 2010, o fim da união era uma possibilidade real: o referendo sobre a independência em 2014 foi perdido por pouco, mas houve reivindicações para uma nova votação em 2016, após o referendo realizado no Reino Unido que determinou sua saída da União Europeia. Assim como foi criado por uma lei do Parlamento, o Reino Unido pode ser dissolvido por outra.

Nas últimas décadas, a longa tradição da história britânica que prevaleceu durante um quarto de milênio a partir do Tratado de União com a Escócia entrou em colapso. O império desapareceu, especialmente após 1947, quando a Índia, que se tornara a "joia da Coroa" desde que a rainha Vitória (1819-1901) assumiu o título de imperatriz da colônia em 1877, conquistou sua independência. O papel da Grã-Bretanha como principal nação marítima também se desintegrou. De fato, ficou evidente que a história britânica significava em grande parte a história do Império Britânico, e que isso ficou para trás com a perda do império depois de 1947. Como resultado, a "pequena identidade britânica" característica do pós-guerra é de origem muito recente e não tão profundamente enraizada como em geral se supõe.

Além disso, a continuidade cultural e religiosa do reino ficou muito comprometida na década de 1960, sobretudo com o declínio na posição e relevância das igrejas estabelecidas. O americanismo e a globalização também enfraqueceram os estilos nativos, tanto na comida quanto no sotaque, com tudo o que eles significavam para a singularidade e a continuidade.

Muito dos tradicionais princípios britânicos de busca da liberdade, defesa da autonomia e respeito pela lei e pelos direitos individuais tem sido negligenciado ou distorcido por prioridades e interesses governamentais e institucionais. Em especial, uma combinação de fatores, como as soluções comunitárias impulsionadas pela esquerda política, as incursões do federalismo europeu e uma falta de confiança no indivíduo, tem transformado a cultura política e legal do país. A crescente visão de que o governo parlamentar foi corroído pela ascensão das instituições europeias, notadamente o Parlamento e os tribunais europeus, e pela incorporação do direito europeu resultou na votação do referendo em 2016 para "retomar o controle", saindo da União Europeia.

De fato, o historiador W. A. Speck publicou em 1993 o livro *Concise History of Britain, 1707-1975* [História concisa da Grã-Bretanha, 1707-1975], no qual afirma que sua cronologia "abrange toda a história da Grã-Bretanha, *stricto sensu*", já que a adesão ao que viria a se tornar a União Europeia era, segundo ele, uma rendição parcial da soberania britânica (a Grã-Bretanha entrou na Comunidade Econômica Europeia em 1973, uma decisão confirmada dois anos depois por referendo). O sentido de descontinuidade de Speck leva adiante a observação de 1962 de Hugh Gaitskell (1906-63), como líder do Partido Trabalhista, de que tal adesão significaria "o fim da Grã-Bretanha como nação independente". Em consequência, o passado recente assistiu a uma reformulação do legado do passado mais distante. Enquanto algumas mudanças, como o fim do império, levaram a uma pequena sensação de desarticulação, o mesmo não vale no que se refere à integração europeia.

A incapacidade de avaliar a extensão dessa reformulação representa uma incompreensão fundamental do passado britânico. Estrangeiros, assim como alguns britânicos, compraram a impressão vendida pela "indústria da herança" de um país cheio de cerimoniais antigos e cidades históricas, onde as pessoas tomam chá com a rainha, ou de aldeias pitorescas em que velhos coronéis cometem assassinatos; muitas vezes há uma falha na avaliação das mudanças radicais das últimas décadas.

Mas esse não é o único mal-entendido. Há também uma tendência entre os estrangeiros de considerar a história britânica e a inglesa intercambiáveis – na verdade, de considerar a Grã-Bretanha uma Inglaterra maior ou distinta. Essa suposição está longe de ser o caso. Esse mal-entendido é compartilhado por muitos ingleses, que presumem que sua história é de suprema importância e não percebem nem a importância das interações entre as partes da ilha, nem a maneira pela qual os ingleses muitas vezes tendem a dominar seus vizinhos menores.

Evidentemente, não há um equilíbrio perfeito. A abordagem de "quatro nações" para a história das Ilhas Britânicas (inglesa, escocesa, galesa e irlandesa) é uma tentativa hoje em voga de combater o anglocentrismo. Mas, ao afirmar a importância das contribuições escocesa, galesa e irlandesa – nas guerras civis da década de 1640, por exemplo –, dedica-se atenção insuficiente à própria Inglaterra, que é de longe a nação preponderante em termos de população. Há também o problema comum de não se dedicar espaço suficiente para a história das localidades e regiões da Inglaterra, que têm suas próprias tradições e herança de que se orgulhar.

O relato que em geral se faz do Império Britânico é também excessivamente crítico e um tanto a-histórico, o que reflete até que ponto o fim do domínio britânico é importante para os relatos de fundação de muitos dos Estados mais jovens do mundo. Em particular, os críticos muitas vezes esquecem que a Grã-Bretanha não era a única potência imperial do século XIX e início do século XX ou que os povos nativos conquistados pelos britânicos não eram, em sua maior parte, beneficiários de um autogoverno democrático. Há também uma tendência enganosa, em muitas partes antigas do império, de culpar o governo britânico por pressões e problemas que resultam diretamente da modernização e da globalização. Além disso, esquece-se às vezes que a Grã-Bretanha e seu império combateram impérios rivais, como a Alemanha nazista, tidos corretamente como verdadeiras tiranias.

Outro motivo de crítica – mas também de celebração – à Grã-Bretanha vem de sua associação com a monarquia. O longo reinado da rainha Elizabeth II assistiu a um ajuste sutil da monarquia à mudança dos tempos, ao mesmo tempo que personificava valores tradicionais e a grandeza imperial. O respeito pessoal generalizado pela rainha significa que a instituição permaneceu surpreendentemente resiliente, embora o antigo conceito de "constituição equilibrada" – em que o monarca, a aristocracia e os plebeus compartilhavam o poder dentro de um parlamento estabelecido pelo Estado de direito – fosse muitas vezes rejeitado como indesejável em uma era democrática.

O relato-padrão do passado nos engana ao simplificar a história e atribuir características aos britânicos que podem não ser exclusivas deles, mas daquele período em geral. A força visual do filme é mais convincente para a plateia do que os argumentos equilibrados dos estudiosos. Assim como, de forma mais insidiosa, a impressão bastante diferente da realidade que é frequentemente criada pela televisão, pelo cinema e pelos romances históricos: a de que as pessoas do passado eram como nós. Essa distorção aparece com força na versão de romances como os de Jane Austen (1775-1817) e em dramas baseados em fatos históricos reais. Essa abordagem elimina a distância entre o presente e o passado, incentivando a visão de que as pessoas sempre teriam se comportado de acordo com as normas de hoje, de modo que, naquelas ocasiões do passado, quando não se comportavam assim, poderiam ser criticadas ou tachadas de excêntricas ou ridículas. Decerto, a Grã-Bretanha não é o único país cujo passado recebe esse tratamento, mas este é especialmente pronunciado devido à força e acessibilidade da tradição literária britânica.

A perda de distância entre o presente e o passado leva, por si só, a uma falta de envolvimento com o passado, e essa ausência de conhecimento específico ressalta um problema fundamental com a história britânica hoje em dia. Sucessivos governos têm enfrentado sem sucesso a questão sobre qual versão da história deve ser aprendida nas escolas britânicas e como ensiná-la. Uma das consequências é que os aspectos do passado da Grã-Bretanha que atraem mais atenção são muitas vezes mal interpretados. Na verdade, a Grã-Bretanha, outrora grande, teve uma história mais nobre do que muitas vezes se reconhece, mas é uma história que foi ultrapassada por uma época muito diferente.

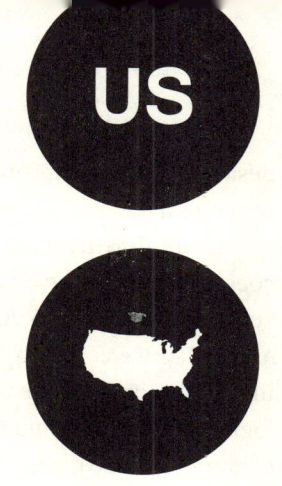

ESTADOS UNIDOS
O PAÍS QUE ESCOLHEU NÃO TER HISTÓRIA

Peter Onuf

"A história é mais ou menos uma farsa", proclamou o fabricante de carros Henry Ford em 1916; "Nós queremos viver no presente, e a única história que vale a pena é a história que fazemos hoje". Os patriotas que defendiam as reivindicações de independência e nacionalidade dos colonos norte-americanos expressaram o mesmo sentimento, ainda que de forma mais eloquente, ao afirmar que o "novo" povo autocriado não devia nada ao passado – exceto, talvez, as lições de tirania e despotismo, a "longa série de abusos e usurpações" que Thomas Jefferson (1743-1826) recitou na Declaração de Independência de 4 de julho de 1776.

Se esses autoproclamados americanos tinham alguma história, esta não era a deles próprios, mas da Grã-Bretanha, a pátria-mãe. Como consequência, gerações sucessivas olharam para a frente, e não para trás; para o oeste, e não para o leste. Segundo *Frontier in American History* [Fronteira na história americana] (1893), do historiador Frederick Jackson Turner, as instituições livres da nova nação eram o produto espontâneo de individualistas radicais que romperam a crosta do costume e retornaram aos princípios fundamentais à medida que conquistavam e cultivavam a imensidão. Os americanos têm se renovado desde então, descobrindo novas fronteiras em todo o continente e no espaço. Até mesmo o "dilema americano" da escravidão e suas consequências posteriores podem ser vistos por progressistas como um legado arcaico do Velho Mundo, em desacordo com o espírito da democracia americana, e ainda outra fronteira a ser conquistada.

Naturalmente, essa ausência de história é um mito. Ao negar as afirmações do passado, os americanos tornaram a história um aspecto central de sua autocompreensão. Antes que os revolucionários franceses imaginassem o *Ancien Régime* contra o qual se rebelaram, os revolucionários americanos já invocavam imagens de uma metrópole britânica corrupta e despótica. A analogia romana apresentada pelo *Declínio e queda do Império Romano*, de Edward Gibbon (1776-88), ecoava fortemente entre os patriotas republicanos, que faziam poses neoclássicas e às vezes até vestiam togas. Se a liberdade encontrava um lar no Novo Mundo, o Velho Mundo fornecia o contraponto necessário. Os americanos mantiveram o passado vivo enquanto se projetavam para o futuro. A fronteira marcava tanto um retorno ao início quanto o progresso em direção ao final, a revelação do que os expansionistas do século XIX chamariam de "destino manifesto" do país: de que os Estados Unidos fariam sua própria história, cumprindo o plano providencial de Deus.

Em 1807, Thomas Jefferson ressaltou a grande diferença entre os dois mundos: "guerras e contendas, de fato, preenchem as páginas da história com mais matéria" na Europa, "porém, mais abençoada é a nação cujo percurso silencioso de felicidade não fornece nada para a história contar". Buscando a felicidade, como haviam sido ordenados pela Declaração de Independência, os americanos escaparam da história – "rios de sangue" continuariam a fluir do outro lado do Atlântico – para um milênio republicano de paz e prosperidade. Naturalmente, a persistência da escravidão e os conflitos com os vizinhos imperiais e os nativos desmentiam essa promessa milenar. Mas Jefferson e seus compatriotas podiam imaginar que estavam se aproximando rapidamente de algo como o "fim da história" que Francis Fukuyama celebraria dois séculos mais tarde, na década de 1990, quando a democracia triunfou e o comunismo entrou em colapso.

À medida que os americanos passaram a se ver como o fim da história, a "história" fez-se grande em sua consciência coletiva. O passado provinciano era descrito como um "país estrangeiro" distante. Os historiadores são acertadamente céticos em relação à escala e ao escopo da mudança: o efeito de curto prazo da ruptura com a Grã-Bretanha foi demolir os prósperos vínculos comerciais e retardar o crescimento populacional. Mas os americanos independentes sabiam que eram diferentes e, ao assumirem seu lugar "entre as potências da Terra", acabaram definindo essa diferença em termos históricos.

A simples justaposição do velho com o novo sugeria um caminho direto para a frente, rompendo o padrão cíclico que caracterizava as primeiras concepções modernas da história. Segundo o senso comum, povos livres perdiam sua liberdade quando o poder se concentrava em cada vez menos mãos, até que regimes despóticos ruíam com seu próprio peso morto; o poder então era amplamente redistribuído e o processo se reiniciava. A "revolução" não tinha suas conotações modernas e progressistas, mas sugeria outra mudança na inexorável ascensão e queda dos regimes. Patriotas virtuosos procuravam retornar aos princípios fundamentais e recuperar as liberdades perdidas, mas a lógica da história sempre trabalhou contra eles, pois uma onda crescente de luxo e corrupção subvertia o caráter de povos outrora livres – como na Inglaterra depois de 1066, por exemplo, quando os anglo-saxões amantes da liberdade se submeteram ao jugo normando. Mas os americanos estavam agora predispostos a pensar em termos lineares, acreditando que a revolução poderia simultaneamente recuperar sua liberdade ancestral – Jefferson queria que os estudantes de sua Universidade de Virgínia aprendessem anglo-saxão, a língua da liberdade – e promover o progresso contínuo do refinamento e da civilidade, permitindo que provincianos rústicos alcançassem e superassem os padrões metropolitanos.

Para os críticos radicais da metrópole britânica, como Thomas Paine (1737-1809), a surpreendente ascensão do Império Britânico à prosperidade e ao poder parecia ameaçar a liberdade. Para os provincianos, porém, o espetáculo da corrupção metropolitana e uma administração colonial cada vez mais despótica ensinavam a lição oposta: a liberdade e a prosperidade estavam inextricavelmente ligadas, e uma ameaça a uma delas era uma ameaça a ambas. O comércio florescente que enriqueceu os colonos e permitiu que eles participassem da "revolução do consumo" não subverteu suas liberdades. Pelo contrário, os regulamentos comerciais mercantilistas pareciam impor restrições não naturais aos colonos, que teriam sido *mais* prósperos caso pudessem ter feito negócios com *mais* liberdade. Mesmo quando a riqueza que entrava na metrópole oferecia tentações irresistíveis aos governantes do império para gozar o luxo e abusar do poder à custa das colônias, os próprios colonos se mostraram cada vez mais sensíveis à usurpação de seus direitos que ameaçava empobrecê-los e, em última análise, escravizá-los. Exceto para aqueles que dependiam do favor da autoridade metropolitana, a prosperidade não ameaçou a virtude dos provincianos. A política fiscal imperial previa uma maciça redistribuição de riqueza das províncias para a metrópole, interferindo no que o bispo George Berkeley havia chamado no início do século XVIII de "caminho do império rumo ao oeste".

A justificativa para a independência, sistematizada na Declaração de Independência, se baseava na premissa de que a liberdade – os "direitos inalienáveis" dos quais um povo livre era "dotado por seu criador" – e a prosperidade – os frutos do empreendimento individual, ou "busca da felicidade" – eram duas faces da mesma moeda. Essa nova concepção de economia política, baseada nas teorias iluministas escocesas sobre o progresso da civilização – dos estágios de desenvolvimento do caçador-coletor ao pastoral, agrícola e comercial –, permitiu que os revolucionários americanos transcendessem, ou pelo menos contornassem, a lógica cíclica do início da história moderna. Significativamente, *A riqueza das nações* (1776), de Adam Smith, oferecia uma visão ampla e progressista do desenvolvimento histórico que minimizava o papel do Estado na geração de riqueza e exortava os formuladores de políticas a expandir o âmbito da liberdade de mercado. Embora estivesse mais preocupado em promover a riqueza nacional britânica, Smith ficou impressionado com o desenvolvimento extraordinariamente rápido das colônias americanas possibilitado pela interferência imperial limitada. A obra-prima de Smith tornou-se o novo evangelho para os liberais e antimercantilistas praticantes do livre comércio nos Estados Unidos, especialmente para os do setor de produtos básicos que buscavam expandir o acesso aos mercados estrangeiros.

Os revolucionários americanos não precisavam de Adam Smith para ensinar-lhes as vantagens do livre comércio. Os colonos já tinham proposto uma concepção de império em que os governos provinciais gozavam de considerável autonomia e os provincianos desfrutavam de crescentes oportunidades de mercado. Os americanos reconheciam que sua prosperidade dependia da proteção que a hegemonia marítima britânica lhes proporcionava; também reconheciam o papel crucial dos mercados metropolitanos e das facilidades de crédito na sustentação do crescimento econômico. Manifestações enfáticas de lealdade e fidelidade a Jorge III (1738-1820) antes da Declaração de Independência testemunhavam esse entendimento. Mas uma tendência contrária, questionando a direção das políticas e da administração imperial, ganhou força quando a crise se intensificou. Essa tendência foi reforçada pela radical crítica republicana à corrupção na corte, pela teorização contratualista das condições da legitimidade política e pelas ideias escocesas sobre progresso social e econômico. O resultado foi que os americanos puderam projetar preocupações sobre a degenerescência dos tempos e a vulnerabilidade de seus direitos em relação aos da metrópole, imaginativamente purgando-se de influências estrangeiras perniciosas. A criação da nação norte-americana baseou-se em um modo novo, moderno e linear de pensar a história.

O desafio mais urgente para Jefferson e seus compatriotas era estabelecer a legitimidade de seu novo regime republicano em um mundo de monarquias. A solução ousada foi redefinir a soberania em termos populares, imaginando primeiro, como Jefferson fez em seu *Summary View of the Rights of British America* [Visão sumária dos direitos da América britânica] (1774), que os reis eram "servos" do povo e depois, na Declaração, demitindo peremptoriamente o rei do serviço. Se o povo era soberano, o autogoverno republicano era a única forma lógica e legítima de governar. Os revolucionários americanos, ao contrário de seus sucessores franceses, não insistiram muito nesse ponto, pois buscavam reconhecimento – e formas mais substanciais de ajuda – dos poderes monárquicos. Estavam, porém, convencidos de que haviam "começado o mundo de novo" e que seu experimento republicano acabaria se tornando o modelo para toda a humanidade. Não havia necessidade de estabelecer um novo calendário revolucionário, começando com o ano 1. Em vez disso, os americanos celebrariam 1776, o ano de sua Declaração de Independência e um momento crucial na história do mundo.

À medida que mobilizavam a resistência ao despotismo britânico, os líderes revolucionários insistiam em que as pessoas comuns eram os verdadeiros protagonistas da história, enfatizando o artificialismo da hierarquia e do privilégio. Nos dias sombrios do antigo regime, as massas se submetiam ao domínio dos reis por ignorância e superstição, mas, como escreveu Thomas Paine em *Senso comum* (1776), "nenhuma razão verdadeiramente natural ou religiosa" poderia justificar "a distinção de homens em *reis* e *súditos*". Reconhecendo que os reis eram meramente homens e que, nas palavras da Declaração, "todos os homens são criados iguais", patriotas esclarecidos criariam governos que derivariam "seus justos poderes do consentimento dos governados". O reconhecimento do povo de seus próprios direitos marcava assim o início da história, em sua correta acepção, ou, alternativamente, o fim da história – o interminável ciclo sangrento de opressão e guerra – em sua usual e incorreta acepção. A imagem dos Estados Unidos como um refúgio da liberdade e uma terra de oportunidades se mostraria atraente para gerações de imigrantes.

A Revolução Americana constituiu uma ruptura fundamental na consciência histórica, bem como naquilo que a Declaração de Independência chama de "o curso dos acontecimentos humanos". Um novo elenco de personagens, o "povo", agora lotava o palco. Anteriormente, o povo – plebeus vulgares, a turba – era visto apenas como uma parte modesta da sociedade política. Agora, a lógica das ideias republicanas radicais transformava sua imagem, fazendo da coletividade a fonte da autoridade legítima. Reis e aristocratas foram levados para o exílio e excluídos do povo que outrora incluía a todos. Não era necessário especificar, como fez a Constituição dos Estados Unidos (no Artigo I, Seção 9), que nenhum título de nobreza seria concedido pelos Estados Unidos, pois ordens privilegiadas e igualdade republicana, "aristocracia" e "democracia", eram fundamentalmente opostas. Na verdade, essa oposição iria revelar-se central para a identidade nacional americana.

Os americanos estavam muito conscientes de que sua revolução – o "tiro ouvido no mundo todo" – teria um impacto profundo na história dos povos em toda parte. A deificação do "povo" por parte dos revolucionários se baseava em uma estrutura universal: todos os povos, ou nações, foram criados iguais, embora apenas os americanos autogovernados estivessem plenamente conscientes das implicações desse fato e, portanto, preparados para moldar o seu próprio futuro. No entanto, "todos os olhos estão abertos, ou abrindo, para os direitos do homem", proclamou Jefferson em 1826. Outros povos teriam que "quebrar as correntes", e "rios de sangue" fluiriam antes que a escuridão desse lugar à luz, e o velho, ao novo, mas o "fim da história" estava agora à vista. Os precoces americanos podiam ser exemplares e, portanto, "excepcionais", mas esse senso de identidade nacional não se baseava em isolamento ou diferença geopolítica ou ideológica. Eles exultavam com a importância histórica mundial de sua revolução, e sua identidade como povo só fazia sentido em um mundo de povos que se tornassem livres para determinar seus próprios destinos. Até que isso acontecesse, essas nações seriam vítimas da história, mártires na inexorável marcha em direção à liberdade. E quando começassem a determinar seu próprio destino, as nações se tornariam cada vez mais parecidas, elevando-se finalmente para "a posição igual e separada a que lhes dão direito as leis da natureza e o Deus da natureza".

Ansiosos por acelerar esse processo e conscientes do poder crescente de sua nação, os internacionalistas americanos do século XX justificariam – ou racionalizariam – intervenções em duas guerras mundiais e em todo o mundo.

A concepção dos revolucionários americanos de um milênio republicano forneceu um fim providencial para o qual as histórias nacionais convergiriam. Em momentos otimistas, os americanos parabenizaram-se por ter chegado a esse ponto final. No entanto, eles também têm sido periodicamente lembrados de que não podem escapar do mundo e que, até que a liberdade reine em toda parte, sua própria liberdade permanecerá vulnerável a ameaças estrangeiras e domésticas. Outros povos viverão agonias na história, mas os impulsos revolucionários – e as reações contrarrevolucionárias – transbordarão as fronteiras nacionais, atraindo os americanos para o turbilhão do conflito global. Em sua busca particular da felicidade, os americanos podem pensar, assim como Henry Ford, que a história é "uma farsa", mas esse otimismo progressista sempre foi obscurecido pelo medo de que o reprimido retorne, à medida que estrangeiros e "influências externas" contaminem a república ou que os próprios americanos traiam seu direito inato.

Ao se imaginarem como um "povo escolhido" acima da história, os americanos estavam extremamente conscientes dos perigos de voltar para a história, perdendo de vista seu destino e reingressando nas fileiras dos condenados. O medo sempre foi que a revolução fosse revertida e que o experimento republicano fracassasse. Assim, Jefferson acionou o alarme contra aristocratas e monocratas locais (apoiadores da monarquia) que poderiam consolidar o poder em uma nova metrópole americana que dominaria as repúblicas estaduais e destruiria as liberdades civis, transformando cidadãos em súditos. Nas décadas que antecederam a Guerra Civil, estadistas convidaram seus compatriotas a valorizar a União, o maior legado dos Pais Fundadores. Os revolucionários americanos fizeram de si próprios um povo livre por escolha, por atos de vontade política que culminaram com a ratificação da Constituição federal. Essas escolhas originais tornaram-se uma "missão sagrada" para as novas gerações, que aprenderam que o colapso da União europeizaria a política norte-americana e soltaria os "cães de guerra".

Desunidos, os americanos trairiam a si próprios e às futuras gerações, cometendo "traição contra as esperanças do mundo", como Jefferson advertiu durante a amarga luta pela admissão do Missouri em 1820; ao procurar proibir a escravidão naquele estado, os "abolicionistas" do norte violaram o princípio republicano fundamental do autogoverno para os cidadãos (brancos) do novo estado. A história da qual os americanos tinham esperança de escapar teria sua sangrenta vingança. Foi, assim, com um sentimento fatídico, até mesmo fatalista, que patriotas do norte e do sul se voltaram uns contra os outros na grande matança da Guerra Civil (1861-65). E quando Abraham Lincoln (1809-65) procurou justificar a carnificina em Gettysburg em seu discurso (19 de novembro de 1863), ele relembrou a Declaração de Jefferson ("há oitenta e sete anos"), perguntando se "uma nova nação, concebida na liberdade e consagrada ao princípio de que todos os homens nascem iguais" ou "qualquer nação assim concebida e consagrada poderá perdurar". Os estados reunidos mostrariam o caminho para um futuro melhor para toda a humanidade, ou os americanos provariam que não são diferentes de outros povos, sujeitos aos caprichos e acidentes da história? Se o governo livre "desaparecesse da Terra", a nova história que eles imaginaram – um progresso linear através das gerações e dos vastos espaços do continente americano – daria lugar ao ciclo de aflições que marcaram as histórias de outros povos. Se os próprios americanos não pudessem escapar da história, não haveria esperança para a humanidade.

Os americanos sempre pensaram em si próprios como um povo novo, como uma nação para acabar com as nações, como um povo unido que extraía força de suas diversas origens e de seus diferentes anseios na busca da felicidade. Ao declarar independência, eles atestaram que, através de atos autodeterminantes de vontade política, poderiam tornar-se um povo livre com um futuro glorioso. Paradoxalmente, porém, esse sentimento de destino sancionado pela providência traz consigo uma consciência ansiosa da possibilidade de fracassar e de retornar para a história da qual tinham escapado. Para os americanos de todas as convicções ideológicas, essa ansiedade se manifesta em apelos ao popular "espírito de 1776" ou às intenções originais dos Pais Fundadores. Concretizar as esperanças do futuro depende da fidelidade ao credo republicano – agora eles diriam "democrático" – como foi expresso pela primeira vez. O povo que escaparia da história está, portanto, amarrado a – e definido por – uma geração revolucionária de criadores da nação que ainda "vive" em cortes, legislaturas e na imaginação política popular.

O tipo de história que parece existir em grande quantidade no Velho Mundo e que é rejeitada pelos revolucionários – a "farsa" de Henry Ford – pode estar conspicuamente ausente em seu Novo Mundo. Mas uma concepção prospectiva da história, valorizando a memória dos fundadores revolucionários e vislumbrando um milênio republicano para toda a humanidade no futuro distante, é ainda mais central para a compreensão que os americanos têm de si mesmos. O mesmo ocorre com o medo irreprimível da subversão e da traição por influências e ideologias estrangeiras ou "antiamericanas". Um povo livre, imaginando-se no fim da história, não pode escapar do medo de ser sugado de volta ao turbilhão da história.

AUSTRÁLIA
UMA NAÇÃO EUROPEIA EM UMA TERRA ANTIGA

Stuart Macintyre

Um visitante na Austrália provavelmente chegará de avião e pousará no aeroporto internacional de Sydney, em frente ao oceano Pacífico, no ponto exato em que onze embarcações ancoraram em janeiro de 1788. O nome Botany Bay foi dado pelo capitão James Cook (1728-79) devido à abundância de novas plantas recolhidas ali vinte anos antes. A descrição entusiástica de Cook sobre esse abrigo fértil e bem provido de água persuadiu o governo britânico a escolher Botany Bay como local para um novo assentamento.

Botany Bay é hoje um eixo industrial e de transporte que atende uma cidade internacional que se espalha por uma grande área. Os marcos da cidade – a grande ponte em arco e as conchas de concreto da Sydney Opera House – estão localizados ao norte, no majestoso porto de Sydney. Foi para esse local que o fundador do empreendimento colonial, governador Arthur Phillip (1738-1814), transferiu o assentamento em 1788, depois de achar Botany Bay arenosa, pantanosa e com pouca água doce. Cook havia desembarcado no outono após uma forte chuva, mas Phillip chegou quando já era alto verão, com a vegetação escassa revelando a pobreza da paisagem.

Essa foi a primeira decepção que os colonizadores tiveram, mas outras rapidamente se seguiram. Suas primeiras colheitas murcharam no solo fino; os machados perdiam o fio nos troncos nodosos e retorcidos dos eucaliptos; o gado se extraviava e morria. A fome prejudicou a disciplina, pois a maioria dos colonos eram condenados, transferidos para lá por crimes capitais e depositados em uma terra estranha e inóspita. Os esforços para fazer amizade com os habitantes nativos fracassaram, e menos de dois anos depois o próprio Phillip foi ferido pela lança de um membro da tribo Eora.

Mesmo assim, os britânicos perseveraram. Uma década depois haviam estabelecido sua cidade e colocado os condenados em trabalho agrícola produtivo. Em comparação com os assentamentos anteriores na América do Norte, o sucesso veio rápido. Deslocando-se para o interior nas primeiras décadas do século XIX, os colonos começaram a produzir lã e a atrair um fluxo de imigrantes livres. Novas colônias surgiram. A descoberta do ouro nos anos 1850 atraiu meio milhão a mais de imigrantes. O fim da transferência de condenados e o advento do autogoverno na mesma década permitiram uma sociedade de colonos com um grau maior de democracia e um padrão de vida mais elevado que o do Velho Mundo.

O Dia da Austrália, 26 de janeiro, marca essa história de sucesso. Foi em 26 de janeiro de 1788 que o governador Phillip ergueu a bandeira britânica em Sydney Cove e leu sua declaração de soberania. Como vem sendo contada há muito tempo, essa foi a história de uma terra adormecida que finalmente ganhou vida, um lugar de flora e fauna desconhecidas que existia em isolamento imperturbável, até ser sacudido pelos novos colonos – uma jornada que se repetiu desde então visando a renovar a nação australiana.

As evidências dessa história da Austrália são facilmente observadas. A qualquer cidade que chega, o visitante logo percebe suas origens coloniais – Sydney, Melbourne, Perth e Hobart foram assim batizadas em homenagem a políticos britânicos; Adelaide, em homenagem a uma rainha; e Brisbane, a um governador. Cada cidade tem a residência do governador, a sede do Parlamento e igrejas construídas com um mesmo estilo arquitetônico, além de memoriais de guerra que celebram o serviço imperial. Mas esses edifícios são agora ofuscados por arranha-céus corporativos que seguem o idioma universal da modernidade.

Hoje os visitantes são atraídos por uma Austrália diferente, singular e exótica. Muitos seguem seu caminho pelo interior árido, um lugar de espaços amplos e céus brilhantes. Eles procuram locais como Uluru, o grande monólito vermelho no Território do Norte, em busca de uma Austrália mais autêntica, definida pela longa presença aborígine.

Os cidadãos australianos têm recentemente buscado a reconciliação com a Austrália aborígine. Nos anos 1960, foram abandonadas as práticas discriminatórias; na década de 1970, direitos de terra foram concedidos por lei; nos anos 1980, admitiram-se os erros do passado; e, na década de 1990, os tribunais reconheceram a ocupação original. O pedido de desculpas do primeiro-ministro no início de 2008 veio depois de seu predecessor resistir a tal retratação, mas os australianos ainda se envergonham com as taxas de desemprego, pobreza, mortalidade, criminalidade e desintegração familiar dos aborígines. Tem havido também um renascimento da cultura aborígine nas artes, música, cinema, literatura e esporte. O aumento acentuado na população aborígine, de 156 mil em 1976 para 517 mil em 2006, é uma evidência clara de renovação, e com ela veio uma conscientização maior a respeito de sua história.

Longe de ser um país novo, que começou em 1788, a Austrália é agora considerada dona de uma longa história. A ocupação humana remonta a mais de 50 mil anos – até os limites de uma medição confiável – e foi marcada pela contínua adaptação a um ambiente surpreendentemente variável. O crescente reconhecimento dessa história bastante ampliada comprova a sensibilidade atual. Ela revela formas complexas de organização e prática ecológica, centenas de línguas, formas de arte assombrosas e crenças espirituais de grande força. Ao abraçar o passado aborígine, os australianos não aborígines se vinculam mais firmemente ao país.

A história que começou em 1788 foi a europeia. Essa Austrália foi produto da visão da Grã-Bretanha, pois os navegadores britânicos vieram depois de espanhóis, portugueses e neerlandeses conquistarem seus territórios no oceano Índico e terem desprezado o grande continente ao sul. Os primeiros assentamentos na Austrália foram realizados durante a longa disputa da Grã-Bretanha com a França pela supremacia e moldados pelo predomínio que se seguiu.

A Austrália recebeu criminosos indesejados da Grã-Bretanha – 150 mil deles – e muitos mais colonos livres com intenção de empreender na colônia. Vinham bens manufaturados e investimento, e voltavam *commodities* e dividendos. As colônias australianas assumiram os princípios britânicos de governo, direito e sociedade civil, reproduzindo muitos aspectos de sua sociedade matriz e adaptando outros. O resultado foi algo conhecido, porém diferente.

Para começar, a sociedade colonial australiana era um amálgama dos componentes nacionais que constituíam o Reino Unido, com ingleses, irlandeses, escoceses e galeses mantendo os elementos de suas culturas, mas unindo-se livremente em empreendimentos conjuntos; uma consequência foi a aceitação desde o início da igualdade religiosa. Em segundo lugar, as colônias dispunham de instituições como uma igreja estabelecida, uma classe fundiária hereditária e uma casta militar que mantinha uma firme hierarquia; a ausência de clientelismo e deferência sugeria uma nova sociedade que havia sido democratizada. Em terceiro lugar, o elevado padrão de vida e as oportunidades disponíveis contribuíram para uma plena participação: havia mais lazer, maior alfabetização e maior frequência à igreja e envolvimento em atividades voluntárias. Essas características eram muitas vezes comparadas com as dos Estados Unidos, mas estes tiveram de conquistar sua independência, enquanto os australianos gostavam de pensar em seu país como uma versão melhorada da Grã-Bretanha.

    A Grã-Bretanha retirou as guarnições imperiais após o governo autônomo, na década de 1850, mas ainda conduzia a política externa da Austrália, e a Marinha Real continuava a garantir sua segurança. Fortes voltados para o mar no litoral das principais cidades atestavam a intranquilidade da pequena população – 1,15 milhões em 1861 e 3,77 milhões em 1901 – naquele vasto continente. A ansiedade cresceu quando outras potências europeias começaram a desafiar a Grã-Bretanha e tomou forma nos compromissos militares assumidos com as guerras imperiais na África do Sul e na China, na virada do século, e mais tarde no Oriente Médio e na Europa Ocidental, durante a Primeira Guerra Mundial. O sacrifício australiano na península turca de Galípoli em 1915 serviu, então, como uma afirmação do valor nacional e uma espécie de pagamento da apólice de seguro imperial.

    Havia espaço para outros europeus, especialmente depois que a corrida do ouro na década de 1850 trouxe um fluxo de imigrantes vindos do Velho Mundo, mas não para pessoas de fora da Europa. De início, os condenados forneceram mão de obra barata, mas as tentativas posteriores de introduzir trabalhadores contratados da China ou das ilhas do Pacífico encontraram forte resistência. Daí veio a Lei de Restrição à Imigração, uma das primeiras medidas do novo governo federal em 1901. Em deferência à preocupação imperial, ela utilizava um teste de ditado em vez de exclusão racial explícita, mas era conhecida e aplicada como a "política da Austrália Branca". A Austrália Branca foi afrouxada após a Segunda Guerra Mundial, mas só foi abandonada formalmente no final da década de 1960.

    Até a Segunda Guerra Mundial, os australianos gostavam de se gabar de serem 98% britânicos. Essa autodefinição baseada na eugenia perdeu sentido após a guerra, pois a Grã-Bretanha não poderia mais proteger a Austrália: a queda de sua base naval em Singapura para as forças japonesas no início de 1942 marcou o fim da defesa imperial. Também não poderia fornecer os números necessários para atender os ambiciosos planos de pós-guerra da Austrália, com sua convicção urgente de que precisava povoar ou deixar de existir. Assim, o país buscou novos imigrantes do norte da Europa, depois do sul e leste do continente e, finalmente, do Oriente Médio. Em duas décadas, 2 milhões se estabeleceram, elevando a população para 12,6 milhões em 1971.

Enquanto isso, a Austrália ia sendo atraída para a Ásia, à medida que as potências europeias se retiravam ou eram expulsas. O fim do império e o início da Guerra Fria haviam revivido os temores de invasão em um povo que se considerava um posto avançado europeu na parte inferior do arquipélago do Sudeste asiático – e tais temores são periodicamente reavivados pela chegada de pequenos barcos trazendo refugiados do continente asiático. Mas a ascensão da Ásia trouxe uma demanda crescente de produtos australianos – a China e o Japão são agora seus dois maiores parceiros comerciais – e o aumento da imigração. Um quarto da população atual de 23 milhões nasceu fora da Austrália, proporção maior do que em qualquer outra nação industrial avançada. A transformação da supremacia branca para o multiculturalismo foi rápida.

A história que começou em 1788 estava relacionada com a domesticação de um ambiente duro e inflexível. Ela conta como exploradores visionários desbravaram o interior para o pastoreio. A indústria da lã operava em larga escala, empregando um pequeno exército de pastores, vigias de propriedades e tosquiadores, e gerando a lenda de que o colono australiano era uma pessoa prática, desconfiada da autoridade, desdenhosa da artificialidade e com quem seus companheiros sempre podiam contar.

Depois dos produtores de lã vieram os fazendeiros. O governo permitiu a aquisição de terras em condições vantajosas, implantou e operou as ferrovias que levavam os produtos às cidades para processamento e construiu as instalações portuárias para embarque ao exterior. Fez as obras de irrigação e patrocinou as melhorias técnicas que aumentaram o rendimento, além de fornecer escolas e outras instalações que auxiliavam as comunidades rurais. A fazenda familiar gerou a lenda complementar de que o pioneiro australiano era um exemplo de virtude agrária, que levou a civilização para um território selvagem.

A lógica da produção de *commodities* era a de uma melhoria contínua que permitisse aos produtores australianos controlar os mercados de exportação.

O efeito do incremento de produtividade foi reduzir as necessidades de mão de obra e aumentar o tamanho da empresa, um padrão que se repetiu na mineração e na produção mineral, bem como no pastoreio e na agricultura. Dessa forma, a visão de desenvolvimento exerceu uma poderosa influência sobre gerações de australianos: as indústrias primárias ganhavam as divisas externas que sustentavam os altos padrões de vida e, ao gerar empregos adicionais em construção, transporte, distribuição e serviços, estimulavam o crescimento urbano.

O padrão continuou durante a rápida expansão da mineração nos primeiros anos do século XXI, mas deixou de ter a mesma aceitação da época em que a Austrália "montava nas costas da ovelha"[13]. Existe agora uma preocupação com o custo ambiental da limpeza dos terrenos para plantio e das práticas agrícolas europeias. Na longa história da Austrália, temos uma antiga massa de terra com um solo raso que foi lixiviado de nutrientes, uma precipitação não confiável que a torna suscetível às secas e vegetação adaptada a essas circunstâncias que é altamente combustível. Essa nova sensibilidade prefere florestas a fazendas e rios a reservatórios, a custódia aborígine da terra a projetos de desenvolvimento. A forte dependência da economia da produção de minerais e energia torna ainda mais difícil a resposta à emissão de gases de efeito estufa.

Há outra história que mais recentemente foi esquecida. O sucesso colonial construiu um sentimento nacional que se consolidou na federação de seis colônias na Comunidade da Austrália, em 1901. Isso foi feito de forma democrática, mas original: o povo elegeu delegados às convenções federais que elaboraram o pacto federal e submeteram-no ao povo para aceitação por referendo. A Austrália foi uma das primeiras democracias, logo depois da Nova Zelândia, a emancipar as mulheres e a primeira a eleger um governo trabalhista.

A Comunidade criou diversos arranjos para atender as aspirações populares. A proteção dos empregos por meio de tarifas sobre bens importados foi amarrada à exigência de que as indústrias locais fornecessem aos homens salários suficientes para manter uma família em condições razoáveis de conforto. Essa institucionalização do chefe de família como alguém do sexo masculino veio à custa das trabalhadoras e atrofiou a provisão estatal de bem-estar social;

---

13 *"Riding on the sheep's back"* é uma expressão australiana extraída do documentário *Sheep's Back*, produzido em 1994. Por mais de um século, a indústria da lã foi o principal setor econômico do país. [N.T.]

o papel do Estado era apoiar o desenvolvimento e operar os serviços públicos que a indústria privada não pudesse administrar de maneira lucrativa. O salário mínimo era um direito legal que deveria permitir às famílias atender a suas próprias necessidades; daí a descrição da Austrália como um Estado de bem-estar dos assalariados.

O arranjo durou até a década de 1980, quando os termos de troca ficaram desfavoráveis às exportações de *commodities* e a globalização debilitou a proteção das indústrias locais. O mercado de trabalho foi desregulamentado juntamente com a remoção de controles sobre comércio e finanças e a privatização de empresas públicas. Neste momento, a Austrália se afastou de suas tradições para abraçar um mercado sem fronteiras. Os australianos passaram a olhar para o exterior, aderindo à retomada do crescimento dos investimentos, das inovações e oportunidades, compartilhando a expansão e contração globais e sentindo a perda de antigas certezas. O resultado dessa ruptura mais recente com o passado ainda é algo a ser determinado.

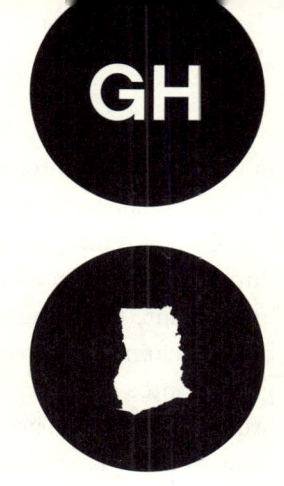

GANA
DE COLÔNIA A LÍDER CONTINENTAL

Wilhelmina Donkoh

A história de Gana está inextricavelmente ligada ao ouro. Essa região produtora de ouro atraiu primeiro a atenção dos comerciantes sudaneses ocidentais antes do século XIII. Mais tarde, chegaram os mercadores portugueses em busca do que consideravam o Eldorado que sustentara o norte da África; ao chegarem à região, batizaram-na de Costa do Ouro. A intensa competição europeia que ali se estabeleceu levou à construção de fortalezas ao longo do seu litoral. A Gana moderna recebeu seu nome do antigo Império do Sudão Ocidental, que também era famoso pelo ouro e cujo povo compartilhava semelhanças culturais (embora a geografia do império não fosse igual à do Estado moderno). O país é o produto combinado de atividades independentes dos povos nativos, do domínio colonial britânico do século XIX e de desdobramentos posteriores. O povo vive hoje sob uma dupla herança: a "tradicional" e a "ocidental" ou "moderna".

Os primeiros a escrever sobre o passado de Gana foram os muçulmanos sudaneses ocidentais do século XIII e os visitantes europeus do século XV. Para alguns desses escritores, especialmente os europeus, a contribuição do povo nativo não foi relevante. Tacharam a cultura local de bárbara e concluíram que, como os povos nativos não haviam escrito nada sobre o seu passado, não havia nada a ser registrado. Essa visão perdurou, apesar da riqueza de suas tradições orais e artefatos e das evidências arqueológicas em contrário. O domínio colonial consolidou o sentimento ocidental de superioridade da cultura europeia, e muitos ocidentais interpretaram mal e deturparam as práticas nativas, como o sistema familiar ampliado.

Os povos de Gana e suas realizações anteriores à chegada dos europeus, durante a era pré-colonial e desde a independência, devem ser considerados em conjunto e estudados e celebrados como o passado da nação. As histórias orais, incluindo relatos de testemunhas oculares e tradições, como genealogias e contos folclóricos, têm a mesma importância que as fontes escritas, a arqueologia e a etnografia. O exame dos pontos de vista de um amplo leque de pessoas ajuda a criar uma história popular que toca as questões centrais do passado da nação e resgata o passado distante da obscuridade a que o colonialismo o sujeitou.

Muitos ganenses que se orgulham do passado de sua nação olham para a tradição como um guia para o presente e o futuro. O conceito de *sankofa* ("retroceder e recuperar do passado") é o princípio motivacional por trás do estabelecimento de órgãos culturais para preservar o patrimônio nacional. Para os ganenses em geral, a história da nação iniciou-se com o movimento pelo autogoverno após 1945, que levou à independência em 6 de março de 1957. No entanto, inconscientemente, eles também levam em conta o passado distante em atividades como funerais, escolha de nomes, casamentos, festivais e no cerimonial de investidura de líderes tradicionais. Muitos ganenses se sentem compelidos a voltar ao passado para recuperar os valores fundamentais inerentes a algumas de suas instituições históricas, como a chefia tribal, e práticas culturais como os ritos de puberdade. As crenças e a cosmologia tradicionais persistem em toda parte, embora a maioria afirme ser cristã e "moderna". Não é incomum encontrar pessoas invocando maldições (*duabo*), consultando médiuns e sacerdotes tradicionais, ao mesmo tempo que são ativas na igreja.

Os povos nativos de Gana desenvolveram suas próprias instituições sociais, econômicas e políticas. Eles tiveram contato com o mundo exterior através dos comerciantes wangara, do Sudão Ocidental, e com a Europa e a Ásia através do norte da África, muito antes da chegada dos europeus no século XV. No entanto, os estudiosos ainda precisam determinar quando a região começou a ser habitada. Grande parte da história transmitida oralmente consiste em "histórias de tamborete" (histórias políticas de estados tradicionais apresentadas na forma de genealogias) ou trata de acontecimentos como guerras ou questões históricas que permitem às pessoas reivindicar cargos e propriedades.

Evidências arqueológicas indicam que a presença humana em Gana remonta a mais de 3 mil anos: as provas materiais incluem utensílios, ferramentas, cavernas de moradia e locais de fabricação de instrumentos de pedra e adornos. Embora muitos povos ganenses contem histórias de migração, todas elas apontam para a presença anterior de humanos na região; no entanto, é quase impossível determinar quais grupos étnicos modernos constituem os descendentes desses antigos habitantes.

Hoje os ganenses estão entre os povos da África Ocidental. Consistem em geral de falantes da língua guan: os acã, os ga-dangme, os ewe e o agrupamento mole-dagbani, que inclui os gonja. Os diversos grupos étnicos falam cua ou gur, subgrupo de línguas também conhecido como "voltaico", ambas pertencentes à família linguística níger-congo. Isso sugere que todos esses povos viveram no mesmo lugar no passado distante ou tiveram forte interação durante um longo período de tempo. Os grupos afirmam que evoluíram localmente ou migraram de várias regiões de fora. A maioria das evidências indica que os povos da língua guan foram os primeiros a chegar. Relatos tradicionais sugerem que os ancestrais da maioria dos ganenses viviam em vários lugares, tanto em Gana quanto, mais amplamente, na África Ocidental, com alguns reivindicando múltiplas origens. No entanto, muitos povos cujas antigas tradições orais sugerem a evolução local agora afirmam ter migrado de lugares exóticos ligados à Bíblia e ao Alcorão: Mesopotâmia, Etiópia ou Israel.

Vários outros grupos étnicos habitam o cinturão da savana setentrional, conhecido como Territórios do Norte durante o período colonial. Eles migraram para a região de Gana vindos do Sudão Ocidental e se tornaram dominantes por causa de sua capacidade de liderança. Existem também vários grupos menores, não centralizados. Há uma suposição popular de que estes eram aborígines, mas alguns afirmam que seus ancestrais migraram de Burkina Faso através da bacia do Volta. Eles compartilhavam certas práticas culturais, como os sistemas de propriedade da terra, os ritos matrimoniais e as crenças religiosas.

Na zona florestal ao sul da savana, estão os povos da língua acã, que constituem o maior grupo étnico em Gana. A cepa parental dos acã são os bono, o primeiro grupo a surgir; os adanse, tidos como os primeiros construtores entre os grupos; e os twifo, cuja língua (twi) é falada por todos os grupos acã. Esses povos gradualmente se espalharam pelo território em virtude do crescimento populacional, da busca de recursos econômicos e dos efeitos da guerra entre os séculos XI e XIII.

O sudeste de Gana é povoado pelos ga-dangme e os ewe. Ambos desenvolveram sistemas patriarcais. As tradições orais sugerem migrações do leste para terras já ocupadas.

As entidades políticas mais poderosas a surgir na Gana pré-colonial incluem os bono, os adanse denkyira, os akwamu, os akyem e os asante na zona florestal; os estados dos fantse, dos ewe e dos ga-dangme na costa; e os dagbon e gonja no norte. A maioria alcançou proeminência por meio do acesso e controle de recursos, o que possibilitou a participação no comércio com o norte e, a partir de 1471, com os europeus na costa. A zona florestal era rica em ouro, marfim e noz-de-cola, todos com grande procura; havia também as jazidas de ouro de Lobi, no norte. Ao mesmo tempo, havia considerável demanda de trabalho escravo, sal e outras mercadorias exóticas dentro da zona florestal.

Os primeiros europeus a chegar foram os portugueses em 1471, seguidos pelos ingleses, neerlandeses, dinamarqueses, alemães, suecos e franceses no século XVII. O processo gradual de colonização britânica do início do século XIX nasceu em 1874 com a criação do protetorado e foi concluído em 1902. Durante os primeiros trezentos anos de envolvimento europeu, o povo nativo permaneceu a cargo de seus próprios assuntos, mesmo quando lidavam com os agentes das potências mercantis. Mas o domínio colonial os excluía da participação em decisões do governo central, o que levou à crença de que os ganenses eram incapazes de administrar a si mesmos. Porém, em uma observação mais positiva, o domínio colonial endossou o inglês como língua oficial, o que passou a ser um fator unificador que serviu de base para a identidade nacional da recém-independente Gana.

Os europeus introduziram culturas como cacau e café, além de outros alimentos. O cristianismo e outras influências ocidentais tiveram um papel importante no avanço da alfabetização e da saúde, mas mitigaram as práticas culturais nativas. A identificação, o registro e a transmissão dos processos subjacentes a instituições como casamento, escolha de nomes, ética, crenças, sistemas de herança e línguas proporcionaram *insights* sobre o povo e seu passado. A maioria dos ganenses considera suas culturas ricas e variadas, ao mesmo tempo que vínculos comuns unem os diferentes povos. Essa unidade na diversidade tem sido reconhecida como um elemento fundamental do caráter ganense. O domínio colonial levou à participação na Comunidade das Nações e a uma história compartilhada com outros países ao redor do mundo. Os ganenses se orgulham de terem sido os primeiros atores na luta nacionalista e do fato de Gana ter sido o primeiro país subsaariano a conquistar a independência do domínio colonial depois da Segunda Guerra Mundial, em 1957. O primeiro presidente e primeiro-ministro Kwame Nkrumah (1909-72) foi um líder de estatura mundial, que tomou medidas que permitiram que outros países africanos se libertassem, e foi fundamental para iniciar o processo de unificação da África através da Organização da Unidade Africana, das Nações Unidas e do Movimento dos Países Não Alinhados. Isso ajudou a colocar Gana no centro da política africana e mundial. Nos últimos anos, o papel de Kofi Annan (n. 1938) como o primeiro secretário-geral africano negro das Nações Unidas tem gerado muito orgulho.

Gana tornou-se um bastião da paz em uma região conturbada, apesar de seus inúmeros problemas, como a pobreza, a oferta insuficiente de educação e saúde e a instabilidade política entre 1966 e 1992. Grandes esforços foram feitos para forjar uma nação unificada de diversos povos, embora os ganenses continuem apegados a seus grupos étnicos, um apego às vezes manipulado por políticos, especialmente durante as eleições. O Estado moderno é secular, ainda que a maioria da população tenha um forte apego religioso, com cerca de 60% de cristãos, 20% de muçulmanos e 9% de religiões nativas.

Um dos aspectos mais lamentáveis do passado ganense é o envolvimento dos nativos no comércio internacional de escravos. Embora vários graus de condições de sujeição tivessem prevalecido na sociedade ganense, o sistema tinha sido um meio de aumentar a população e não era pernicioso. No entanto, a partir de meados do século XVII, a região deixou de ser uma importadora de pessoas cativas para se tornar exportadora de escravos, em resposta à intensa demanda europeia de mão de obra para trabalhar no Novo Mundo. O emprego de africanos como escravos pertencentes a europeus desempenhou um papel significativo na discriminação racial e em sua estigmatização. Mesmo que seja difícil fornecer um número preciso dos escravos embarcados de Gana, estima-se que, em um período de dois séculos, foram mais de 2 milhões de pessoas – de uma região que, em 1960, tinha uma população de apenas 7 milhões de habitantes. A sobrevivência de fortalezas e castelos como Elmina, San Antonio, James Town, Cape Coast e Christiansborg, que serviram de armazéns e residências aos traficantes de escravos, ajudou a autenticar um aspecto sombrio do passado da nação e a desmistificar fatores como o tráfico de escravos e o domínio colonial.

O contato dos ganenses com os europeus resultou em grandes mudanças nos sistemas econômico, social e político da região. Golpes de Estado frequentes, de 1960 a 1980, criaram um ambiente de instabilidade que atrasou o desenvolvimento e o progresso. A questão da etnia tem gerado focos de conflito, pois alguns grupos, como os ewe e os do norte, sentem-se marginalizados. Os ganenses que não concordam com a agenda do governo alegam infrações constitucionais, nepotismo e corrupção.

Apesar de todos esses desafios e dificuldades, a nação moderna tem-se esforçado para preservar conquistas do passado e desenvolver valores em torno dos quais possa evoluir. Se esses esforços forem mantidos; se o orgulho de ser ganense que prevaleceu imediatamente após a independência for recuperado, dando-se atenção ao bem-estar econômico e social do povo; se os recursos nacionais forem explorados com eficácia e o país se envolver com prudência na comunidade mundial, então os ideais nacionais para Gana terão sido alcançados.

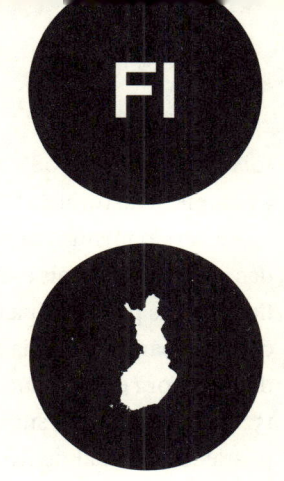

FINLÂNDIA
ESCULPINDO UMA IDENTIDADE A PARTIR DA LUTA

Pirjo Markkola

A história da Finlândia é muitas vezes contada como um relato de sobrevivência às guerras, o que os estrangeiros acham difícil de entender. Para muitos historiadores amadores, a Finlândia, ensanduichada entre a Suécia e a Rússia – entre o Ocidente e o Oriente –, parece ter uma história tão complicada que só pode ser entendida pelos próprios finlandeses. Alguns pesquisadores são acusados de mitologização, enquanto outros tentam corrigir equívocos.

Outra versão da história do país fala de camponeses com propriedade permanente das terras e de mulheres fortes. Os finlandeses se orgulham de seus agricultores, que nunca se submeteram ao feudalismo. A sociedade camponesa também é usada para explicar a tradição do país de mulheres fortes, para as quais a rápida conquista de direitos políticos veio muito naturalmente. Um décimo dos membros do primeiro Parlamento finlandês em 1907 era do sexo feminino. Os finlandeses com frequência afirmam ter sido a primeira nação em que as mulheres puderam votar e se candidatar a cargos públicos; embora os pioneiros nesse aspecto estejam do outro lado do globo, os primeiros membros femininos do Parlamento foram de fato finlandeses, à frente da Nova Zelândia e da Austrália.

No ano de 2007, aconteceram dois aniversários importantes: o centenário da reforma parlamentar e o 90º aniversário da independência da Rússia. O ano de 1809, quando a Finlândia se tornou um grão-ducado no Império Russo, também foi lembrado em 2008 e 2009. Esses aniversários são uma forma de comemorar a complexa história da Finlândia.

O cristianismo chegou a esse canto mais ao norte da Europa graças a ações das igrejas ocidentais e orientais. As regiões sul e sudoeste foram fortemente influenciadas pela Europa Ocidental do século XII em diante. Essa área foi definida como parte da Suécia no século XIV, quando foi assinado o chamado Tratado de Nöteborg entre a Suécia e Novgorod. A Reforma luterana veio na década de 1520. Sob o governo sueco foram fundadas várias instituições, como o sistema postal, o Tribunal de Recursos e a Universidade de Turku; a administração do condado tornou-se eficiente, e novas cidades trouxeram o comércio.

As guerras napoleônicas no início do século XIX levaram a história finlandesa para uma nova direção. O vínculo de seiscentos anos com a Suécia terminou, e a Finlândia passou a fazer parte do Império Russo. O imperador Alexandre I (1777-1825) assinou o Tratado de Tilsit com Napoleão em 1807, em parte para forçar a Suécia a se unir ao bloqueio comercial do sistema continental contra a Grã-Bretanha. A subsequente guerra do imperador contra a Suécia levou a uma invasão da Finlândia, que foi declarada permanentemente unida à Rússia. No final de 1808, foi tomada a decisão de criar um governo finlandês, e a reunião inaugural de sua assembleia legislativa, a chamada Dieta de Porvoo, foi realizada em março de 1809. Sob o Tratado de Hamina, a Suécia entregou para a Rússia o território a leste do rio Tornio e as ilhas Aland.

O imperador reconheceu a religião luterana, as leis e a ordem social da Finlândia, todas devidas à influência sueca. Uma administração central foi criada para o grão-ducado sob o governo direto do imperador. Os finlandeses desenvolveram aos poucos a noção de que em 1809 a Finlândia havia se tornado um Estado internamente independente por conta própria, e a virada do século XX foi marcada pela luta por autonomia. Os esforços russos para unificar e modernizar o Estado foram considerados repressivos e, por causa disso, esse momento ficou conhecido na história como Período da Repressão. No final da greve geral da Rússia, em 1905, o imperador concordou com a reforma parlamentar da Finlândia, dando ao grão-ducado um parlamento unicameral. Homens e mulheres receberam o mesmo direito de votar e de se candidatar a cargos.

Em dezembro de 1917, durante a Revolução Russa, o Parlamento finlandês declarou a independência, *status* que foi reconhecido pelo governo provisório russo no início de 1918. Durante o inverno e a primavera de 1918, houve uma breve, mas sangrenta guerra civil na Finlândia, entre socialistas, os vermelhos, e burgueses partidários do Estado finlandês, os brancos. A natureza complexa dessa guerra é atestada pelo fato de que é difícil encontrar para ela um nome com que todos concordem: o enfrentamento foi chamado de revolução, rebelião, guerra de classes, *veljessota* ("guerra dos irmãos"), *kansalaissota* ("guerra dos cidadãos") e guerra civil, dependendo do ponto de vista.

Em novembro de 1939, eclodiu a Guerra de Inverno entre a Finlândia e a União Soviética, que durou três meses. Foi observada de perto pela mídia internacional, e a imagem de uma "pequena e corajosa Finlândia" serviu posteriormente de base para a expressão "espírito da Guerra de Inverno" em referência ao consenso nacional daquela época. Após uma breve paz, começou a chamada Guerra da Continuação com a União Soviética em junho de 1941, que se prolongou até o final do verão de 1944. Seguiu-se a Guerra da Lapônia, durante a qual os finlandeses, em conformidade com as exigências da União Soviética, forçaram os alemães, que estavam usando o país como caminho para invadir a Rússia, para além da fronteira no norte da Finlândia. Como resultado dessas guerras, a Finlândia perdeu mais de 10% de seu território para a União Soviética; aproximadamente 12% da população teve de abandonar seus lares nas áreas cedidas.

Depois de 1945, a relação da Finlândia com a União Soviética tornou-se fundamental. As tentativas de estabelecer boas relações com o leste durante a Guerra Fria afetaram as relações do país com o Ocidente. Urho Kekkonen, presidente de 1956 até os anos 1980, enfatizou a política de neutralidade e utilizava argumentos de política externa mesmo quando lidava com assuntos internos. Desde o colapso da União Soviética, tem havido alguma discussão sobre se as relações da Finlândia com o leste foram um caso de habilidade política ou bajulação desnecessária de um vizinho poderoso. Em 1992, o governo apresentou um pedido de adesão à Comunidade Europeia, e a Finlândia passou a ser membro da União Europeia em 1995. A ideia de adesão à Otan ganhou o apoio de apenas alguns cidadãos.

Todos esses acontecimentos históricos contêm elementos que as gerações posteriores utilizaram para definir a si próprias e a seu passado. Como a independência finlandesa era relativamente recente e o país não vivera nenhum período de grandeza nacional, a busca de uma autodefinição se deu de diferentes maneiras, em diferentes momentos. O historiador Osmo Jussila identificou três episódios centrais que aparecem, com variações, na história escrita da Finlândia. São eles: a Suécia-Finlândia, as tentativas finlandesas de conquistar a independência e o nascimento do Estado em 1809. Outras preocupações de historiadores do passado incluem a igualdade social das mulheres finlandesas desde o início, o papel da Finlândia na Segunda Guerra Mundial e a sua sábia política externa durante a Guerra Fria.

A Suécia-Finlândia refere-se ao período em que a Finlândia fazia parte do reino sueco e ainda assim, acredita-se, foi capaz de formar sua própria identidade com fronteiras claras. Essa ideia ganhou circulação somente depois de 1918, e existe em várias versões. Alguns salientam que a violenta anexação da Finlândia pela Suécia pôs fim à tradicional autonomia das comunidades tribais, enquanto outros argumentam que a administração sueca tinha controle sobre a Igreja, mas não sobre questões seculares. Surgiu a imagem de uma época sob o domínio sueco em que os finlandeses, embora oprimidos, conseguiram desenvolver sua consciência nacional. Historiadores mais recentes rejeitaram o conceito de Suécia-Finlândia, e ele não aparece nos livros didáticos escolares; entretanto, não é incomum ouvir pessoas falando da época "sob o domínio sueco", e a expressão Suécia-Finlândia não desapareceu totalmente do discurso finlandês.

Tentativas de criar uma Finlândia independente foram feitas a partir do século XVIII, em especial por oficiais que haviam perdido os favores de Gustavo III (1746-92), da Suécia, ou que ficaram desapontados com ele. Esses homens foram retratados como heróis nacionais, mas acadêmicos recentes os veem simplesmente como soldados rebeldes, alguns dos quais se mudaram para a Rússia e lutaram ao lado das tropas russas quando estas invadiram a Finlândia em 1808.

Segundo antigas interpretações, a Dieta de Porvoo, em março de 1809, viu o nascimento do Estado finlandês. A ideia de uma Constituição e do Estado finlandês dominou o imaginário do país desde então até a década de 1960. Mas algumas declarações de Alexandre I desencadearam um debate. O que ele quis dizer ao afirmar que elevaria a nação finlandesa ao nível de outras nações? Qual era a sua intenção ao reconhecer a religião, a Constituição e os privilégios finlandeses – estaria ele se referindo à Constituição real ou à legislação básica? Um novo estudo mostrou que estudiosos finlandeses do século XIX optaram por ignorar a mudança no significado desses conceitos: a terminologia de 1809 recebeu um toque nacionalista no final daquele século, quando a independência interna da Finlândia estava sendo conscientemente criada.

Depois que a independência foi proclamada, em 1917, historiadores nacionalistas alimentaram a imagem de um Estado finlandês que já tinha se separado do Estado russo no século XIX. Havia um sentimento de que o país sempre se encaminhara para a independência. Embora estudos mais recentes tenham abalado esse conceito, a mídia ainda retrata 1809 como parte da história da independência. Evidentemente, o desejo de encontrar raízes profundas para a independência finlandesa é bastante forte.

Raízes profundas também são buscadas para a emancipação das mulheres. Os finlandeses costumam contar aos estrangeiros sobre a pobreza de seu país e a consequente necessidade de trabalho árduo. Numa sociedade agrária, todos os cidadãos, tanto homens quanto mulheres, tinham de trabalhar. Esse argumento é utilizado para explicar o número elevado de mulheres na força de trabalho, os altos níveis hierárquicos alcançados por elas nas organizações políticas e profissionais e o alto grau de escolaridade feminina. As mesmas características são encontradas em todos os países nórdicos, mas na Finlândia elas se transformam em atributos exclusivamente finlandeses. Um aspecto muitas vezes salientado para distinguir a Finlândia de outros países nórdicos é o que trata dos direitos políticos das mulheres, mas, na verdade, outras mulheres nórdicas (além da Suécia) também obtiveram o direito de votar e de se candidatar a cargos eletivos nos primeiros anos da Primeira Guerra Mundial.

Atualmente, os momentos cruciais na história finlandesa e os elementos essenciais da identidade nacional parecem ser as guerras do século XX, a julgar pelo volume de pesquisas e vendas de livros sobre o assunto. As campanhas da Segunda Guerra Mundial, os sangrentos campos de batalha da guerra civil e os emaranhados políticos que os cercam interessam tanto aos pesquisadores quanto ao público. Na virada do milênio, um projeto chamado "Vítimas de Guerra na Finlândia 1914-1922" (*sotasurmaprojekti*) tentou mapear com a maior precisão possível o número de pessoas que morreram, foram mortas ou executadas durante o conflito civil de 1918. Os resultados estão disponíveis no *site* do Arquivo Nacional. Em um ato consciente de política baseada na história, o objetivo do projeto era aliviar o trauma nacional através da coleta de dados históricos detalhados.

Um exemplo recente da política do passado foi caracterizar as batalhas de 1944 como uma "vitória da defesa" (*torjuntavoitto*). Isso é para destacar o fato de que, embora tivesse perdido a guerra com a União Soviética, a Finlândia parou o grande ataque soviético no verão de 1944. A expressão "vitória da defesa" permite que os acontecimentos do passado sejam interpretados de acordo com as exigências do presente, ao mesmo tempo que homenageia os veteranos de guerra.

Outra reavaliação baseada em pesquisa está sendo conduzida sobre as relações entre a Finlândia e a Alemanha nazista durante a Guerra da Continuação. Se antes os historiadores viam a Finlândia lutando por conta própria, historiadores mais recentes questionaram essa visão ao mostrar o papel central que a Alemanha, entre outros países, teve na "vitória da defesa" do verão de 1944. Nos últimos anos, alguns estudos foram publicados questionando o conceito de uma guerra entre Finlândia e União Soviética separada do conflito nazista-soviético mais amplo.

O significado das guerras é ressaltado ainda mais nos fóruns da internet. Na primavera de 2009, houve um caloroso debate, em um fórum especializado em temas históricos, sobre a Estônia durante a Segunda Guerra Mundial e posteriormente. Outro debate discutiu o papel que os políticos desempenharam durante a Guerra da Continuação e no tribunal de guerra realizado após a Segunda Guerra. Muitos dos outros temas populares têm a ver com histórias de guerra. No entanto, a guerra de 1808-9 provocou menos paixão, e poucos discutem os efeitos de 1809 sobre a sociedade finlandesa. A importância do domínio sueco, porém, ainda parece ser uma questão importante, e escritores debatem as formas pelas quais tanto a Suécia quanto a Rússia influenciaram o desenvolvimento da sociedade finlandesa.

O estudo da história do domínio sueco não é obrigatório no ensino médio da Finlândia, de modo que 1809 se torna o ponto de partida da história finlandesa, na melhor das hipóteses. Essa ignorância de períodos anteriores distorce a compreensão dos finlandeses de sua história e, portanto, sua imagem da sociedade moderna. Esquece-se que as instituições centrais da sociedade finlandesa – parlamento, legislação, sistema judicial, sistema educacional, sistema administrativo local e igreja – se baseiam em sua herança sueca. Uma compreensão de longo prazo de como a história finlandesa foi moldada em um contexto multicultural poderia dar uma noção de proporção e, possivelmente, até mesmo revelar elementos que deixariam os finlandeses orgulhosos de seu passado distante.

ARGENTINA
ENTRE DOIS CENTENÁRIOS

Federico Lorenz

Em 25 de maio de 1910, a República da Argentina orgulhosamente comemorou as conquistas de seus primeiros cem anos: uma próspera economia agroexportadora, o afluxo de centenas de milhares de imigrantes, vínculos comerciais privilegiados com o Império Britânico e uma florescente relação com o mundo cultural da Europa, especialmente a França. Tudo isso foi suficiente para fazer a elite dominante antecipar o destino manifesto da Argentina como uma nação grande e proeminente na região.

Um século antes, em 1810, um grupo de advogados, comerciantes e militares de Buenos Aires, apoiados por uma revolta popular, depuseram o vice-rei espanhol e formaram uma junta governante. Na época, Fernando VII, rei da Espanha (1784--1833), era prisioneiro de Napoleão, e seu território havia sido invadido. Um conselho de regência governava em seu nome, mas os *porteños* (habitantes de Buenos Aires) recusaram-se a reconhecer sua autoridade e invocaram o princípio de devolução da soberania ao povo. Os membros da junta não compartilhavam da mesma posição política: alguns buscavam apenas conduzir o governo até que a situação na Espanha mudasse; outros, influenciados pela Revolução Francesa, queriam independência para as colônias americanas da Espanha.

Seja como for, a junta procurou estender sua influência sobre o restante do Vice-Reinado do Rio da Prata (que abrangia as regiões dos atuais países Argentina, Uruguai, Paraguai e Bolívia), fosse por acordo ou por meios militares.

Foi um processo complexo: havia disputas econômicas e culturais entre a cidade portuária e o interior, cuja economia sofria em função da abertura do porto ao comércio legal e ilegal do exterior. Teve início um demorado período de confrontos e guerras civis. Ao longo do século, o governo centralista do estado de Buenos Aires consolidou-se à medida que as províncias federais do interior caíam sob o seu controle. As terras do país foram unidas e passaram por um *boom* econômico baseado nas exportações de carne e cereais e na imigração livre. As Forças Armadas desempenharam um papel central no processo.

Embora a independência tenha sido realmente declarada em 1816, a data de fundação da Argentina, conforme estabelecido pela historiografia liberal triunfante, é 25 de maio de 1810, quando a chamada Primeira Junta de Governo Pátrio foi formada. Essa data tem sido gravada na mente de gerações de argentinos pela educação estatal e é compartilhada como um símbolo por diferentes facções políticas. Esse relato harmonioso contribui para o conceito de um país inclusivo e livre de conflitos, construído por heróis nacionais, soldados abnegados e patriotas leais, ao estilo dos revolucionários franceses, que deram suas vidas e recursos em nome da pátria.

Os membros da junta de maio de 1810 eram "revolucionários" e "patriotas" elevados ao *status* de modelos exemplares (embora na época não se referissem a si próprios dessa forma). Nos anos anteriores à Primeira Guerra Mundial, historiadores e professores contavam uma versão dos acontecimentos de maio de 1810 em que podiam ser vistos os fundamentos da pátria. Aqueles que visitam hoje o interior profundo da Argentina ainda encontram estátuas desses mesmos homens. Alguns são estadistas ou legisladores admirados, mas muitos são soldados, como José de San Martín (1778-1850), conhecido como "pai da pátria"; depois de ajudar a Argentina na independência, ele cruzou os Andes para inspirar um movimento semelhante no Chile e no Peru.

Analisando do ponto de vista do segundo centenário, em 2010, o panorama era muito diferente. Esse conceito patriótico de história, que toma o lugar de um sentimento compartilhado do passado para a maioria dos argentinos, entra em choque com uma ferida profunda que ainda não encontrou seu lugar no relato da história do país. Este não é tanto o resultado do desenvolvimento da Argentina como uma sociedade moderna no início e em meados do século XX, embora a mistura única de nacionalismo, centralização, independência e corporativismo de Juan Perón (1897-1974), por três vezes presidente da nação, tenha deixado o seu próprio legado conturbado. Em vez disso, o retrato da história argentina hoje é marcado pelo terrorismo de Estado dos anos 1976-83, uma época traumática em que a pátria devorou seus próprios filhos.

Em 24 de março de 1976, um golpe militar liderado pelo tenente-general Jorge Rafael Videla (n. 1925) derrubou o governo constitucional da Argentina. É verdade que o país vinha sendo marcado por crescente violência política desde o final da década de 1960, mas a tomada do poder pelos militares sinalizou um salto qualitativo na violência civil. Embora evocasse a pátria, a restauração da ordem e os valores tradicionais da nação, o golpe levou a um sistema de repressão ilegal caracterizado por desaparecimentos forçados. A ordem e os valores morais foram restaurados na superfície, mas nas sombras um Estado paralelo controlava as vidas e os bens de seus cidadãos, que foram destituídos de seus direitos básicos. Os considerados subversivos eram sequestrados e levados para centros secretos de detenção e extermínio, onde eram torturados. A maioria foi assassinada, seus corpos foram enterrados em covas sem identificação ou jogados de aviões no mar aberto. Ficaram conhecidos como os *Desaparecidos*. Para famílias e amigos, eram uma perda irreparável; para o Estado que os matou, um mistério para o qual a burocracia não podia fornecer respostas. Incluíam sindicalistas, ativistas políticos, estudantes, intelectuais e suas famílias, pessoas que, de formas diferentes, pertenciam a movimentos revolucionários ou se opunham à ordem que as Forças Armadas tentavam impor. Os números e estimativas oficiais apontam entre 14 mil e 30 mil vítimas.

Então, em 1982, no contexto de um agravamento da situação política, os ditadores militares da Argentina entraram em conflito com a Grã-Bretanha sobre as Ilhas Malvinas (conhecidas na Grã-Bretanha como Falklands). A derrota empurrou os militares para fora do poder, e o aparato terrorista do Estado ficou evidente para milhares de cidadãos que viviam sob ele sem saber de sua existência. As Forças Armadas também perderam a confiança do povo na sua capacidade de defender o país de ameaças externas.

Os principais responsáveis pelo terrorismo de Estado foram levados a júri em 1985 por seus sucessores democráticos, no chamado Julgamento das Juntas, o primeiro a julgar os crimes de um regime ditatorial. Dessa forma, a democracia restaurada sob a presidência de Raúl Alfonsín (1927-2009) deu um passo histórico para descobrir o que ocorrera após o golpe de 1976.

Há duas interpretações possíveis dos acontecimentos de 24 de março de 1976: o início da ignomínia ou o início da luta pela memória, pela verdade e pela justiça. Assim como os militares passaram a simbolizar as piores atrocidades, as mães dos Desaparecidos, que protestavam na Plaza de Mayo com lenços brancos, tornaram-se o emblema da luta por direitos civis.

Para os militares, os Desaparecidos eram terroristas antiargentinos subversivos (qualquer que fosse seu verdadeiro envolvimento em organizações revolucionárias) que precisavam ser exterminados, e cuja matança nunca seria explicada. Entre seus amigos e familiares, nos primeiros anos, os Desaparecidos eram considerados "inocentes" porque não podiam ser reconhecidos como prisioneiros políticos. Para o restante da sociedade, o *status* desses indivíduos como "vítimas inocentes" permitiu que as pessoas sentissem que elas próprias não eram culpadas e reforçou a crença de que somente a junta militar e as guerrilhas terroristas foram responsáveis pela violência. Desde a década de 1990, o envolvimento político das vítimas da ditadura tornou-se mais conhecido e, por vezes, justificado. Até agora, não foi possível aceitar esses eventos, e provavelmente levará mais tempo, pois ainda estão muito vivas as feridas abertas pelos anos de repressão.

Enquanto em 1910 era escrita uma história da nação que ainda alimenta paixões e suscita sentimentos patrióticos, a possibilidade hoje de uma história digna de orgulho e inclusiva é claramente duvidosa. A data do golpe, agora um feriado nacional conhecido como Dia da Memória, é ambígua e difícil, pois uma das consequências da ditadura militar foi a destruição da versão nacional da história – completa, abrangente, indulgente – que os argentinos estavam acostumados a ouvir, compartilhar e ensinar nas escolas. Durante a ditadura, a junta descreveu suas ações como a salvaguarda da pátria e de seus valores tradicionais diante da ameaça da subversão marxista e impatriótica. Em outras palavras, havia "argentinos" respeitosos e amantes da paz, e havia outros que tinham deixado de sê-lo e, portanto, deviam ser exterminados. Tradicionalmente, as Forças Armadas, sobretudo o Exército, eram os guardiães dos valores da Argentina e foi em nome destes que se tomou o poder em 1976. Sob o regime militar, elas abusaram de símbolos patrióticos, heróis nacionais e datas históricas. Assim, depois que caíram do poder, houve uma crescente rejeição não apenas a esses símbolos, mas também a seu estudo. Também é verdade, porém, que em lugares onde houve menos repressão – e onde as instituições estatais e a ordem social tradicional são mais fortes – a versão patriótica tradicional da história permanece tão forte como se nada tivesse acontecido depois de 24 de março de 1976.

Culturalmente, isso cria uma curiosa dualidade: o debate sobre a história recente – que é politicamente sensível – continua a recorrer às ferramentas históricas cuja única referência é agora um ponto de corte brutal: a ditadura. Para algumas pessoas, "falar sobre história" significa falar das guerras de independência e dos heróis nacionais, enquanto falar sobre a história política do último quarto de século é um ato político em si mesmo. Para aqueles que querem refletir sobre a história recente, essa visão tradicional e grandiloquente do passado é considerada uma ferramenta da direita, utilizada para justificar os ditadores e uma ordem social injusta que buscava se perpetuar por meio de repressão ilegal.

Ao fazer com que tantos argentinos "desaparecessem", será que a ditadura também fez desaparecer a possibilidade de pensar sobre a história nacional enquanto agia em seu nome? Essa questão, que divide a sociedade argentina contemporânea, é ignorada pela maioria dos observadores estrangeiros. Um olhar pelos guias turísticos revela uma estranha mistura de gaúchos, peronismo (associado ao fascismo), general Galtieri e as Falklands, os Desaparecidos e o jogador de futebol Diego Maradona. Pode haver alguma menção à "guerra suja" (na verdade, os opressores argentinos importaram essa expressão dos Estados Unidos, onde receberam treinamento), enquanto as imagens de mães com lenços brancos ou avós procurando seus netos roubados são conhecidas no mundo todo. O que falta é uma percepção do estresse brutal que a sociedade argentina sofreu desde meados da década de 1970. Isso se traduz, entre outras coisas, na impossibilidade de uma história nacional compartilhada, na inadequação do que é ensinado nas escolas e nas tremendas dificuldades de pensar e escrever sobre um conto de horror e os homens e mulheres forçados a enfrentá-lo, todos nascidos dentro da mesma sociedade que seus opressores.

Todo ano é comemorado o 24 de março de 1976, dia em que interpretações contrastantes se juntam. Os defensores da ditadura falam de uma "guerra contra a subversão" e de "salvação da pátria", e de terem sido derrotados pela guerra suja e destruídos pela propaganda. Seus oponentes falam de "terrorismo de Estado e repressão ilegal", da derrota de uma revolução representada pelos Desaparecidos e da negação de grande parte de sua história. De forma mais ampla, a sociedade argentina que emergiu da década de 1980 preferia ver a si própria como renascida em sua rejeição a qualquer violência e autoritarismo em prol dos direitos humanos e do respeito à democracia.

Em paralelo, o 25 de Maio, aniversário da Revolução, com seus relatos emocionantes das origens do país, continua sendo comemorado como se nada tivesse acontecido desde então: seja desde 1810 ou desde 1976. A realidade argentina é construída a partir de mundos históricos paralelos. Uma história que inclua tudo ainda não é possível, pois apenas fragmentos sobrevivem.

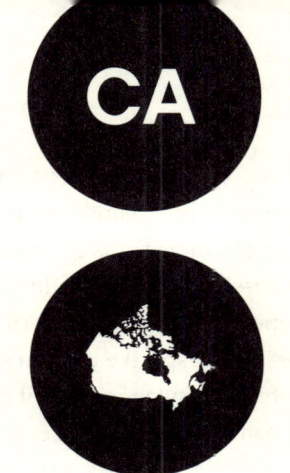

CANADÁ
A ENTIDADE POLÍTICA FLEXÍVEL

Margaret Conrad

"Um canadense é alguém que sabe como fazer amor em uma canoa", brincou o popular historiador Pierre Berton, fazendo referência ao veículo indígena que ajudou a abrir o continente norte-americano às Primeiras Nações (como os povos aborígines são conhecidos) e também aos primeiros imigrantes. Quantos canadenses foram concebidos em uma canoa é algo ainda a ser determinado, mas esses acasalamentos ao ar livre talvez ajudem a explicar o estilo cauteloso que os observadores estrangeiros afirmam ser tipicamente canadense.

Para a maioria dos imigrantes no Canadá, do passado e do presente, o espaço enorme da segunda maior nação do mundo é o que causa a primeira impressão. Tão grande que poucos parecem capazes de compreender o todo; o Canadá é uma entidade política flexível, com suas províncias atuando geralmente como nações em si mesmas. Dois terços do espaço nacional são constituídos por seus três territórios do norte, habitados por menos de 110 mil pessoas, metade delas aborígines. Embora quatro de cada cinco canadenses vivam agora em áreas definidas como urbanas, 89% dos entrevistados em uma pesquisa de 2004 achavam que era a "imensa vastidão da paisagem" que definia seu país.

O Canadá se caracteriza também pelo clima, quente e frio, mas é do frio que as pessoas se lembram. "Até eu vir para o Canadá", observou o escritor Alberto Manguel, nascido na Argentina, "não sabia que neve pudesse ser um palavrão". A sobrevivência em um clima setentrional é sempre um desafio. Talvez seja por isso que as modestas contribuições do Canadá à cozinha internacional incluam a rosquinha Tim Horton, cheia de calorias, e o *poutine* de Québec, que consiste em batatas fritas cobertas com queijo fresco e molho de carne. Fazendo da necessidade uma virtude, os canadenses adotaram os esportes de inverno, em especial o hóquei no gelo, uma espécie de paixão nacional.

O espaço e o clima se uniram para tornar o Canadá um lugar difícil de habitar e ainda mais difícil de governar, mas os amplos recursos naturais da região há muito atraem a atenção humana. No passado distante, os antepassados das Primeiras Nações do Canadá (representando mais de cinquenta grupos linguísticos) moviam-se incansavelmente pelo continente em busca de barbatanas e peles. Quando os europeus começaram a chegar, há quinhentos anos, muitos nativos avidamente passaram a trocar seus recursos por armas, facas, panelas e cobertores, que facilitam muito a sobrevivência em um clima frio. Sua vantagem inicial nessa troca evaporou sob o ataque, não de armas na maioria dos casos, mas de doenças às quais os povos aborígines tinham pouca imunidade. À medida que os micróbios se espalharam pelo continente, às vezes chegando antes dos invasores humanos, a população nativa foi diminuindo vertiginosamente. Com seu número agora avançando bastante, as Primeiras Nações têm contribuído muito para o desenvolvimento do Canadá, tanto que o escritor John Ralston Saul conclui que "somos uma civilização de *métis* [mestiços]" (como eram chamados os filhos dos "casamentos do campo", vantajosos para ambos os lados, entre comerciantes de peles europeus e mulheres indígenas).

Embora a maioria das nações europeias tenha sido inicialmente atraída para o norte da América do Norte por causa do bacalhau e da busca por uma passagem a noroeste, foi a pele de castor que sustentou dois impérios coloniais em grande parte da área hoje chamada Canadá. Entre 1608 e 1763, a França, em aliança com as Primeiras Nações, ingressou nas planícies do oeste pelo sistema rio São Lourenço-Grandes Lagos e desceu pelo Mississippi até a Louisiana. Pelo Tratado de Utrecht (1713), os britânicos tiraram da França as colônias Terra Nova e Acádia, na costa leste, e confirmaram sua suserania sobre o vasto território da baía de Hudson, conhecido como Terra de Rupert. Depois, pegaram o resto durante a Guerra dos Sete Anos (1756-63), tomando as principais fortalezas francesas de Louisbourg, Québec e Montréal em três anos sucessivos.

A conquista deixou uma população francesa significativa no território britânico. Os canadenses francófonos agora encontram lares por todo o país, mas principalmente em sua "nação", Québec. Em resposta ao crescente sentimento separatista na província, o governo federal, sob o primeiro-ministro Pierre Elliott Trudeau (1919-2000), adotou a política de bilinguismo em 1969 (como fez a província de Nova Brunswick, onde residem muitos descendentes dos franceses que imigraram para a Acádia). Essa iniciativa não conseguiu impedir que o Parti Québécois, comprometido com a independência, fosse eleito e conduzisse dois referendos sobre a separação de Québec (em 1980 e 1995), o último perdido por uma margem minúscula.

Québec é tão predominante no discurso político da nação que "o resto do Canadá" é agora conhecido por suas iniciais – ROC (*"rest of Canada"*). Dentro dessa designação, há uma grande diversidade de povos, cujas origens remontam a todas as nações do mundo. Imigrantes da Inglaterra, Escócia, Irlanda, Nova Inglaterra e Europa continental começaram a se mudar em números significativos para as colônias da costa leste após a fundação de Halifax, em 1749, mas foi a chegada de quase 50 mil refugiados legalistas[14] dos Estados Unidos após a Guerra Revolucionária Americana (1775-83) que deu ao Canadá o início de uma população de língua inglesa autoconsciente e altamente diversificada.

Na primeira metade do século XIX, uma grande quantidade de imigrantes britânicos, muitos deles fugindo da pobreza e da opressão, mudou-se para a América do Norte britânica, trazendo consigo o capitalismo moderno, um cristianismo briguento, uma sociedade civil vigorosa e o Iluminismo europeu, incluindo suas complexas convenções relativas à classe, ao gênero e à raça. As instituições britânicas de governança criaram raízes, em maior ou menor grau, em todas as jurisdições coloniais. Depois de rebeliões no Alto e no Baixo Canadá (em 1837-38) e complicadas manobras políticas em todos os lugares, as colônias orientais alcançaram o "governo responsável", expressão utilizada para distinguir-se da independência total e das variantes republicanas da democracia na França e nos Estados Unidos. As rebeliões e o governo responsável colocaram em movimento o que o historiador Ian McKay descreve como "projeto de governo liberal". Embora no Canadá, como em outros lugares, tenham sido calorosamente contestados e seletivamente aplicados, os princípios do liberalismo

---

14 Colonos norte-americanos que permaneceram leais à Grã-Bretanha durante a Guerra de Independência dos Estados Unidos. [N.T.]

serviram como estrela-guia para reformadores, incluindo muitos sufragistas e organizadores sindicais, e para líderes da maioria dos partidos políticos.

A confederação foi um passo importante para a consolidação do Estado-nação, empreendida no contexto de uma guerra civil nos Estados Unidos, das pressões dos interesses financeiros na Grã-Bretanha e do furor pelo desenvolvimento industrial no mundo ocidental. Três colônias orientais "governadas responsavelmente" – Nova Escócia, Nova Brunswick e o Canadá Unido (Québec e Ontário) – uniram-se em 1867 como o primeiro "domínio" (o termo "reino" poderia ter deixado os estadunidenses nervosos) no Império Britânico. O nome Canadá (originalmente uma palavra aborígine para aldeia, adotada pelos franceses para a região de São Lourenço, na Nova França, e que os britânicos conservaram no Alto e Baixo Canadá) foi aplicado para o todo. Em 1880, a Terra de Rupert e o Ártico, junto com as colônias Colúmbia Britânica e Ilha do Príncipe Eduardo, foram trazidos ao rebanho, de modo que todo o território que agora compõe o Canadá ficou subordinado a um governo sediado em Ottawa, exceto Terra Nova e Labrador, que permaneceram uma jurisdição separada até 1949.

Essa audaciosa tentativa de construir um império com menos de 4 milhões de pessoas tinha como base o modelo dos Estados Unidos, a bênção do governo britânico e uma rede de comunicações para unir o todo. Em sua política nacional, o primeiro primeiro-ministro do Canadá, o escocês Sir John A. Macdonald (1815-91), adotou como prioridade o assentamento agrícola na região oeste, uma ferrovia transcontinental e tarifas altas o suficiente para criar um setor industrial no coração do país, no sistema São Lourenço-Grandes Lagos, dominado pelas metrópoles emergentes de Montréal e Toronto. Em 1914, três linhas ferroviárias atravessavam o continente, e uma enxurrada de imigrantes vindos da Europa, dos Estados Unidos e de outros lugares estabeleceu-se no *last best west* ("o último melhor oeste"), fornecendo a mão de obra necessária para uma economia em expansão.

Sob a liderança de Louis Riel (1844-85), os *métis* e os povos das Primeiras Nações, que viviam nas pradarias, organizaram por duas vezes (em 1869-70 e 1885) uma resistência aos invasores canadenses, sem sucesso. Os *métis* foram marginalizados após a insurreição de 1885, e as Primeiras Nações, no oeste em desenvolvimento e em outros lugares, foram mantidas em posição subordinada pelas políticas culturalmente destrutivas que fundamentaram a Lei Indígena de

1876 e as escolas residenciais indígenas, onde os nativos eram obrigados a aprender a cultura e as práticas europeias.

O desafio de alcançar a maturidade política como filho de um poder imperial e irmão caçula de outro é a chave para entender o Canadá como Estado-nação. Desde o momento da fundação, os líderes canadenses estavam conscientes do papel que a Grã-Bretanha desempenhava em fornecer mercados, proteção militar e, acima de tudo, uma força para contrabalançar o "destino manifesto" dos Estados Unidos de dominar todo o continente norte-americano. No século XX, os canadenses travaram duas guerras mundiais ao lado da Grã-Bretanha, ajudando o país-mãe em apuros a se segurar até que o irmão pródigo finalmente decidisse se unir à causa dos Aliados.

Os sacrifícios em tempo de guerra, incluindo a vida de mais de 100 mil homens e mulheres nos campos de batalha da Europa, ajudaram o Canadá a avançar rumo à independência. Após a Primeira Guerra Mundial, o país foi um dos signatários do Tratado de Versalhes, e o Estatuto de Westminster de 1931 confirmou a autonomia dos domínios na Comunidade Britânica de Nações. A Segunda Guerra Mundial aumentou muito o sentimento de confiança nacional e a capacidade produtiva do Canadá, abalados pela Grande Depressão. Em 1947, o Canadá começou a emitir seus próprios passaportes e, em 1965, adotou, embora não sem uma barulhenta controvérsia, uma bandeira distintiva, ostentando uma folha de bordo vermelha.

Em uma clara manifestação de cautela, os canadenses adiaram a proclamação de independência total até 1982, quando, pela lei constitucional, ficaram finalmente habilitados a alterar sua Constituição sem recorrer a uma lei do Parlamento britânico. No entanto, o monarca britânico ainda é oficialmente o chefe de Estado canadense, e o rosto da rainha Elizabeth aparece na moeda nacional. "Como", pergunta Roy MacGregor, colunista do *Globe and Mail*, "você explicaria a alguém que nosso chefe de Estado [a governadora-geral Michaëlle Jean, 2005-10] é do Haiti e teve de desistir de sua cidadania francesa para representar a rainha da Inglaterra no Canadá?"

A resposta a essa pergunta é encontrada na transformação do Canadá nas três décadas seguintes à Segunda Guerra Mundial. Emergindo como uma grande nação industrial com um dos mais altos padrões de vida do mundo, o Canadá adotou também políticas dignas de seu *status* recém-alcançado. O governo federal triunfou sobre os defensores dos direitos de as províncias legislarem, o que às vezes é descrito como uma segunda política nacional, implementando programas sociais em todo o país, entre eles o popular Medicare. Na década de 1960, o Canadá abriu suas portas para imigrantes "qualificados" de qualquer matiz para fornecer mão de obra essencial na expansão dos setores industrial e de serviços e, em 1971, adotou oficialmente um programa de multiculturalismo. As principais cidades canadenses estão agora entre as mais etnicamente diversificadas do mundo.

Após a Segunda Guerra Mundial, o Canadá posicionou-se cuidadosamente como uma "potência média" internacional, participando da criação das Nações Unidas e da Organização do Tratado do Atlântico Norte, ajudando a redigir a Declaração dos Direitos Humanos da ONU e enfatizando a negociação e os acordos como alternativas à guerra. Diplomatas canadenses, entre eles o ganhador do Prêmio Nobel da Paz, Lester Pearson (1897-1972), muitas vezes desempenharam o papel de mediadores em uma sala cheia de egos inflados. Na década de 1950, a "manutenção da paz" tornou-se a marca dos militares canadenses, mas a "guerra ao terror" depois de 11 de setembro de 2001 destruiu o que acabou se tornando uma extravagante ficção.

Os céticos há muito tempo apontam que, na maioria das iniciativas de política externa, o Canadá atua como servo dos Estados Unidos. De fato, os Estados Unidos eram o elefante em todos os cômodos. Esforços para definir um Canadá que fosse mais do que um eco fraco de seu vizinho do sul tornaram-se um dos principais objetivos de sucessivos governos nas décadas do pós-guerra. Quando conquistaram o poder em 1984, os conservadores progressistas, sob o comando de Brian Mulroney (n. 1939), abandonaram essa missão aparentemente impossível. O protecionismo, que foi posto em questão pelas ortodoxias neoliberais predominantes, foi varrido em janeiro de 1989 pela implementação de um abrangente Acordo de Livre Comércio com os Estados Unidos, mais tarde estendido ao México. Em um abraço tão apertado com o elefante, a anexação formal é irrelevante.

Ser canadense, dizem alguns, significa nunca ter de pedir desculpas; mas os canadenses foram obrigados a se desculpar por algumas transgressões, entre elas as escolas residenciais indígenas, o imposto sobre cada chinês que entrou no país e os campos de concentração de canadenses japoneses durante a Segunda Guerra Mundial. Para muitos canadenses, a pegada de carbono das areias betuminosas de Alberta, a pobreza dos povos aborígines, de crianças e de imigrantes recentes em uma terra de abundância e a falta de vontade do governo federal em desempenhar um papel de liderança mais forte no cenário mundial continuam sendo motivos de lamentação.

Em 1972, o popular apresentador da CBC, Peter Gzowski, pediu a seus ouvintes que criassem um contraponto canadense ao aforismo "tão americano quanto a torta de maçã". A vencedora do concurso, Heather Scott, de 17 anos, sugeriu "tão canadense quanto possível nas atuais circunstâncias". Quase quatro décadas depois, isso ainda faz sentido. Por outro lado, John D. Blackwell e Laurie Stanley-Blackwell argumentam que "o Canadá é um dos grandes casos de sucesso como nação na história moderna, um país onde pessoas de todo o mundo encontraram oportunidades para a individualidade e a comunidade". Isso também faz sentido.

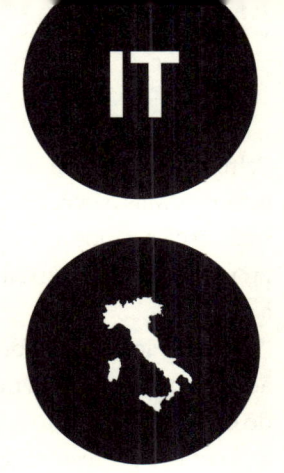

ITÁLIA
CATOLICISMO, PODER, DEMOCRACIA E O FRACASSO DO PASSADO

Giovanni Levi

A Itália é um país católico: o país católico *par excellence*, a residência permanente do papa. No entanto, ao discutir o catolicismo italiano, é importante pensar em termos antropológicos, e não religiosos. Ao nos aprofundarmos no passado católico, podemos explicar as raízes dos problemas que a Itália enfrenta hoje.

Durante o século XVI, a Europa estava profundamente dividida a respeito das implicações políticas da religião. No mundo protestante, acreditava-se que o poder emanava diretamente de Deus. Embora essa religião viesse a gerar ideais absolutistas assim como teorias constitucionais, o poder político era considerado sagrado e, mesmo quando suas origens teológicas caíram no esquecimento, permanecia um sentimento de respeito por suas instituições. As discussões dentro do protestantismo concentravam-se em quais poderes teriam sido criados por Deus: os do príncipe, os do juiz ou os de um povo soberano capaz de eleger seus representantes. Com o tempo, a aura sagrada em torno do poder político foi internalizada como um valor cívico. Às vezes, isso levava à obediência absoluta à autoridade, mas, por vezes, o direito de resistir a um príncipe cruel era instituído por meio de representantes democraticamente eleitos. De acordo com a visão protestante, todas essas formas de poder político se apoiavam na intervenção divina.

Já os católicos desenvolveram teorias políticas completamente diferentes. Para eles, Deus não tinha nenhum papel nas instituições criadas pela humanidade.

Feitos por Deus como seres sociais, a nós cabia a tarefa de criar nosso próprio governo. Mas o livre arbítrio significava que poderíamos criar qualquer governo que desejássemos. Os seres humanos, porém, são pecadores e tendem a produzir instituições imperfeitas; por isso, coube à Igreja corrigir suas ações e levá-los à salvação.

Essa ideia tomou forma com o renascimento do pensamento tomista (ligado aos escritos de Tomás de Aquino) no século XVI e foi aprimorada nos debates do Concílio de Trento (1545-63), durante os quais a Igreja católica formulou sua resposta ao protestantismo. Passou, no entanto, a ser dominante no pensamento político católico por meio das ideias expostas pelo jesuíta Francisco Suárez (1548-1617), entre 1582 e 1612, e por outros teólogos ao longo do século XVI. Segundo eles, duas formas de autoridade – a Igreja e o Estado – disputavam constantemente a supremacia, sem separação clara de tarefas ou hierarquias. As esferas de ação e de competências eram confusas, e as regras e princípios, muitas vezes contraditórios. A relação do homem com o governo era marcada por instituições fracas e por uma cultura de clemência, absolvição e incerteza jurídica.

Hoje se pode dizer que na Itália a religião não é mais tão importante em si e por si mesma. Mas, sob a superfície de uma sociedade e de um Estado aparentemente seculares, quatro séculos de coabitação entre Igreja e Estado moldaram a política e criaram uma percepção de justiça que é dominada por esse dualismo. De fato, em todo o mundo os países católicos compartilham essa característica de instituições que são enfraquecidas pela existência de sistemas incompatíveis, com uma proliferação de regras e leis. Como resultado, eles raramente conseguem criar níveis significativos de consenso.

Na Itália, tanto as leis do Estado quanto os ensinamentos morais da religião são fracos. O Estado é praticamente considerado um elemento estranho, uma instituição que todos têm o direito (quase o dever) de fraudar, e condutas semelhantes são mantidas em relação à Igreja. Com o passar do tempo, essas condutas foram internalizadas e passaram a moldar o comportamento social e as opiniões políticas, um problema que a Itália não tem conseguido resolver. Surgiu uma espécie de "anarquismo católico", uma generalizada indiferença e desconfiança das instituições públicas, bem como uma ideia de religião que é contratual, que oscila entre pecado e perdão, entre o poder do perdoador e a fraqueza do pecador. Isso, por sua vez, levou à transigência, à indulgência, à astúcia e a erros de julgamento.

Essa doença incurável teve muitas consequências. Instituições fracas procuram se defender aumentando a regulamentação e, às vezes, impondo uma transformação autoritária do Estado como último recurso diante da insegurança e desordem entre a população. Todos os países católicos experimentaram formas ditatoriais de governo no século XX. Na Itália, o sucesso populista nas décadas de 1990 e 2000 do presidente do Conselho de Ministros, Silvio Berlusconi (n. 1936), pode ser entendido nesses termos. O poder institucional ataca as próprias instituições (assim como o fazem ou sonham fazer os indivíduos), bem como o sistema tributário, as regras que controlam as transações financeiras, o meio ambiente e a etiqueta moral.

É difícil imaginar qualquer grande mudança no futuro imediato. A Itália não tem mitos, momentos ou episódios fundadores que possam ser utilizados para uma construção eficaz da nação. Embora alguns italianos vejam como uma espécie de mito fundador o *Risorgimento* de meados do século XIX – quando o reino do Piemonte expulsou os austríacos do norte e unificou os estados italianos sob o seu domínio –, tratou-se na realidade de uma guerra civil. O momento-chave foi a abolição do poder temporal dos papas pela dissolução dos Estados Papais em 1870, o que dividiu o país em dois, geograficamente e de muitas outras maneiras. No entanto, é impensável para um país católico transformar uma guerra contra o papado em seu mito fundador. Na escola, o *Risorgimento* não é estudado como guerra civil, mas como uma guerra contra um inimigo externo, a Áustria. A história na Itália não tomou forma por meio de conflitos civis como os que estão no cerne de outras mitologias nacionais, a vitória interna do bem sobre o mal, como na Guerra Civil Americana, na Revolução Francesa ou na Guerra Civil Inglesa. Nem mesmo os fascistas ultranacionalistas, que governaram a Itália de 1922 a 1943, conseguiram usar o *Risorgimento* como mito fundador; tiveram de remontar – absurdamente – à Roma antiga.

Assim como o *Risorgimento*, a mais recente alternativa a ele como mito fundador também se provou ruim: a resistência popular ao fascismo depois do armistício em setembro de 1943, que culminou na libertação do país em 25 de abril de 1945. Por quarenta anos depois da guerra, um ideal católico-humanista compartilhado pintou a Itália como um país onde uma maioria antifascista lutou contra uma perversa minoria, e, assim, a luta entre os fascistas e seus oponentes não era considerada uma guerra civil. Mais recentemente, porém, historiadores mostraram que uma grande parcela da nação de fato apoiou o regime, de modo que a resistência também se mostrou inútil como mito fundador.

Nem os italianos nem os estrangeiros costumam atribuir ao catolicismo um papel fundamental na formação de nosso caráter. O conceito de "familismo amoral" tem sido muitas vezes utilizado para descrever o forte apego à família, o papel superprotetor da mãe e a quase ausência do pai. Mas essas características surgem em decorrência de uma tendência perversa de se refugiar na solidariedade familiar, no clientelismo e em instituições informais e fragmentárias diante de organizações políticas e religiosas disfuncionais. Assim, tomou forma a imagem de um país livre e anárquico, mas também dividido e incapaz de tomar decisões coletivas ou concluir projetos. A Itália é vista como uma nação que combina iniciativa individual com paralisia burocrática, corrupção e conflitos internos. É vista ainda como um país que perdeu o interesse na beleza e na cultura, que não lhe faltam, em seu desejo de avançar para uma modernidade sem cultura. Tudo isso é acompanhado por uma tendência dos italianos a simplesmente sobreviverem, sem qualquer vínculo real com o seu passado ou visão coerente do futuro: "temos uma vida boa e que os outros também tenham. Não esperamos que as coisas funcionem; estamos interessados em como nos adaptar à sua natureza disfuncional".

Benito Mussolini (1883-1945), líder do Partido Nacional Fascista, disse em uma ocasião: "Não é difícil governar os italianos, é simplesmente inútil". Pessoas de fora também nos veem com ironia e surpresa, sem entender que esse povo com tão pouco interesse em regras políticas e religiosas foi criado por um conflito entre um Estado fraco e uma Igreja que está sempre pronta a perdoar – desde que aceitemos a ideia de que somos todos pecadores, prontos a ser perdoados justamente por causa dessa trágica inevitabilidade.

Hoje a Itália é um país desmoralizado e desiludido. Desde meados da década de 1990, o desaparecimento dos democratas-cristãos e do Partido Comunista, os dois partidos que gerenciaram o poder e dominaram a oposição, transformou todos os pontos de referência políticos. O representante ideal foi substituído pelo conceito de "governabilidade": uma forte maioria política reforçada por um sistema eleitoral que garante a estabilidade dentro de uma estrutura artificial bipartidária. Qualquer sentimento de representação popular foi substituído por uma gestão tecnológica do poder – mas isso, por sua vez, resultou no crescimento de partidos populistas contra o *establishment*, uma experiência semelhante à de muitos outros países europeus. Ao mesmo tempo, a globalização rompeu a relação entre a classe trabalhadora e o mundo do consumo, e os sindicatos, importantes na democracia do pós-guerra, foram fatalmente enfraquecidos.

Essas formas de associação que caracterizaram a história italiana do pós-guerra desmoronaram. As reuniões locais do Partido Comunista, onde as pessoas discutiam política ou simplesmente pegavam informações, desapareceram, pagando o preço da culpa comunista por ter apoiado o sistema soviético. Essa culpa não foi atenuada pelo fato de os partidos de esquerda terem desempenhado um papel fundamental na criação de uma Itália democrática e na elaboração da Constituição. Os sindicatos passaram a ser dominados por aposentados e não conseguem imaginar formas diferentes de organização e luta capazes de defender os novos trabalhadores imigrantes, muitas vezes sujeitos a formas de exploração brutais e invisíveis. Os laços dentro da comunidade católica permaneceram fortes, porém, ligados a redes paroquiais profundamente arraigadas.

Esse desmoronamento das redes políticas e sociais gerou uma profunda crise na esquerda italiana. O que antes era um partido organizado foi transformado em um movimento frágil e dividido de grupos de pressão. O resultado foi uma frustração generalizada, a convicção de que era impossível uma efetiva participação política. Isso criou uma atmosfera vulnerável a formas de demagogia populista – um estado de espírito explorado por Berlusconi, que, como magnata da mídia, detinha praticamente o monopólio dos meios de comunicação.

Parece-me, portanto, que o catolicismo está no cerne do problema italiano. Não se trata de uma questão de secularismo contra clericalismo, mas de como as fronteiras e os poderes são definidos e divididos. É difícil ver isso claramente, pois o catolicismo é uma parte profunda do nosso caráter: é intrínseco a nós, está no ar que respiramos; está em todo lugar, mas é invisível.

Não surpreende, portanto, que os estrangeiros tenham uma visão tão estereotipada do passado e do presente da Itália, e que sua interpretação de nosso país seja muitas vezes confusa. Os historiadores de fora geralmente se mostram mais interessados na tradição republicana de cidade-Estado da Itália medieval e renascentista. Poucos estrangeiros consideram interessantes os séculos depois da Renascença, em parte porque a Itália seguiu um caminho muito católico para a era moderna. Consequentemente, muitas pessoas acham que o fracasso da Itália em alcançar a plena modernidade ocorreu durante esses séculos. Somos vistos como um país capitalista com "vestígios feudais", ainda ligados à família, uma nação civilizada ainda ameaçada por formas de populismo e autoritarismo, um país que passou por momentos de mudança democrática e que, embora capaz de elaborar uma Constituição avançada, não conseguiu usá-la como trampolim para o desenvolvimento cívico verdadeiramente moderno.

Os italianos têm uma fraca noção de identidade nacional. O localismo paroquial ou, de outro modo, o mundo católico cosmopolita está nas raízes da falta de orgulho pela nação. Além disso, um forte sentimento de autoironia leva a uma preferência por narrativas que ressaltam nossos defeitos em vez de nossos méritos, que muitas vezes são associados simplesmente às vantagens de uma cidade sobre outra, ou a aspectos regionais. Na Itália, mais do que em outros lugares, desenvolveu-se um forte sentimento de desapego em relação ao passado: este é visto como uma sucessão mais de erros que de acertos.

O revisionismo histórico na Itália consiste, portanto, em grande parte, em desvalorizar o passado em vez de justificar ou revisitar nossa história. Trata-se não tanto da relegitimação histórica do fascismo, mas de desprezar o antifascismo, reduzindo-o a uma obra de comunistas que praticaram atrocidades durante a resistência e depois da guerra. Essa violência é tirada do contexto e entendida de modo a gerar uma branda condenação de todo o nosso passado recente e um distanciamento da memória de eventos passados.

O passado traz consigo princípios e regras que retardam o pleno desenvolvimento de um "glorioso" futuro neoliberal, sem passado, sem memória e sem definição. Durante quinze anos, Berlusconi recusou-se a participar das comemorações antifascistas anuais de libertação em 25 de abril, justificando sua posição com o argumento de uma reconciliação nacional que não aceitaria como documento fundador a Constituição de 1948, nascida da resistência, e ignorando as obrigações requeridas pelos valores antifascistas nela contidos. Berlusconi só concordou em comemorar o Dia da Libertação quando Gianfranco Fini, líder do antigo partido neofascista, começou a condenar os aspectos ditatoriais e racistas do fascismo. Mesmo assim, Berlusconi tentou distorcer o significado dessa data transformando-a em uma celebração da liberdade em geral (seu novo partido foi chamado de Partido da Liberdade, ou Povo da Liberdade), em vez de especificamente uma comemoração da libertação do fascismo e do nazismo.

Portanto, se há um passado do qual podemos nos orgulhar, é um passado remoto composto em grande parte de arte e monumentos, natureza e paisagens, mas mesmo aqui esses vestígios são prejudicados por interesses econômicos que levaram à especulação imobiliária.

As coisas não parecem boas. Durante anos a Itália foi admirada por seu não conformismo. Os estrangeiros têm uma opinião contraditória sobre esse lugar que acompanham de longe, muitas vezes sem uma compreensão real. Eles voltam como turistas e, quando de férias por aqui, comem bem e passam momentos felizes, mas esta é uma nação dominada por uma classe política corrupta e frágil: a máfia é forte, o meio ambiente é prejudicado, e a corrupção e a desordem são endêmicas. A Itália tem apenas uma verdadeira paixão nacional, o futebol, e uma verdadeira atividade cultural coletiva, a tradição católica. Embora continue sendo um prazer visitar o país por seu passado, esta Itália não tem possibilidade de um futuro respeitável e respeitado, e esse passado é, de certa forma, mais apreciado por outros do que pelos próprios italianos.

Assim que a ligação entre democracia e desenvolvimento começou a desmoronar, as estruturas democráticas italianas sofreram um declínio. Os sistemas que contrabalançam o crescimento e a democracia pareciam mais eficientes, pelo menos em termos econômicos – ou melhor, o foram até que a crescente dívida pública provocou a austeridade e a contenção, ameaçou forçar a Itália a sair da zona do euro e levou a uma suspensão temporária da democracia. Mesmo antes da crise do início da década de 2010, a Itália já tinha se desviado para um autoritarismo disfarçado de presidencialismo. Se existe alguma esperança para o futuro, esta deve ser alcançada pelo longo e difícil retorno à democracia representativa baseada na participação coletiva vinda de baixo para cima. A situação é deprimente – mas é a visão mais realista do meu país neste momento.

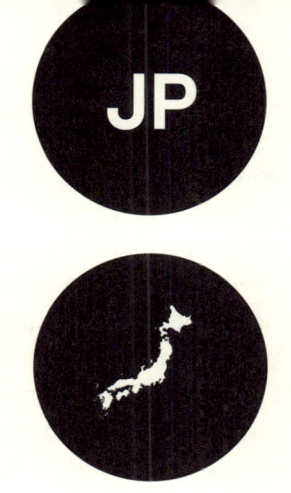

JAPÃO
DO ISOLAMENTO À TRANSGRESSÃO

Ryuichi Narita

Em seu livro *Japan, the Ambiguous, and Myself* [Japão, o ambíguo e eu] (1995), o romancista ganhador do prêmio Nobel Kenzaburo Oe (n. 1935) classificou a literatura japonesa de acordo com três modelos. O primeiro tem como foco a cultura "excepcional" do Japão; o segundo aspira à "universalidade" e produz literatura mundial; o terceiro, que compreende principalmente a literatura popular, "transgride" as fronteiras da mentalidade nacional. Esses três modelos literários – excepcionalismo, universalismo e transgressão – podem ser aplicados mais amplamente à mudança da identidade do Japão ao longo da história.

Em 1853, Matthew C. Perry, comandante em chefe da frota norte-americana das Índias Orientais, chegou com uma carta do presidente dos Estados Unidos solicitando que o xogunato Edo (Tokugawa), que manteve o Japão praticamente fechado a influências externas por mais de dois séculos, abrisse o país ao comércio. Esse ano é o ponto de partida do Japão moderno. Em 1868, o xogunato foi derrubado pela chamada Restauração Meiji, com o poder centralizado no imperador Meiji a fim de promover uma política urgente de modernização. Passou-se a buscar o desenvolvimento capitalista, com a criação de ferrovias, sistema de comunicação por telégrafo e Forças Armadas.

O período de formação da Era Meiji foi distintivo devido à percepção de que o Japão chegara atrasado à modernização. Esta começara sob a enorme influência do Ocidente, mas o povo japonês tinha a sensação de que o país ficara para trás. A visão do Japão moderno nesse período foi resumida pelo analista e filósofo Yukichi Fukuzawa (1835-1901): "Independência pessoal é independência nacional". Fukuzawa queria estimular o povo, domesticado para ser obediente em uma sociedade feudal, e mostrar-lhe o caminho da "independência pessoal" para que o país se tornasse "uma nação independente" e uma potência no mundo moderno. Essa política foi chamada de "ocidentalização" e posta em prática para "enriquecer e fortalecer" o país. No entanto, embora tentasse construir um novo Japão semelhante ao Ocidente, a Restauração Meiji o fez sob o símbolo tradicional do imperador cujo trono existia desde tempos antigos. Assim, utilizavam-se simultaneamente três sistemas de nomenclatura para indicar o ano: "d.C." (tirado do Ocidente cristão), "Era Meiji" e "reinado imperial", que conta os anos em que o imperador reinou. Além disso, em 1872 foi introduzido o calendário solar gregoriano, embora para o dia a dia se utilizasse o calendário lunar, também conhecido como calendário antigo.

Em 1889, com a introdução do Grande Sistema Constitucional Japonês e da Dieta Imperial, estabeleceu-se uma Constituição formal. Esta centralizava o Estado no poder e na posição do imperador, enquanto os japoneses eram seus "súditos", com direitos e deveres claramente estabelecidos. Do ponto de vista do governo, a Constituição pretendia promover a modernização, ao mesmo tempo que separava o Japão do Ocidente, enfatizando a continuidade de seus sistemas tradicionais. Paralelamente, para aqueles que se opunham ao governo, a definição constitucional do *status* de súdito" também serviu de catalisador para futuras mudanças e, paradoxalmente, sublinhava o caráter excepcional do Japão. Perto da virada do século XX, o Japão desfrutava de sucesso militar e político no cenário mundial, a começar por suas vitórias em guerras contra a dinastia chinesa Qing (Manchu) em 1894-95 e a Rússia czarista em 1904-5. Taiwan já estava colonizado; em 1910, a Coreia foi anexada ao Grande Império Japonês, que se preparava então para invadir a China. O Japão estava rapidamente se tornando uma grande potência militar. Lutou com as forças Aliadas contra os interesses alemães no leste da Ásia durante a Primeira Guerra Mundial e alcançou rápido crescimento econômico, enviando materiais bélicos a seus aliados na Europa.

Em consequência, uma percepção de que a modernização havia trazido resultados reais espalhou-se pelo Japão na década de 1920. A crença em um país verdadeiramente moderno se firmou, e as roupas ocidentais entraram na moda dos cidadãos comuns. A cultura de massa norte-americana infiltrou-se na sociedade, e o rádio e o cinema tornaram-se formas populares de entretenimento. Havia uma nova paixão pela velocidade, e eficiência era a palavra de ordem, mesmo dentro de casa, onde máquinas de lavar e outros produtos elétricos passaram a ser utilizados.

O folclorista Wajiro Kon (1888-1973) estudou as crenças dos habitantes da megalópole de Tóquio durante os anos entreguerras. Ele observou que o uso da expressão "idade moderna" disseminou-se à medida que se generalizou o apreço pelos benefícios da modernização. O período passou a ser conhecido como "modernismo japonês", e cresceu a percepção de que a consciência japonesa era receptiva às formas ocidentais de modernismo, de modo que uma forma parcial de modernidade universalista agora prosperava. Outro folclorista, Kunio Yanagida (1875-1962), descreveu os que apoiavam a ordem tradicional do Japão como "pessoas comuns" e apontou para a diminuição iminente desse grupo em face da rápida modernização da cultura do país.

Em 1929, quando a Grande Depressão mergulhou o mundo na crise econômica, o Japão buscou amparo em suas tradições de autoritarismo. O país adotou uma agressiva política militarista e escolheu o fascismo como solução. Como as conquistas da modernidade não conseguiram evitar a crise, a resposta então foi tentar transcender o período moderno. Devido às suas características ocidentais, o modelo universalista foi rejeitado em favor de um retorno à tradição do excepcionalismo japonês.

Esse excepcionalismo japonês passou a ser aplicado de forma violenta e direcionado para a mobilização da população para a guerra. O monte Fuji e a flor de cerejeira, que antes simbolizavam o próprio Japão, adquiriram então um significado especificamente militar como símbolos da mobilização e da unidade nacional. O imperador, que representava 2.600 anos de tradição, foi retratado como um ser diferente de qualquer outro no mundo: ele era Deus. Embora poucos acreditassem de fato em sua divindade, isso era transmitido com rigor aos alunos das escolas de ensino fundamental. O excepcionalismo japonês esteve onipresente durante o período de guerra e produziu um poder extremamente destrutivo.

A guerra foi determinante para o Japão dos anos 1930 em diante. Em 1931, o Grande Império Japonês enviou tropas para a Manchúria, no nordeste da China, e em 1937 iniciou uma guerra em grande escala com esse país. A mitologia ocupa um lugar importante na cultura japonesa; embora a guerra exija um pensamento racional, o Japão agora se voltava para formas irracionais de motivação com o intuito de inspirar a paixão nacionalista. Enquanto isso, dentro de suas novas colônias, adotou uma política de assimilação semelhante ao modelo francês, em vez de um autogoverno de estilo britânico. Começando com a Coreia (conquistada em 1910) e Taiwan (1895), implantou-se nas colônias o ensino do idioma japonês e construíram-se santuários onde os colonizados eram obrigados a orar. As populações locais tiveram de adotar nomes e costumes domésticos japoneses.

Em 1941, o país estava em guerra contra os exércitos aliados de Estados Unidos, Grã-Bretanha e França. Durante o conflito, as tropas japonesas cometeram crimes de guerra terríveis, como o massacre de mais de 100 mil civis chineses em Nanquim, o trabalho forçado de coreanos e o uso de "mulheres de conforto do exército" (algumas delas japonesas) como escravas sexuais. Havia até um grupo de elite de cientistas pesquisando a guerra biológica.

No entanto, os efeitos dos ataques aéreos de 1945 à população japonesa e o uso da bomba atômica pelos Estados Unidos não podem ser ignorados. Mais de 150 cidades foram bombardeadas por aviões (os números variam de acordo com as fontes), resultando na morte de mais de 500 mil pessoas. Em Hiroshima e Nagasaki, onde as bombas atômicas foram lançadas, 140 mil e 70 mil pessoas perderam suas vidas, respectivamente. As duas ações foram ataques indiscriminados contra civis. Os efeitos da radiação continuaram aumentando o número de mortes nos anos seguintes, e ainda afetam os filhos e os netos dos que sobreviveram. Em Okinawa, a guerra foi travada em terra e vitimou inúmeros civis; alguns foram executados pelo exército japonês. Em função dessas atrocidades, por um longo período os japoneses lembraram a guerra do seu ponto de vista como vítimas. Ao buscar os responsáveis, não respondiam às acusações de crimes de guerra cometidos por eles mesmos e construíam argumentos para defender o Japão, enquanto a questão de quem teria a responsabilidade final permanecia ambígua.

A derrota veio em 1945 com um anúncio formal do próprio imperador. Nos seis anos seguintes, o Japão foi ocupado pelas forças aliadas, mas, sob a figura simbólica do imperador, e com a Constituição restabelecida em 1947, o país renunciou à guerra para sempre e em 1952 recuperou sua soberania.

Após a derrota catastrófica, o cientista político Masao Maruyama (1914-96) tratou da necessidade de se retornar ao modernismo. Na sua opinião, o governo imperial introvertido e excepcionalista havia distorcido o caráter do Japão durante a guerra e, ademais, conduzira o país a uma derrota devastadora.

Maruyama argumentou apaixonadamente pela retomada do Ocidente moderno como exemplo para corrigir as distorções do período anterior. Enquanto se afirmava o valor da democracia e dos direitos humanos, Maruyama passou a defender a criação de um novo Japão moderno. Ele e seus associados são muitas vezes chamados de "principalistas do período moderno", mas, embora insistissem em um modelo universalista para a modernização japonesa, tomavam como ponto de partida o caráter excepcional do Japão. Douglas MacArthur (1880-1964), comandante em chefe das forças aliadas que ocupavam o Japão, também reconheceu isso, julgando que um rápido progresso em direção à modernização seria refreado pela imaturidade das instituições democráticas do país. Consequentemente, o excepcionalismo foi o modelo que prevaleceu no período do pós-guerra.

Do final dos anos 1950 até a década de 1960, Maruyama e seus colegas foram objeto de muitas críticas, especialmente da extrema esquerda. As principais objeções eram que eles olhavam exclusivamente para o Ocidente moderno e que suas opiniões não eram compartilhadas pelas massas. Marxistas, democratas e historiadores asiáticos preocupados com a história dos cidadãos comuns criticavam Maruyama. O ativista de esquerda e poeta Takaaki Yoshimoto (1924-2012) foi um desses críticos, ao afirmar que o valor social de uma política era mais importante do que sua contribuição para o prestígio nacional. Yoshimoto enfatizava a cultura distintiva do povo japonês, antagonizando-se com as opiniões ocidentalizantes de Maruyama.

Nas décadas que se seguiram ao fim da guerra, houve um rápido crescimento que transformou o Japão em uma grande potência econômica, apesar de dois períodos de lento crescimento após os choques do petróleo de 1953 e 1979. O país parecia avançar em direção à modernidade universalista. Considerava-se, no entanto, que esse desenvolvimento estava baseado na "gestão de estilo japonês" e nas "relações industriais de estilo japonês": ou seja, ainda se enfatizava o modelo do excepcionalismo. O elevado volume de exportações do Japão na época demonstrou a capacidade do país de utilizar com sucesso sua singularidade como polo de vendas. Na década de 1980, os recursos acumulados foram usados para aumentar a atividade de exportação, especialmente na indústria automobilística. Isso gerou atrito comercial com os Estados Unidos e contribuiu para a "bolha econômica" do Japão.

O fim da Guerra Fria e outras mudanças globais que vieram por volta de 1989 também trouxeram mudanças para os sistemas político e econômico do Japão. O conservador Partido Liberal Democrata, que desfrutara de um longo período de governo desde a sua fundação em 1955, entrou em declínio, enquanto seus métodos econômicos, de aplicação dos lucros na infraestrutura pública, deixaram de ser eficazes. No século XXI, a abordagem predominante na economia passou a ser o neoliberalismo.

Dentro desse padrão de desenvolvimento da história recente do Japão, os três modelos propostos por Kenzaburo Oe podem ser observados de forma simplista: o primeiro modelo, a busca de um caminho particularista ou excepcionalista para a modernidade, pode ser aplicado ao período que se estende até a Guerra Russo-Japonesa de 1904-5; o segundo, o da busca de uma modernidade universalista, até a invasão da China em 1931; o terceiro, o da transgressão das normas da modernidade, tem sido de especial importância desde 1973.

Essas divisões cronológicas, no entanto, não são de todo simples e diretas, pois os dois primeiros modelos – excepcionalismo e universalismo – são difíceis de separar em formas puras, e a progressão de um para o outro ocorreu sem mudanças evidentes em termos de política externa. Mas não há dúvida de que inicialmente o caminho excepcionalista para a modernidade estava em ascensão, enquanto mais tarde, durante a primeira metade do século XX, prevaleceu o modelo universalista, até o Japão entrar em guerra na década de 1930. O terceiro modelo, da transgressão, começou a aparecer no final da década de 1920, mas foi reprimido e não alcançou plena expressão por mais meio século. Depois de 1945, o país viveu uma repetição do processo.

O rápido crescimento econômico no final do século XX transformou o Japão em uma sociedade de massas. A fase moderna da transgressão é o produto de um país que novamente realizou com sucesso a modernização. Embora ocasionalmente descrita como "pós-moderna", uma caracterização melhor talvez seja "sociedade pós-pós-guerra". O sociólogo Munesuke Mita (n. 1937) descreveu os períodos da história japonesa do pós-guerra como a "era dos ideais" (correspondendo ao período formativo de 1945-52) e a "era dos sonhos" (o período do desenvolvimento), seguida pela "era da ficção" (o período contemporâneo, desde 1973). Mita vê o modelo contemporâneo de transgressão como completamente diferente do excepcionalismo e do universalismo do pós-guerra. Ele aponta a série de incidentes causados pelo culto Aum Shinrikyo, que culminou no atentado com gás sarin no metrô de Tóquio em 1995 e nos aleatórios assassinatos em série de meninas por um jovem, como atos em que os limites entre realidade e ficção eram ambíguos para os criminosos. Mita argumenta que o próprio Japão entrou em uma situação em que as fronteiras entre realidade e ficção se dissolveram, dando início a uma nova "era da impossibilidade".

Akihabara, um distrito de Tóquio, está no centro dessa ideia. Ali se encontram as empresas de tecnologia que são emblemáticas do Japão contemporâneo. Desde o período de desenvolvimento do pós-guerra, o Japão tem buscado avançar através da capacidade tecnológica, começando com a indústria automobilística na década de 1960 e expandindo-se para eletrodomésticos e computadores na década de 1990. Essas empresas ocupam as ruas de Akihabara onde, seguindo a tendência chamada *Kosu Pure* (ou *Cosplay*), jovens e garçonetes em cafés e restaurantes começaram a se fantasiar como personagens de *videogames* e desenhos animados japoneses.

O que temos visto é a evolução do próprio conceito de "Japão". A entrada de corporações multinacionais e de trabalhadores estrangeiros tornou as fronteiras do país ambíguas, e o espaço compreendido pelo "Japão" não é mais evidente. A divisão entre excepcionalismo e universalismo diminuiu de importância, e a própria pergunta "O que é o Japão?" começou a ser questionada. Um novo movimento com fé incondicional no "Japão" dá uma resposta, insistindo em um país "excepcional", apesar da consciência subjacente de que o conceito é uma ficção. Um autor central nesse movimento é Yoshinori Kobayashi (n. 1953), que, através de livros populares de histórias gráficas, os mangás, elogia o imperador e afirma que o Japão estava certo na Segunda Guerra Mundial. Em 2009, com a queda do governo do Partido Liberal Democrata, depois de 54 anos ininterruptos no poder, aumentaram os sinais de mudança; e sob o nacionalista Shinzo Abe, primeiro-ministro desde 2012, houve sinais de um retorno ao excepcionalismo.

O terremoto na região de Tohoku, em 11 de março de 2011, foi um evento catastrófico sem precedentes que matou quase 20 mil pessoas e marcou permanentemente a história do Japão moderno. O país já tinha sofrido outros grandes sismos, incluindo o de Hanshin, que danificou a cidade de Kobe em 1995, mas o de Tohoku, de magnitude 9, foi um dos mais graves já registrados. O terremoto também desencadeou um *tsunami* que devastou inúmeras cidades e causou o acidente na usina nuclear de Fukushima Daiichi, gerando as primeiras vítimas de um evento nuclear em solo japonês desde os bombardeios de Hiroshima e Nagasaki em 1945. Os efeitos desse múltiplo desastre continuarão a ser sentidos por décadas, com impacto profundo na sociedade japonesa, na qual já se vê o surgimento de uma nova consciência social e de uma reavaliação das antigas estruturas.

ALEMANHA
AS MUITAS MUTAÇÕES DE UMA NAÇÃO TARDIA
Stefan Berger

Quando a notícia da queda do muro de Berlim chegou ao Parlamento da República Federal da Alemanha em 9 de novembro de 1989, todos os membros se levantaram para cantar o hino nacional. Um dia depois, o prefeito de Berlim Ocidental, Walter Momper (n. 1945), parecia expressar um sentimento generalizado quando disse: "Nós, alemães, somos hoje o povo mais feliz do mundo". Menos de um ano depois, em 3 de outubro de 1990, os alemães celebravam sua reunificação. O sentimento de entusiasmo nacional testemunhado entre 1989 e 1990 em ambas as partes da Alemanha era genuíno, embora de curta duração. Logo deu lugar a divisões entre Oriente e Ocidente e à busca tortuosa de uma "normalidade" ilusória como Estado-nação. Os observadores preferiram falar de unificação em vez de reunificação, sugerindo que 1990 marcava o início de algo novo, e não a continuidade de algo antigo.

Tal posição é indicativa das dificuldades da Alemanha com sua história nacional. O país não tem uma narrativa única e contínua. Embora as histórias de nações ao redor do mundo sejam muitas vezes contestadas, é impressionante o grau com que os alemães têm contado, em diversos momentos, histórias muito diferentes sobre si mesmos e mantêm visões muito diferentes sobre seu passado nacional. A pluralidade essencial das principais narrativas nacionais foi sem dúvida exacerbada pelos acontecimentos políticos que marcaram a história da Alemanha moderna: a dissolução em 1806 do Sacro Império Romano-Germânico, que existia sob esse nome desde o século XV; a formação de uma fraca confederação de Estados amplamente autônomos, a Confederação Germânica (*Deutscher Bund*), em 1815; a Revolução de 1848; a formação do primeiro Estado-nação alemão moderno em 1871; a criação da primeira república alemã em 1919; a vitória do nacional-socialismo em 1933; o colapso total do Estado-nação alemão em 1945; a divisão do país em 1949; e o fim da República Democrática Alemã, comunista, em 1989 são rupturas importantes que trouxeram junto mudanças significativas na maneira como os alemães pensavam sua história nacional.

    O nacional-socialismo e, especialmente, o Holocausto constituem a âncora mais importante da atual consciência histórica alemã. É indiscutível que os alemães levaram muito tempo para aceitar a responsabilidade histórica pelas perdas de grande parte da Europa, entre 1939 e 1945, e pelo assassínio sistemático dos judeus europeus. Nos anos imediatos do pós-guerra, o discurso alemão tentou salvar uma identidade nacional positiva atribuindo o sucesso do nacional-socialismo a forças e acontecimentos fora da história nacional da Alemanha, como o Tratado de Versalhes no final da Primeira Guerra Mundial ou a moderna sociedade de massas. O discurso público sobre o passado imediato era caracterizado pela autopiedade em relação ao sofrimento alemão durante a guerra e pela preocupação com os prisioneiros de guerra alemães na União Soviética. Foi somente durante a década de 1960 que origens especificamente alemãs para a vitória do nacional-socialismo e para o Holocausto foram reconhecidas. Um "caminho especial" alemão (*Sonderweg*) passou então a ser responsável pela história catastrófica da Alemanha durante a primeira metade do século XX, com o país sendo responsabilizado por duas guerras mundiais e pela destruição e sofrimento sem precedentes na Europa. O resultado foi uma crise profunda do paradigma nacional. A formação do primeiro Estado-nação em 1871 passou a ser entendida como um erro histórico que não trouxe nada além de instabilidade e miséria para alemães e europeus. A lição era clara: os alemães fariam melhor em abandonar sua busca de um Estado-nação unificado e, em vez disso, desenvolver uma consciência pós-nacional, aceitando a existência de dois Estados-nação separados e o redesenho das fronteiras alemãs após a Segunda Guerra Mundial.

    A tentativa mais famosa de desenvolver uma consciência histórica positiva e remover o nacional-socialismo e o Holocausto como âncora da identidade alemã foi feita em meados da década de 1980. Ela culminou na chamada "controvérsia dos historiadores" (*Historikerstreit*), que se alastrou entre 1986 e 1987. A mudança de governo em 1982 veio com promessas do chanceler democrata-cristão Helmut Kohl (n. 1930) de promover uma "virada espiritual/moral", que incluiria uma autopercepção mais positiva da história nacional alemã. Historiadores próximos ao governo, como Michael Stürmer, defenderam explicitamente uma consciência histórica de mais longo prazo que permitisse aos alemães lembrar não apenas a primeira metade catastrófica do século XX, mas também as realizações ao longo de muitos séculos anteriores. Isso foi acompanhado por tentativas de diminuir a responsabilidade alemã pelo Holocausto, por parte do historiador Ernst Nolte, e de uma comparação infeliz da "destruição do leste alemão" em 1945 com o Holocausto, feita pelo historiador Andreas Hillgruber. Em resposta, historiadores liberais de esquerda liderados pelo filósofo Jürgen Habermas falaram de um conluio conservador (que não existia como tal) que pretendia renacionalizar a consciência histórica da Alemanha. A maioria dos observadores concordou em 1988 que o resultado da discussão foi uma confirmação enfática da centralidade do nacional-socialismo e do Holocausto na consciência histórica alemã, e da importância de desenvolver uma percepção pós-nacional do passado.

Então veio 1989-90, e a primeira metade da década de 1990 assistiu a um segundo capítulo da "controvérsia dos historiadores". Um grupo de jovens historiadores neonacionalistas, com apoio ocasional de figuras conservadoras mais estabelecidas, buscou mais uma vez nacionalizar a consciência histórica. Em 1995, ficou claro que não teriam sucesso. O fato de subestimarem os crimes nacional-socialistas fez com que perdessem o apoio dos conservadores tradicionais. Em vez disso, surgiu uma nova narrativa, representada pelo relato de enorme sucesso da história alemã feito por Heinrich August Winkler, intitulada *Der lange Weg nach Westen* [O longo caminho para o Ocidente], publicado em 2000. O livro vendeu aproximadamente 160 mil cópias e foi traduzido (em parte com apoio do governo) para o inglês, o francês e o espanhol. O autor argumenta que a unificação do país em 1990 finalmente acabou com todos os "caminhos especiais" e permitiu que os alemães desenvolvessem formas ocidentais "normais" de identidade nacional, incluindo um sentimento de orgulho pelas realizações alemãs. Seu apelo por uma "identidade nacional pós-clássica" para os alemães encontrou apoio generalizado e está refletido no ressurgimento do nacionalismo popular, talvez mais visível no tremular das bandeiras durante a Copa do Mundo de futebol de 2006.

É precisamente tal aceitação que permitiu que os alemães do final da década de 1990 em diante discutissem seu próprio sofrimento na Segunda Guerra Mundial. Os ataques aéreos aliados contra as cidades alemãs, o estupro de mulheres alemãs por (principalmente) soldados soviéticos e o sofrimento de milhões de alemães que fugiram do avanço do Exército Vermelho ou que sofreram "limpeza étnica" no final da guerra foram temas importantes em debates históricos públicos. No entanto, esses debates contemporâneos evitam um tom revisionista, pois sempre começam com a aceitação da culpa alemã e deixam claro que o sofrimento alemão na Segunda Guerra Mundial foi, em última instância, responsabilidade da Alemanha. Mas não há dúvida de que é legítimo lembrar o sofrimento alemão e é reconfortante que tal lembrança ocorra em um quadro mais amplo de consciência histórica que reconhece a responsabilidade não apenas pelo sofrimento alemão, mas pelo sofrimento de muitas pessoas na Europa e, em especial, pelo genocídio dos judeus europeus.

Se a consciência histórica contemporânea ainda está ancorada na memória do nacional-socialismo, e se o Holocausto é de fato o "ponto focal" a partir do qual a narrativa nacional está sendo escrita, surge a questão: há algum acontecimento na história do qual os alemães sintam orgulho hoje? A resposta é sim, e, além dos clássicos culturais criados por Goethe (1749-1832) e Beethoven (1770-1827), por exemplo, muitos desses pontos de referência positivos se localizam na história da República Federal. Entre os motivos de orgulho da Alemanha contemporânea estão, acima de tudo, a reconstrução bem-sucedida da economia, a criação do Estado de bem-estar social e a construção de uma democracia parlamentar que funciona. Há também um forte sentimento de que as lições da história do século XX apontam na direção da construção de um lar europeu comum na forma da União Europeia.

Onde é que isso deixa os cidadãos da antiga República Democrática Alemã (RDA)? A celebração das realizações da República Federal andou de mãos dadas com denúncias da ditadura totalitária na RDA, que muitos alemães orientais sentem como uma desvalorização de sua própria história. O passado dividido tem, portanto, fortalecido o famoso "muro na cabeça" dos alemães contemporâneos e as contínuas divisões existentes entre alemães ocidentais e orientais. Só recentemente vimos esforços para se chegar a uma avaliação histórica mais equilibrada da RDA.

Enquanto hoje a consciência histórica alemã se concentra no século XX, há cem anos ela remontava à Idade Média e à Antiguidade. É difícil encontrar alguém, hoje, que tenha ouvido falar do lendário Tuisco, o último filho adotivo do Noé bíblico, de quem todos os alemães supostamente descendem. Um personagem com maior fundamento histórico foi Armínio, ou Hermann, o líder de uma tribo germânica que aniquilou um exército romano comandado por Varo na Floresta de Teutoburgo em 9 d.C. Os alemães construíram um memorial enorme para ele perto de Detmold, inaugurado em 1875; antirromano (ou seja, anticatólico) e antifrancês, o monumento tornou-se um símbolo da unidade e da força nacional alemãs. Os turistas ainda o visitam, mas dificilmente o monumento pode ser descrito como um local importante da memória nacional.

Muitas das primeiras imagens da história nacional foram produzidas por estudiosos humanistas como Conrad Celtis e Jakob Wimpfeling nos séculos XV e XVI. Eles já incluíam conceitos marcantes que apresentavam os estrangeiros como "inimigos" da nação. O discurso nacional humanista era direcionado, acima de tudo, contra alegações de seus colegas italianos e franceses de que representariam culturas superiores. No século XVIII, um forte viés antieslavo foi acrescentado. A história medieval foi fundamental para a construção de uma história nacional como potência colonial/imperial na Europa Oriental. A história dos cavaleiros teutônicos, que construíram um Estado clerical militar no Báltico no final da Idade Média, tornou-se emblemática da missão civilizadora da Alemanha, e o castelo de Marienburg, que estava no epicentro do poder da ordem, tornou-se um forte símbolo da missão germânica na Europa Oriental.

A Alemanha foi uma retardatária na constituição do Estado-nação. O discurso sobre a Alemanha e as características nacionais dos alemães remonta aos humanistas e aos escritos de clérigos eruditos na Idade Média, mas não havia Estado-nação alemão. O Sacro Império Romano somente acrescentou o atributo "Germânico" no final do século XV, e é discutível até que ponto ele pode ser visto como um Estado-nação em formação. Historiadores do século XIX, como Heinrich von Treitschke, condenavam o império como uma monstruosidade que durante séculos serviu como obstáculo para o surgimento do Estado-nação alemão. Essa visão negativa do império vinha desde os escritos de Samuel von Pufendorf no século XVII e influenciou a visão sobre o império até recentemente, quando este foi redefinido como um Estado-nação federal com algumas instituições centrais importantes, como o imperador, o Tribunal de Justiça Imperial (*Reichskammergericht*) e a Dieta Imperial (*Reichstag*), que tiveram êxito em garantir a estabilidade e a paz na Europa Central durante séculos. Essa estabilidade acabou se rompendo, mais espetacularmente na Guerra dos Trinta Anos, de 1618-48, mas o império continuou sendo uma entidade viável capaz de gerar níveis consideráveis de solidariedade afetiva, o que ajuda a explicar por que tantos lamentaram a sua dissolução em 1806.

Isso também explicaria por que o primeiro Estado-nação alemão moderno adotou o nome de Império Alemão quando surgiu, em 1871. Embora o movimento nacional do século XIX nas terras alemãs tivesse tentado construir um Estado-nação, este não poderia ter sido produzido pela revolução em 1848. Na verdade, foi criado "de cima para baixo", através da força da Prússia em três guerras: contra a Dinamarca (1864), contra a Áustria-Hungria (1866) e contra a França (1870-71). Essas guerras geraram sentimentos nacionais suficientes para superar a resistência dos Estados federais alemães a um Estado-nação alemão unido, embora ainda muito federalizado. Otto von Bismarck (1815-98), aclamado como o "fundador do *Reich*", era muito pragmático para chegar a pensar em um plano geral de travar essas guerras para criar o império, mas efetivamente acreditava que o Estado-nação era uma necessidade histórica e queria torná-lo o mais prussiano e autoritário possível. No entanto, precisou entrar em acordo com os liberais-nacionais na Alemanha imperial, o que deu ao império seu caráter peculiar de ser algo entre monarquia constitucional e semiabsolutismo.

Os militares foram exaltados como a principal força unificadora – afinal, a unidade alemã havia sido alcançada por meio de três guerras. Como o antigo herói Armínio, os alemães eram retratados como guerreiros viris. A vitória contra a França em 1870, no campo de batalha perto de Sedan, era comemorada todos os anos no dia 2 de setembro, o chamado Dia de Sedan. O novo imperador, Guilherme I (1797-1888, r. 1871-88), foi comparado ao imperador medieval Frederico Barbarossa (1122-90; r. 1155-90). Reza a lenda que, desde sua tentativa fracassada de unificar o império, Barbarossa aguardava a conclusão da tarefa sentado a uma mesa de madeira no meio da montanha Kyffhäuser, com sua barba ruiva crescendo por sobre a mesa à sua frente. Por causa de sua barba branca, Guilherme I foi apelidado de "Barbablanca" e, após sua morte, seu neto Guilherme II (1859-1941; r. 1888-1918) criou um culto a seu avô que só era rivalizado pelo culto popular em torno do Chanceler de Ferro e fundador do Segundo *Reich*, Bismarck.

Atualmente nenhum alemão – com exceção talvez de um pequeno grupo neofascista de direita, que não tem influência no discurso público sobre o passado nacional – pensaria em comemorar o Dia de Sedan ou venerar o herói Bismarck. Em 2009, os alemães efetivamente comemoraram os 2 mil anos da batalha da Floresta de Teutoburgo com uma grande exposição, mas o debate público ficou longe de qualquer celebração de guerreiros masculinos à imagem de Armínio. Muito pelo contrário: 2009 foi declarado o Ano de Varo, em homenagem ao general romano derrotado, e os historiadores se ocuparam em demonstrar que Varo não era um líder militar afeminado e incompetente como os historiadores do século XIX o haviam retratado. A reabilitação de Varo seguiu de mãos dadas com lembretes ao público de que Armínio não era de forma alguma um representante da nação alemã. Atualmente, a narrativa nacional está, portanto, desconstruindo os mitos nacionalistas do século XIX, em vez de se basear neles. A maioria dos alemães comuns agora tem pouco, ou nenhum, conhecimento da história medieval. Os heróis e lendas que teriam sido familiares a todos os alunos da Alemanha imperial caíram no esquecimento.

Os observadores estrangeiros dos debates alemães sobre a identidade nacional às vezes superestimam os perigos de uma volta do fascismo. Logo após a reunificação alemã, o analista irlandês Conor Cruise O'Brien alertou sobre o possível advento do "quarto *Reich*". Tais perspectivas alarmistas eram raras, mas preocupações com o futuro de uma Alemanha reunificada levaram a primeira-ministra britânica Margaret Thatcher (1925-2013), que não se notabilizou por seus sentimentos pró-alemães, a reunir alguns dos mais conhecidos historiadores sobre a Alemanha para discutir o caráter nacional alemão. A se confiar no relatório sobre a reunião, eles criaram um leque incrível de estereótipos nacionais e especulações angustiantes sobre o futuro de uma Alemanha unificada. Na Europa Oriental, os temores de um renascimento do nacionalismo alemão são mais fortes. Afinal, os europeus do leste sofreram bem mais que os do oeste com os sonhos alemães de dominação do mundo no século XX. O posicionamento político grosseiro sobre a história por parte dos irmãos Kaczynski na Polônia, com sua rotina de difamar os políticos alemães, acusando-os de nazistas ou influenciados por nazistas, é apenas a expressão mais visível dos medos que, embora talvez menos disseminados do que eram após a Segunda Guerra Mundial, estão longe de desaparecer. Há ainda uma falta de reconhecimento do envolvimento profundo dos alemães com os aspectos horríveis de seu passado nacional. A grande maioria deles hoje parece disposta a desafiar os insufladores do nacionalismo extremo.

Existe outro mito sobre a Alemanha contemporânea, amplamente mantido fora da Alemanha e compartilhado, em certa medida, por muitos alemães: a ideia de que eles são, por característica, destituídos de qualquer nacionalismo, para não dizer antinacionalistas, e que seu entusiasmo pela União Europeia é o resultado direto desse antinacionalismo. Essa percepção está por vezes ligada à ideia de que o pós-nacionalismo é mais uma tentativa alemã de forçar suas próprias predileções intelectuais a outros europeus, que estão perfeitamente satisfeitos com sua identidade e história nacionais. Analistas antialemães e antieuropeus mais maliciosos chegaram a defender que a União Europeia é, na verdade, o mais recente projeto alemão para obter o domínio sobre o continente europeu. Em consequência do poder econômico alemão, a atual crise da dívida e as medidas de austeridade impostas a alguns países mais fracos da zona do euro são tidas como uma nova forma de dominação alemã.

Os alemães de hoje, de fato, não se preocupam com a questão da identidade nacional. A maioria se sente orgulhosa de ser alemã, e seus pontos de referência são o desempenho econômico, a estabilidade política e o sucesso cultural e esportivo. "*Vorsprung durch Technik*" ("progresso através da tecnologia"), o *slogan* publicitário dos carros Audi, é um conceito profundamente enraizado nos planos do século XIX para construir o nacionalismo econômico, mas poucos alemães associam hoje o orgulho do sucesso econômico a políticas externas expansionistas. Sua consciência histórica é superficial. Indiscutivelmente, trata-se também de uma reação à consciência histórica subjacente ao nacionalismo do século XIX. Quando esse nacionalismo virou hipernacionalismo e, em última instância, nacional-socialismo, a consciência histórica profunda foi danificada de tal forma que parece impossível ressuscitá-la. Mas isso em si pode ser um motivo de comemoração. Uma Alemanha forte e unificada, com uma consciência histórica profunda e positiva, acabou afinal levando a Europa ao extremo por duas vezes no século passado. Uma Alemanha menos inclinada para a história, que ancore sua consciência histórica na experiência singularmente negativa do Holocausto e do nacional-socialismo, pode ser melhor para a saúde da Europa no século XXI.

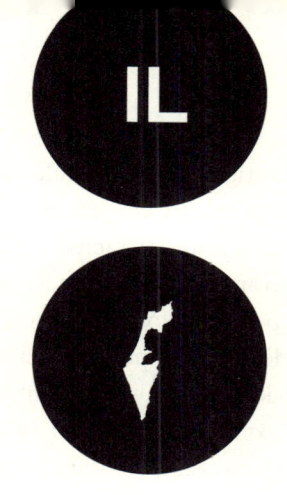

ISRAEL
O EXPERIMENTO SIONISTA

Colin Shindler

Israel é ao mesmo tempo um país antigo e um país novo. O Estado moderno foi criado em 1948 em meio a um conflito sangrento que a maioria dos israelenses via como um jogo de soma zero, em que só poderia haver um único vencedor. Os exércitos dos países árabes invasores poderiam se dar ao luxo de perder uma guerra, mas os israelenses acreditavam que enfrentariam a aniquilação se não tivessem êxito. A Resolução 181 das Nações Unidas, em novembro de 1947, propôs a partilha da Palestina britânica e a solução dos dois Estados. Os judeus sionistas aceitaram, mas os árabes palestinos, não. Os perdedores nesse amargo conflito chamaram a guerra de 1948 de "*al Nakba*" ("a Catástrofe"), enquanto os vitoriosos a chamaram de Guerra da Independência de Israel. A guerra precipitou o êxodo de mais de 760 mil árabes, alguns dos quais expulsos. Os refugiados se estabeleceram principalmente na Cisjordânia e em Gaza, bem como nos países árabes vizinhos.

Israel é visto hoje como um Estado dos judeus com uma inequívoca minoria árabe palestina, e é salpicado por uma infinidade de comunidades nacionais e religiosas. Os árabes representam quase um quinto da população; a maior parte deles são muçulmanos sunitas, com uma minoria cristã cada vez menor. Há os drusos de língua árabe e os circassianos muçulmanos não árabes. Existe uma grande comunidade armênia em Jerusalém, enquanto a sede da fé Bahá'i situa-se em Haifa. Os samaritanos, cujas origens remontam à conquista babilônica do antigo Israel no século VI a.C., vivem em Holon. Dezenas de milhares de beduínos moram em péssimas condições em aldeias oficialmente "não reconhecidas".

Muitos israelenses falam de 1948 como o restabelecimento de uma terceira comunidade judaica, sucessora das antigas terras judaicas destruídas primeiro pelos babilônios e depois, novamente, pelos romanos no início do primeiro milênio. A diáspora judaica é a ponte cronológica que abrange esses eventos. Os judeus nunca esqueceram a terra de Israel. De fato, o judaísmo que evoluiu após as expulsões era considerado uma pátria portátil, de tal forma que, por onde quer que vagassem, os judeus não se esqueciam da promessa bíblica de Sião: três vezes por dia viravam o corpo na direção de Jerusalém e oravam pela paz.

A perseguição ao longo dos séculos, começando com a dos Padres da Igreja nos primeiros séculos da era cristã, tornou perfeitamente claro aos judeus que eles precisavam buscar a sua própria emancipação em vez de esperar a libertação por outros. Chegaram a essa conclusão quando perceberam que as grandes esperanças suscitadas pela Revolução Francesa e pelo Iluminismo europeu durante o século XVIII permaneceram apenas no campo da teoria. O advento do Estado-nação acolhedor, a secularização da sociedade e a proclamação da aurora progressiva da humanidade não trouxeram alegria aos judeus. O caso Dreyfus, em que um oficial judeu do Exército foi injustamente acusado de traição na França, revelou o quanto o antissemitismo havia se propagado na elite de uma França "moderna" e republicana na virada do século XX. O nazismo então infectou a Alemanha esclarecida, onde os judeus se sentiam igualmente seguros e em casa. O grito "Os judeus são a nossa desgraça!" foi ouvido em uma centena de cidades europeias. Isso acabou gerando Auschwitz e Treblinka. Os Aliados podem ter vencido a guerra, mas os judeus certamente a perderam.

Durante o século XIX, a maioria dos judeus tentou se ajustar à modernidade. Uma minoria não o fez e manteve suas tradições religiosas, a cultura singular, os trajes característicos e os idiomas em comum, como o iídiche. Assim, em um extremo, esses judeus ultraortodoxos reconstruíram espiritualmente as paredes do gueto para produzir um mundo em separado; no outro extremo, judeus desapegados buscavam a assimilação através da aculturação e conversão ao cristianismo. A maioria encontrou um lugar entre esses dois extremos e se tornou cidadão leal do seu país. Cerca de 12 mil judeus alemães morreram lutando pelo imperador na Primeira Guerra Mundial.

Na Europa Oriental, as autoridades czaristas fizeram poucas tentativas de integrar os judeus à sociedade. No final do século XVIII, Catarina, a Grande (1729-96; r. 1762-96), cercou-os em uma área do oeste da Rússia conhecida como Zona de Assentamento, onde uma série de leis discriminatórias os mantinha sob controle. Entre 1881 e 1914, cerca de 2 milhões de judeus emigraram para a Europa Ocidental e os Estados Unidos em busca de uma vida melhor.

Alguns que permaneceram tornaram-se revolucionários. Muitos dos primeiros bolcheviques – Trotski, Zinoviev, Kamenev, Sverdlov, Radek – eram judeus, mas só no nome. Escapar da judeidade a fim de consertar o mundo era comum. Havia outros que não descartaram sua identidade e tentavam encontrar uma saída para a sua situação. Alguns tentaram criar autonomia local em sua região da Europa Oriental. Muitos outros procuraram soluções territoriais no exterior. Essas "pátrias judaicas" se localizavam nos quatro cantos da Terra: da Australásia à América Latina havia projetos para a construção de um novo "Israel". Um livro de Eliahu Benjamini traz o título *Medinot la yehudim: Uganda, Birobidzhan ve-od 34 tokhniot* [Estados para os judeus: Uganda, Birobidjan e 34 outros planos] (1990). A maioria dessas ideias deu em nada, até porque seus adeptos pereceram no Holocausto. O sionismo, no entanto, teve sucesso porque era essencialmente uma ideologia de sobrevivência.

Muitos dos primeiros sionistas no final do século XIX se afastaram de uma definição religiosa de judeidade para uma definição nacional. No entanto, ainda mantinham seu carinho pela Bíblia e pelo aprendizado judaico dos textos religiosos, que serviam de pano de fundo para seus esforços políticos na esfera revolucionária. Assim, os primeiros sionistas, como Theodor Herzl, Moses Hess, Leon Pinsker e Max Nordau, acreditavam que o Sião deveria se localizar na antiga terra natal de Israel.

O sionismo foi uma rebelião contra o lugar designado para o judeu na sociedade, uma revolta contra os opressores e tiranos. Foi também uma rebelião contra uma ampla autoridade rabínica intocada pela modernidade, que aceitava passivamente que a perseguição era o destino dos judeus. Argumentava-se que a redenção dos judeus só aconteceria com a vinda do verdadeiro Messias – e qualquer intervenção humana para forçar a mão de Deus era desonrosa. Além disso, era preciso construir fronteiras para deter a erosão do judaísmo tradicional pelas águas poluidoras do racionalismo. Assim, Shneur Zalman de Liadi, um conhecido sábio rabínico, preferiu endossar a opressão do czar em 1812 a arriscar a contaminação com o espírito livre da França revolucionária durante a invasão napoleônica da Rússia. Naturalmente, havia uma minoria de rabinos, como Zvi Hirsch Kalischer e Yehuda Alkalai, que interpretavam os textos religiosos judaicos de maneira diferente e que, portanto, defendiam fortemente o assentamento na Terra Santa. Seus seguidores se tornaram os criadores do sionismo religioso e se opuseram à ultraortodoxia antissionista.

Em 1882, os primeiros imigrantes sionistas, os *biluim*, chegaram à Palestina otomana vindos da Rússia czarista. Sionistas como o barão francês Edmond de Rothschild começaram a comprar terras desabitadas de notáveis locais e proprietários ausentes. Os pioneiros do início do século XX consideravam-se parte de um movimento revolucionário internacional que construiria uma sociedade socialista modelo na Palestina. De fato, os fundadores de Israel, como David Ben-Gurion, Yitzhak Ben-Zvi e Yitzhak Tabenkin, eram marxistas que chegaram com a segunda onda de imigrantes na década anterior à Primeira Guerra Mundial. Seu desejo socialista de mudar o mundo judaico levou aos primeiros assentamentos coletivos em 1910, dos quais o *kibutz* era apenas um experimento.

Ao contrário dos imperialistas europeus, os imigrantes judeus se consideravam colonizadores, e não colonialistas. Não vieram com exércitos e armas, mas com forcados e enxadas. Queriam construir o país e, por sua vez, ser construídos por ele. O surgimento de uma república hebraica na terra bíblica de Israel não foi simplesmente a transformação de um fim de mundo otomano em um Estado moderno: também simbolizava a transformação dos judeus marginalizados e desprezados que de alguma forma conseguiram sobreviver na periferia da história.

A tragédia desse empreendimento foi que o nacionalismo judeu surgiu quase simultaneamente ao nacionalismo árabe – e eles começaram a lutar pela mesma pequena parcela de terra. Embora o território do mundo árabe fosse muito maior que o da Palestina, o preço do controle judaico de seu próprio território era viver em um perpétuo estado de sítio.

Cerca de setenta anos depois de suas sangrentas dores de parto, Israel é reconhecido como um sucesso até mesmo no mundo árabe. Um quarto de sua força de trabalho possui diploma universitário – a terceira maior proporção no mundo industrializado. Israel está na vanguarda da tecnologia avançada, mas isso representou uma ruptura com os valores do passado: ao abraçar a globalização e a desregulamentação na década de 1980, Israel virou as costas para sua herança socialista. O *kibutz*, por exemplo, outrora universalmente admirado, adotou gradualmente as práticas de privatização para sobreviver. Israel está agora em segundo lugar no mundo ocidental, depois dos Estados Unidos, no tamanho da diferença em renda, educação e gastos entre os mais ricos e os mais pobres. Apenas 10% da população detém 70% do capital privado. Mesmo assim, Israel continua sendo um país bastante autocrítico e, de fato, questionador, que mantém o ideal de melhorar.

Uma fonte comum de identificação é o exército de cidadãos, as Forças de Defesa de Israel (FDI). A guerra de 1948 marcou um ponto de inflexão na história judaica. Os judeus não mais aceitariam calmamente o seu destino: uma força combatente judaica não permitiria isso. Foi Vladimir Jabotinsky, o criador da Legião Judaica de voluntários para o Exército britânico na Primeira Guerra Mundial, que cunhou a expressão "a Muralha de Ferro" em 1923. Seu uso original era como defesa, um baluarte contra os ataques árabes aos assentamentos judaicos. A Haganá (organização de defesa dos assentamentos judaicos) foi fundada em 1920 e depois se tornou o núcleo das FDI. Havia também grupos nacionalistas dissidentes, como o Irgun e o Lehi, que se separaram da Haganá e lutaram contra os britânicos na Palestina durante a década de 1940.

As FDI continuam sendo veneradas pelos israelenses. Jovens de 18 anos servem por três anos nas Forças Armadas – dois anos se forem mulheres. Espera-se que os reservistas pós-exército se comprometam com um mês por ano para sua unidade. Essa expectativa continua até que os reservistas alcancem seus quarenta e poucos anos. Tanto os drusos quanto os circassianos servem nas FDI, mas os árabes, não. A determinação de se defender é tão grande que Israel tem o maior gasto militar *per capita* da população em comparação com qualquer país do mundo.

Muitos chefes do Estado-Maior e comandantes graduados utilizaram o Exército como trampolim para a política. Desde 1999, três dos últimos cinco primeiros-ministros israelenses – Yitzhak Rabin (1922-95), Ariel Sharon (1928--2014) e Ehud Barak (n. 1942) – vieram das FDI. No entanto, os dias de idealismo pioneiro, quando Israel era uma luz para as nações, desapareceram há muito. Corrupção e delitos entre a elite política já não surpreendem os israelenses.

Em 1993, Yasser Arafat (1929-2004), o líder dos nacionalistas palestinos, assinou o Acordo de Oslo com o primeiro-ministro de Israel, Yitzhak Rabin. O acordo recebeu oposição da direita israelense e dos colonos judeus na Cisjordânia, e também de organizações islâmicas palestinas como o Hamas. A execução de atentados suicidas em Israel pelo Hamas em 1994 foi a pá de cal no processo de paz. Depois disso veio a estagnação política, interrompida por surtos de violência. O advento do islamismo palestino precipitou uma enorme mudança para a direita em Israel, na esperança de que "homens duros" fossem protetores eficazes do povo. A ascensão ao poder de figuras previamente desacreditadas como Ariel Sharon, que confrontou o Hamas com o poder militar de Israel, junto com a patente corrupção do governo da Autoridade Nacional Palestina, de Yasser Arafat, persuadiu muitos palestinos comuns a votar no Hamas em 2006. Enquanto isso, os contestados assentamentos judaicos na Cisjordânia continuaram a se expandir, graças a uma interpretação mais abrangente do "crescimento natural", que sucessivos governos israelenses têm utilizado como justificativa.

De acordo com pesquisas de opinião feitas ao longo de muitos anos, a maioria dos israelenses se opôs à existência desses assentamentos na Cisjordânia – que foram inicialmente construídos após a conquista do território por Israel durante a Guerra dos Seis Dias, em 1967. Foi uma surpresa o fato de a decisão do primeiro-ministro Sharon de evacuar os assentamentos em Gaza em 2005 não ter trazido trégua ao lançamento de mísseis por parte do Hamas. Um número crescente de israelenses passou a perguntar o que se ganhara com essa retirada voluntária. Até mesmo o campo dos defensores da paz em Israel, que tinha produzido o Acordo de Oslo, silenciou. Não existia, portanto, nenhuma visão do que poderia vir a ser, apenas uma avaliação sombria daquilo que realmente era. Muitos israelenses se prepararam para tempos difíceis até que a intensidade religiosa que varre o mundo islâmico chegue ao fim.

Israel mudou drasticamente desde sua fundação em 1948 – e alguns argumentam que não para melhor. Nas décadas de 1930 e 1940, a esquerda europeia combateu o fascismo com os judeus, passou pelo Holocausto e testemunhou a ascensão do Estado de Israel. Em 1947, o líder da ala esquerda do Partido Trabalhista na Grã-Bretanha, Aneurin Bevan (1897-1960), ameaçou renunciar devido à falta de simpatia do governo pela causa sionista na Palestina. Não judeus viam a causa de Israel como semelhante à luta pela Espanha republicana na Guerra Civil Espanhola. Vários lutaram e morreram por Israel em 1948.

A geração seguinte, no entanto, atingiu a idade política durante a época da descolonização. Entraram na política em campanhas contra a guerra no Vietnã, o *apartheid* na África do Sul e o governo da minoria na Rodésia. Mas não tinham lutado contra o fascismo, descoberto a existência dos campos de extermínio nem vivido a amarga guerra de 1948 na Palestina. O advento do nacionalismo palestino depois da Guerra dos Seis Dias, em 1967, trouxe a situação dos árabes palestinos à atenção da comunidade internacional. A causa dos palestinos, e não a dos judeus, se encaixava muito melhor na visão de mundo da nova esquerda. O movimento pelos assentamentos e em direção à direita dentro do próprio Estado de Israel permitiu que a nova esquerda caracterizasse ainda mais o país como um Estado colonial, uma erva daninha ilegítima plantada pelo imperialismo britânico durante o Mandato. Essa afirmação provocou uma forte reação por parte de muitos judeus israelenses, para quem o Holocausto não havia sido apenas história.

Alguns observadores estrangeiros simplesmente se cansaram do interminável imbróglio Israel-Palestina e passaram a se perguntar se esse Estado problemático deveria mesmo ter sido criado. Afinal, a Grã-Bretanha assumira a responsabilidade por essa região após a Primeira Guerra Mundial sob o Mandato da Liga das Nações. Ela tinha prometido, na Declaração de Balfour de 1917, "encarar favoravelmente" o estabelecimento de um lar nacional para os judeus na Palestina, desde que "nada seja feito que possa prejudicar os direitos civis e religiosos das comunidades não judaicas existentes na Palestina". No entanto, em novembro de 1947, a Grã-Bretanha decidiu abster-se na votação das Nações Unidas pela solução dos dois Estados, que legislava sobre a independência israelense. A Grã-Bretanha retardou seu reconhecimento formal de Israel e inicialmente relutou em demonstrar qualquer forma de simpatia política. Israel, por sua vez, recusou-se a participar da Comunidade Britânica das Nações.

Na esquerda política, o impasse no Oriente Médio da década de 1990 em diante levou a uma progressiva deslegitimação de Israel na Europa. O conflito entre Israel e Palestina foi apresentado em termos simplistas e a-históricos, como uma luta do bem contra o mal. É claro que todos têm o direito e o dever de condenar a política israelense como bem entenderem. No entanto, houve muitas ocasiões em que os discursos ecoavam as antigas mentiras do passado. As imagens e a linguagem evocavam estereótipos antijudeus que se pensava terem sido banidos havia muito tempo. Mesmo os vociferantes críticos judeus da política do governo israelense começaram a se perguntar se seus comentários não estariam fortalecendo os argumentos daqueles que desejavam desmantelar o Estado e deixar incerto o destino de seus habitantes judeus.

A existência de um Estado no século XXI com uma maioria judaica no Oriente Médio não se encaixa na doutrina marxista, na teoria pós-colonial nem na crença islâmica. Assim, liberais, social-democratas, trotskistas, stalinistas e islâmicos uniram-se para reafirmar a posição controversa do conde de Clermont-Tonnerre na Assembleia Nacional francesa no início da Revolução Francesa em 1789: "Tudo deve ser recusado aos judeus como nação; tudo lhes deve ser concedido como indivíduos".

Israel foi criado com base no propósito comum de judeus do mundo todo de mover a história em uma direção nova, não testada. De certa forma, o povo israelense ainda vem se desenhando, a partir da fusão de mais de cem comunidades da diáspora judaica com suas próprias tradições e histórias. Há judeus de Gondar, na Etiópia, e de Chennamangalam, no sul da Índia, de Tashkent, na Ásia Central, e da Quinta Avenida, em Manhattan. Há os ultraortodoxos *haredim*, que vivem em seus próprios enclaves; os colonos religiosos nacionais na Cisjordânia; os *mizrahim*, que vêm principalmente do mundo árabe; os judeus reformistas vindos dos Estados Unidos; os judeus messiânicos, que acreditam que Jesus é o verdadeiro Messias – e a maioria dos israelenses, que é culturalmente tradicional e entusiasticamente secular. Tudo isso produz atrito contínuo e intenso debate. O serviço obrigatório nas FDI funciona como um caldeirão para os israelenses de diferentes origens, mas demorará várias gerações para que um equilíbrio seja alcançado.

Há também avaliações diferentes do sionismo – do revolucionário marxista, que deseja abolir a propriedade privada, ao rabino ultraortodoxo, que acredita que o sionismo é um mal. Fortes emoções são evocadas. Manter os assentamentos na Cisjordânia é uma questão de religião, porque Deus deu essa terra aos judeus? Ou é uma questão de expansão nacionalista, de acordo com as fronteiras originais do Mandato Britânico? Ou é simplesmente uma questão de segurança, pois os assentamentos atrasam os exércitos invasores e o território fornece profundidade estratégica?

Muito pode ser dito sobre Israel, mas nunca se poderá dizer que seja entediante. Os judeus israelenses, apesar de tudo, veem-se numa viagem de descoberta e na linha de frente da história judaica. São pessoas tradicionalmente obstinadas envolvidas em um projeto único, não conformista e extraordinário.

LEITURA ADICIONAL

Alemanha
CLARK, Christopher, *Iron Kingdom: The Rise and Downfall of Prussia, 1600–1947*, London, 2006
EVANS, Richard J., *Rereading German History: From Unification to Reunification, 1800–1996*, London, 1997

Argentina
LEWIS, Daniel K., *The History of Argentina*, New York; Basingstoke, 2003
ROBBEN, Antonius C. G. M., *Political Violence and Trauma in Argentina*, Philadelphia, 2007
ROMERO, Luis Alberto; Brennan, James P., *História contemporânea da Argentina*, Rio de Janeiro, 2006

Austrália
DAVISON, Graeme, *The Use and Abuse of Australian History*, Sydney, 2000
HIRST, John, *Sense and Nonsense in Australian History*, Melbourne, 2005

MACINTYRE, Stuart, *A Concise History of Australia*, Cambridge, 2009

Brasil
FAUSTO, Boris, *História concisa do Brasil*, São Paulo, 2014.
SKIDMORE, Thomas E., *Brazil: Five Centuries of Change*, Oxford, 1999

Canadá
CONRAD, Margaret; FINKEL, Alvin, *History of the Canadian Peoples*, 2 vols., Toronto, 2009 (5. ed.)
DICKASON, Olive P. A., *A Concise History of Canada's First Nations*, Toronto, 2006 (4. ed.)
SAUL, John Ralston, *A Fair Country: Telling Truths About Canada*, Toronto, 2008.

China
FENBY, Jonathan, *Dragon Throne: China's Emperors from the Qin to the Manchu*, London, 2008

KEAY, John, *China: A History*, London, 2009
MITTER, Rana, *A Bitter Revolution: China's Struggle with the Modern World*, Oxford, 2005

Egito
KEPEL, Gilles, *Muslim Extremism in Egypt: The Prophet and Pharaoh*, Berkeley, 2003
PETRY, Carl F.; Daly, M. W. (eds.), *The Cambridge History of Egypt*, 2 vols., Cambridge, 1998
SHAW, Ian (ed.), *The Oxford History of Ancient Egypt*, Oxford, 2002

Espanha
CARR, Raymond, *Spain: A History*, Oxford, 2001 (ed. rev.)
ELLIOTT, J. H., *Imperial Spain 1469-1716*, London, 2002 (ed. rev.)
KAMEN, Henry, *Spain, 1469-1714: A Society of Conflict*, New York, 2005

Estados Unidos
BROGAN, Hugh, *The Penguin History of the United States of America*, London, 2001
FONER, Eric, *The Story of American Freedom*, London, 1998
ONUF, Nicholas; ONUF, Peter, *Nations, Markets and War: Modern History and the American Civil War*, Charlottesville, Virginia, 2006
WOOD, Gordon S., *Empire of Liberty: A History of the Early Republic 1789-1815*, Oxford, 2010

Finlândia
MEINANDER, Henrik, *A History of Finland: Directions, Structures, Turning-Points*, New York, 2010

OSMO, Jussila; NEVAKIVI, Jukka; HENTILÄ, Seppo, *From Grand Duchy to Modern State: Political History of Finland Since 1809*, trans. David Arter, London, 1999
SINGLETON, Fred, *A Short History of Finland*, Cambridge, 1998

França
LADURIE, Emmanuel Le Roy, *Histoire de France des régions*, Paris, 2004
LADURIE, Emmanuel Le Roy; Jones, Colin, *The Cambridge Illustrated History of France*, Cambridge, 1999
ROBB, Graham, *A descoberta da França*, Rio de Janeiro, 2010

Gana
AMENUMEY, D. E. K., *Ghana: A Concise History from Pre-Colonial Times to the 20th Century*, Acra, 2008
FALOLA, Toyin, *Ghana in Africa and the World: Essays in Honor of Adu Boahen*, Trenton, New Jersey, 2003
GOCKING, Roger S., *The History of Ghana*, Westport, Connecticut; London, 2005

Grã-Bretanha
BLACK, Jeremy, *A History of the British Isles*, Basingstoke; New York, 2003 (2. ed.)
CLARK, Jonathan, *A World by Itself: A History of the British Isles*, Portsmouth, 2010
ROBBINS, Keith, *Great Britain: Identities, Institutions and the Idea of Britishness*, Harlow, 1998

Grécia
CARTLEDGE, Paul, *História ilustrada da Grécia Antiga*, São Paulo, 2002
CLOGG, Richard, *História concisa da Grécia*, São Paulo, 2017

Hungria

KONTLER, László, *A History of Hungary: Millennium in Central Europe*, London, 2002

MOLNÁR, Miklós, *A Concise History of Hungary*, Cambridge, 2001

Índia

KOSAMBI, D. D., *An Introduction to the Study of Indian History*, London, 1996 (2. ed.)

MAJUMDAR, R. C., *The Classical Accounts of India*, Calcutá, 1960

THAPAR, Romila, *History and Beyond*, New Delhi, 2000

Irã

The Cambridge History of Iran, v. 1-7, Cambridge, 1968-91

KATOUZIAN, Homa, *The Persians: Ancient, Medieval and Modern Iran*, London; New York, 2009

Irlanda

BARTLETT, Thomas, *Ireland: A History*, Cambridge, 2010

FOSTER, Roy, *The Oxford History of Ireland*, Oxford, 1992

Israel

JOHNSON, Paul, *História dos judeus*, São Paulo, 1995

LAQUEUR, Walter, *The History of Zionism*, London, 2003

SHINDLER, Colin, *A History of Modern Israel*, Cambridge, 2008

Itália

DUGGAN, Christopher, *The Force of Destiny: A History of Italy Since 1796*, New York; London, 2008

FOOT, John, *Italy's Divided Memory*, London, 2010

Japão

JANSEN, Marius, *The Making of Modern Japan*, Cambridge, Massachusetts, 2002

MORTON, Scott; OLENIK, Kenneth, *Japan: Its History and Culture*, New York, 2009

TOTMAN, Conrad, *A History of Japan*, Oxford; Malden, Massachusetts, 2005 (2. ed.)

México

COE, Michael, *Mexico: From the Olmecs to the Aztecs*, London, 2004

MEYER, Michael C.; SHERMAN, William L.; DEEDS, Susan M., *The Course of Mexican History*, Oxford, 2002

Países Baixos

ARBLASTER, Paul, *A History of the Low Countries*, New York, 2006

BLOM, J. C. H.; LAMBERTS E. (eds.), *History of the Low Countries*, trad. James C. Kennedy, Oxford, 1999

SCHAMA, Simon, *O desconforto da riqueza: a cultura holandesa na época de ouro*, São Paulo, 1992

Polônia

DAVIES, Norman, *Heart of Europe: A Short History of Poland*, Oxford, 1984

ZAMOYSKI, Adam, *História da Polônia*, São Paulo, 2010

República Tcheca

DOWLING, Maria, *Czechoslovakia*, London, 2002

HOLY, Ladislav, *The Little Czech and the Great Czech Nation: National Identity and the Postcommunist Social Transformation*, Cambridge, 1996

TEICH, Mikulas (ed.), *Bohemia in History*, Cambridge; New York, 1998

Rússia

FIGES, Orlando, *Uma história cultural da Rússia*, Rio de Janeiro, 2017

FREEZE, Gregory, *Russia: A History*, Oxford, 2009

HOSKING, Geoffrey, *Russia and the Russians: From Earliest Times to 2001*, London, 2001

Suécia

ARONSSON, Peter; FULSÅS, Narve; HAAPALA, Pertti; JENSEN, Bernard Eric, "Nordic national histories", in BERGER, Stefan; LORENZ, Chris (eds.), *The Contested Nation: Ethnicity, Class, Religion and Gender in National Histories*, pp. 256-82, Basingstoke; New York, 2008

TRÄGÅRDH, Lars (ed.), *State and Civil Society in Northern Europe: the Swedish Model Reconsidered*, Oxford, 2007

WEIBULL, Jörgen; AUSTIN, Paul Britten; Svenska Institutet, *Swedish History in Outline*, Stockholm, 1997

Turquia

BARKEY, Karen, *Empire of Difference: the Ottomans in Comparative Perspective*, Cambridge, 2008

GOODWIN, Jason, *Lords of the Horizons: A History of the Ottoman*, New York, 2003

SOBRE OS AUTORES

ORGANIZADOR

PETER FURTADO foi editor da revista *History Today* entre 1998 e 2008. Editou o *Cassell Atlas of World History* (1998) e *1001 dias que abalaram o mundo* (2007). Em 2009, foi agraciado com o título de doutor *honoris causa* pela Oxford Brookes University por seu trabalho na promoção do interesse pela história na Grã-Bretanha.

COLABORADORES

Suécia

PETER ARONSSON é professor de patrimônio cultural e usos da história na Universidade de Linköping, Suécia. Seus interesses incluem interações locais, regionais e nacionais em história e historiografia, cultura política na base da sociedade, historiografia e cultura histórica. É membro da Real Academia Sueca de Letras, História e Antiguidades. Atualmente coordena um grande projeto comparativo financiado pela UE sobre museus nacionais europeus.

México

ELIZABETH BAQUEDANO é arqueóloga mexicana e leciona no Birkbeck College, na Universidade de Londres. Publicou vários livros ilustrados sobre história pré-colombiana e arqueologia e, em 2014, recebeu um prêmio Ohtli do governo mexicano.

Egito

HUSSEIN BASSIR é arqueólogo, romancista e escritor egípcio que mora no Cairo. Estudou egiptologia no Cairo, em Oxford e em Baltimore e participou de muitas escavações arqueológicas egípcias e estrangeiras. Recebeu seu PhD pela Universidade Johns Hopkins, em Baltimore, em 2009, e leciona na Universidade de Mansoura e na Universidade Internacional de Misr. Foi diretor arqueológico do Museu Nacional da Civilização Egípcia e atualmente é diretor da Administração de

Organizações Internacionais no Conselho Supremo de Antiguidades (CSA). Seus trabalhos incluem artigos e livros sobre literatura e cinema árabe, egiptologia e arqueologia.

Alemanha
STEFAN BERGER é professor de história social e diretor do Instituto de Movimentos Sociais da Universidade de Ruhr, em Bochum. Seus interesses de pesquisa incluem história europeia moderna, especialmente da Alemanha e da Grã-Bretanha, história comparada da força de trabalho, nacionalismo e estudos de identidade nacional e historiografia e teoria histórica. Estudou na Universidade de Colônia e na Universidade de Oxford e, atualmente, é presidente da Sociedade Alemã de História no Reino Unido e na Irlanda. Também é presidente do programa "Representações do Passado: a Escrita das Histórias Nacionais na Europa dos Séculos XIX e XX", da Fundação Europeia para a Ciência, e editor da série de livros *Writing the Nation*.

Grã-Bretanha
JEREMY BLACK é professor de história na Universidade de Exeter. Possui muitos trabalhos escritos sobre história britânica, europeia e mundial, história e mapas, tendo se especializado em história política e militar britânica do século XVIII.

Índia
MIHIR BOSE nasceu em Calcutá e vive em Londres há mais de quarenta anos. Até 2009, foi editor de esportes da BBC e agora trabalha como jornalista *freelance*. Escreveu 23 livros sobre temas que incluem história da Índia do século XX e críquete indiano.

Irlanda
CIARAN BRADY é professor-associado de história irlandesa na Trinity College Dublin. Suas áreas de interesse incluem os Tudor e os Stuart, o ensino de história nas escolas irlandesas e o revisionismo histórico.

Canadá
MARGARET CONRAD é ex-professora de história canadense da Universidade de Nova Brunswick. Possui muitos trabalhos sobre a história do Canadá atlântico e estudos sobre mulheres. Trabalha no projeto de pesquisa "Canadenses e seus Passados" e participa da Rede de Educação de História do Canadá.

Gana
WILHELMINA J. DONKOH é professora sênior de história africana, especializada em história e cultura axânti, na Faculdade de Ciências Sociais da Universidade Kwame Nkrumah de Ciência e Tecnologia, em Kumasi, Gana. É coautora do livro *The Just King: The Story of Osei Tutu Kwame Asibe Bonsu* (2000). A dra. Donkoh registrou a importância das estruturas tradicionais de governança no enfrentamento dos desafios modernos, como a aids na África.

Países Baixos
WILLEM FRIJHOFF é professor emérito de história na Universidade Livre de Amsterdã. Seus muitos livros incluem *1650: Hardwon Unity* (2004), sobre os Países Baixos na idade de ouro, e *Embodied Belief. Ten Essays on Religious Culture in Dutch History* (2002). Seus principais interesses de pesquisa são a história cultural e religiosa da Europa e da América do Norte e a história da educação,

em especial a alfabetização, a educação escolar e as universidades no início da Europa moderna.

Irã
HOMA KATOUZIAN é historiador, economista e estudioso de literatura iraniana. Mudou-se para a Grã-Bretanha para estudar e hoje está no St. Antony's College, em Oxford. Além do livro *Iranian History and Politics, the Dialectic of State and Society* (2003), escreveu muitos trabalhos sobre história e política iranianas, literatura persa clássica e moderna e vários temas em economia.

Rússia
DINA KHAPAEVA é pesquisadora na Universidade de Helsinque. Escreveu *Nightmare: Literature and Life* (2010), um estudo sobre o pesadelo tratado como um estado mental, como um experimento literário conduzido por Nikolay Gogol e Fiodor Dostoiévski e como uma poderosa tendência na cultura contemporânea, e *Gothic Society: Morphology of a Nightmare* (2007), um estudo sobre o impacto da lembrança do stalinismo na sociedade pós-soviética. Seus interesses de pesquisa incluem memória histórica, literatura russa e soviética, história intelectual e história soviética.

Hungria
LÁSZLÓ KONTLER é professor de história na Universidade Centro-Europeia, em Budapeste. Seus interesses têm como foco a Hungria, a Europa Central e história intelectual comparada. Entre as mais importantes de suas inúmeras publicações está *A History of Hungary: Millennium in Central Europe* (1999).

França
EMMANUEL LE ROY LADURIE é professor emérito do Collège de France, em Paris, onde leciona há 25 anos. Seus interesses de pesquisa giram em torno da história social do Languedoc. Entre suas muitas publicações estão as micro-histórias *best-sellers*: *Montaillou, povoado occitânico* (1975) e *O carnaval de Romans* (1980). Também é um dos primeiros historiadores ambientais sérios que surgiram durante a segunda metade do século XX.

Itália
GIOVANNI LEVI é professor emérito de história na Universidade de Veneza, tendo sido um dos primeiros a propor o modelo de micro-histórias. Seu livro *A herança imaterial*, sobre a vida nas aldeias piemontesas, foi publicado em 1990.

Grécia
ANTONIS LIAKOS é professor de história na Universidade de Atenas. Escreve sobre história da Grécia e da Itália no século XIX, história social, historiografia e teoria da história e nacionalismo. Sua publicação mais recente é *How the Past Turns to History* (2007).

Argentina
FEDERICO LORENZ é professor de história e historiador e trabalha para o Ministério da Educação. Seus interesses especiais são a Guerra das Malvinas (Falklands), a violência política e a relação entre história, memória e educação.

China
ZHITIAN LUO é professor emérito de história na Universidade de Sichuan, em Chengdu,

e professor de história chinesa na Universidade de Pequim, com interesse especial na relação entre história nacional, herança e memória.

Austrália
STUART MACINTYRE estudou em Melbourne e doutorou-se em história pela Universidade de Cambridge. Desde 1990, ocupa a cátedra Ernest Scott de história na Universidade de Melbourne e, em 2009, assumiu a cadeira de Estudos Australianos na Universidade de Harvard. Foi presidente da Associação de História Australiana, membro da Academia Australiana de Ciências Humanas e atualmente é presidente da Academia de Ciências Sociais. Escreveu muitos trabalhos sobre história trabalhista, política e intelectual australiana. Suas publicações incluem *A Concise History of Australia* (1999). É um dos editores de um projeto internacional em grande escala, *The Oxford History of Historical Writing*.

Finlândia
PIRJO MARKKOLA é professora de história da Finlândia na Universidade de Jyväskylä. Seus interesses de pesquisa incluem a história da vida das mulheres, a fé religiosa e o trabalho social na Finlândia desde o século XVII.

Brasil
LUIZ MARQUES é professor de história da arte na Universidade de Campinas, São Paulo. Especialista em arte renascentista italiana, foi curador-chefe do Museu de Arte de São Paulo. Atua como consultor acadêmico da revista brasileira *História Viva*.

Japão
RYUICHI NARITA é professor de história na Universidade de Mulheres do Japão, em Tóquio. Possui muitos trabalhos publicados sobre o Japão no século XX, incluindo os efeitos da guerra, o papel das mulheres e o papel da memória na consciência nacional japonesa.

Estados Unidos
PETER ONUF é professor da Fundação Memorial Thomas Jefferson, na Universidade de Virgínia. Suas publicações incluem *Jefferson's Empire: The Language of American Nationhood* (2001) e *The Mind of Thomas Jefferson* (2007).

Polônia
IWONA SAKOWICZ leciona história na Universidade de Gdansk, com especialização na Polônia do século XIX.

República Tcheca
PAVEL SEIFTER é pesquisador sênior visitante no Centro de Estudos sobre Governança Global da Escola de Economia de Londres. Trabalhou como embaixador tcheco no Reino Unido de 1997 até sua aposentadoria, em 2003. Professor de história social e contemporânea em Praga, Seifter foi obrigado a deixar o cargo após a invasão soviética, em 1968. Esteve envolvido no movimento dissidente e voltou para a academia como um dos fundadores do Instituto de História Contemporânea em Praga. Tornou-se vice-diretor do Instituto de Relações Internacionais de Praga e, de 1993 até o início de sua missão diplomática, foi diretor de política externa do presidente Václav Havel.

Israel

COLIN SHINDLER é professor emérito e professor pesquisador sênior no Instituto Pears para o Estudo de Antissemitismo em estudos israelenses, na Escola de Estudos Orientais e Africanos da Universidade de Londres, e presidente da Associação Europeia de Estudos Israelenses. Seus livros recentes incluem *A History of Modern Israel* (2008) e *The Triumph of Military Zionism: Nationalism and the Origins of the Israeli Right* (2010).

Turquia

MURAT SIVILOGLU, nascido em Istambul, é historiador social e intelectual, especializado no período final do Império Otomano. Trabalha no Peterhouse College, em Cambridge, onde pesquisa a construção da esfera pública e seus efeitos no surgimento e difusão de novas ideias no Império Otomano durante a segunda metade do século XIX.

Espanha

ENRIC UCELAY-DA CAL é atualmente professor titular de história contemporânea na Universidade Pompeu Fabra, em Barcelona. Estudou na Universidade Colúmbia, em Nova York, e se especializou na história da Catalunha no século XX.

AGRADECIMENTOS DO ORGANIZADOR

Entre as muitas pessoas que me auxiliaram na preparação deste volume, gostaria de agradecer especialmente a Jeremy Black, Gloria Cigman, Sheila Corr, Charlotte Crow, Ana Claudia Ferrari, John Foot, Carole Gluck, Anne Gorsuch, Geoffrey Hosking, Jan Jilek, Rana Mitter, Roger Moorhouse, Deborah Morrison, Graham Gendall Norton, Lucy Riall, Norman Stone e Anne Waswo. Além deles, na Thames & Hudson, Colin Ridler, que se mostrou muito solidário e um bom amigo, Flora Spiegel, Katharina Hahn e a pesquisadora de imagens, Louise Thomas.

Os seguintes capítulos foram traduzidos da língua original para o inglês: Egito (Matthew Beeston); China (Joseph Lawson); Rússia (Paul Podoprigora); República Tcheca (Derek Paton); Suécia (Birgitta Shutt); Finlândia (Liisa Peltonen); Itália (Grace Crerar-Bromelow); Japão (Matthew Minagawa, com material complementar de Melissa Parent).

FONTES DAS ILUSTRAÇÕES

Legenda: **s** – superior; **i** – inferior

161s Musée National du Château et des Trianons, Versalhes; **161i** National Portrait Gallery, Londres; **162s** Bodleian Library, Oxford/The Art Archive; **162i** Katerina Mavrona/EPA/Corbis; **163** Frederick Heppenheimer/Library of Congress, Washington, D.C.; **164s** Jiao Weiping/Xinhua Press/Corbis; **164i** iStockphoto.com; **165s** Jack Downey/Library of Congress, Washington, D.C.; **165i** RIA Novosti/Alamy; **166s** Castle of Moravsky Krumlov; **166i** Marc Charmet/The Art Archive; **167s** Coleção Privada; **167i, 168s** The Art Archive/Alamy; **168i** Eduardo Martino/Panos Pictures; **169s** Erasmus House, Roterdã; **169i** Frank Chmura/Alamy; **170s** Library of Congress, Washington, D.C.; **170i** Acervo New York Historical Society/Bridgeman Art Library; **171s** John Van Hasselt/Sygma/Corbis; **171i** Werner Forman/Corbis; **172** Bettmann/Corbis; **173s** Leo La Valle/EPA/Corbis; **173i** Bud Blunz/National Film Board of Canada. Photothèque/PA-161446/Library and Archives Canada; **174** The Art Archive/Alamy; **175s** Keystone Getty Images; **175i** Fabrizio Bensch/Reuters/Corbis; **176** Zoltan Kluger/Getty Images.

ÍNDICE

Os números das páginas em *itálico* referem-se às ilustrações.

Abássida, califado 78

Abderramão I 78

Abderramão III 78

Abdul Hamid II, sultão 137

Abe, Shinzo 251

Aberdeen, lorde 134

Acordo da Sexta-Feira Santa (1998) 76

Adriano, imperador 77

Afonso X, o Sábio, rei da Espanha 79

África do Sul 24, 154, 206, 266

Ahmadinejad, Mahmoud 49

Akbar, imperador 38, 41

Akihabara 49

al-Banna, xeque Hassan 32

Alberuni (Abu Raihan) 36, 39

Alemanha 15, 17, 24, 43, 80, 81, 89, 91, 94, 110, 111, 131, 154, *175*, 191, 222, 253-260, 262

   "controvérsia dos historiadores" 254-255

   antissemitismo 262

   e a União Europeia 256, 260

   Holocausto 254, 255, 256, 260

   nacional-socialismo 254-6, 260

   ocupação da Tchecoslováquia 112, 113

   pós-nacionalismo 254-5, 260

   Primeira Guerra Mundial 254

   primeiras imagens da história nacional 257

   primeiro Estado-nação 254, 258

   queda do muro de Berlim 253

   reunificação 253, 259

   Segunda Guerra Mundial 254, 256, 259

   sucesso econômico 260

Alexandre I, imperador da Rússia 218, 220

Alexandre, o Grande 31, 36, 37, 45, 52

Alfonsín, Raúl 225

Alkalai, Yehuda 264

Almôadas 80

Almorávidas 80

Alsácia-Lorena 88, 89, 94

al-Sisi, Abdel Fatah 34

Amazônica, floresta 139, 142-143, *168*

Americana, Revolução (1775-83) 83, 194-201

Amósis I, rei do Egito 30

Amsterdã 154, 156

Ana, rainha da Inglaterra 186

Anatólia 46, 133, 136

Aníbal 77

Annan, Kofi 215

Aquemênida, dinastia 45

Aquino, Tomás de 238

Árabes 15, 31-32, 44, 45, 47, 54, 261, 265, 267

   em Israel 261, 265

   guerras, com Israel 261, 265, 267, 268

Arafat, Yasser 265, 266

Aragão 79, 80, 81

Argentina 173, 223-228
　　golpe de 1976 225-6
　　"Julgamento das Juntas" 225
　　junta de maio de 1810 224
　　Malvinas/Falklands, Guerra das (1982) 225, 227
　　os Desaparecidos 225-6, 227
　　terrorismo de Estado 225, 227
arianas, tribos 43, 44
arianismo 47, 78
　　no Irã 47
Aristóteles 140
Armínio 257, 258, 259
Ashoka, rei 41
Ásia Menor 53, 55
Asquith, Herbert Henry 73
astecas 145-7, 151, *168*
Astúrias 78
Atatürk, Mustafa Kemal 136
Atenas 15, 21, 25, 54, 57, *162*
　　Partenon 53
Attenborough, Richard 37
Audi 260
Aum Shinrikyo, culto 250
Auschwitz 262
Austen, Jane 192
Austrália 13, 22, *171*, 203-209, 217
　　cultura aborígine 204-5
　　economia 208
　　governo federal 206
　　longa história da 205, 208
　　política de imigração 206-7
　　Primeira Guerra Mundial 206
　　primeiras colônias 205, 208
　　"Sea of Hands" *171*
Áustria 109, 111, 117, 129, 239
Austro-Húngaro, Império 111, 128, 258
Averróis 78
Ayodhya, mesquita Babri em 35
Babri, mesquita, em Ayodhya 35

Bahia 139, 140
Bálcãs 11, 53, 54, 55, 56
Balfour, Declaração de (1917) 267
Bálticos, países 178, 184
Barak, Ehud 265
Barcelona 78, 79, 85, 90
Barkan, Ömer Lütfi 136
Bartók, Béla 131
Bascos 77, 85, 89
batavos 157
Beethoven, Ludwig van 256
Belcher, ilhas *173*
Bélgica 94, 157, 158
Ben-Gurion, David 264
Benjamini, Eliahu 263
Benson, Arthur 185
Ben-Zvi, Yitzhak 264
Bergman, Ingmar 184
Berkeley, bispo George 196
Berlim, muro de 256
Berlusconi, Silvio 239, 241, 242
Berton, Pierre 229
Bevan, Aneurin 266
biluim 264
Bismarck, Otto von 258, 259
Bizantino, Império 31, 53, 100
Blackwell, John D. 235
Blok, Aleksandr 102
Boêmia 107-111
Bôeres, Guerra dos 40
bolcheviques 97, 103, 263
Bolívia 223
Bonaparte, Luís 156
Borgonha 88, 157
Bořivoj, duque 110
Botany Bay 203
Bo Yi 62
Boyne, batalha do (1690) 70
Brasil 139-144
　　corrupção econômica e política 141

desigualdade social 142
destruição do meio ambiente 139, 142, 143
escravidão 139, 140-2, 144
Briand, Aristide 93
Brodsky, Josef 97
Buenos Aires *173*, 223, 224
Bulgária 55

Cabral, Pedro Álvares 139
Calcutá, buraco negro de (1756) 40
Calderón de la Barca, Pedro 82
calvinismo 159
Canadá *173*, 229-35
　　clima 229-230
　　comércio de peles 230
　　confederação do 232
　　conquista francesa 230-1
　　imigrantes 229, 231, 232, 234
　　independência 233
　　liberalismo 231-2
　　multiculturalismo 234
　　papel de "manutenção da paz" 234
　　Primeira Guerra Mundial 233
　　Primeiras Nações 232
　　relação com os Estados Unidos 234
　　Segunda Guerra Mundial 233-4
Capa, Robert 131
Caribe 80
Carlos III, rei da Espanha 83, 148
Carlos IV, rei da Boêmia 108
Carlos V, imperador 81, 83
Carlos XII, rei da Suécia 178, 183
Carlos Magno 78-9, 87
Carter, Jimmy 48, 144
Castela 79-82
Catarina, a Grande, imperatriz da Rússia 105, 263
cavaleiros teutônicos 257

celtas 77
Celtis, Conrad 257
cerrado 139, *168*
Cervantes de Salazar, Francisco 147
Cervantes Saavedra, Miguel de 82, 134
Chaadaev, Peter 101
Chaudhuri, Nirad 37
Chile 224
China 21, 24, 35, 38, 59-66, 82, *164*, 206, 207, 246, 247, 250
   Confúcio, clássicos de 63-4
   guerras com o Japão 246-8
   historiadores estatais 60
   importância da história para a 59
   importância dos ancestrais 60
   influência ocidental 64
   Movimento de Quatro de Maio 65
   nacionalismo e ciência 65
   Olimpíadas 21, 65, *164*
Chipre 44, 57
Chirac, Jacques 94-5
Churchill, Winston 40, 94
Cidade do México 145, 147, 148, 149, 150
Ciro, o Grande, rei da Pérsia 44
Clarke, Hyde 134, 135
Cleópatra VII, rainha do Egito 31
Clermont-Tonnerre, conde de 268
Clive, Robert 38, 40, *161*
Códex Mendoza *168*
Colbert, Jean-Baptiste 92
Collins, Larry 37
Colombo, Cristóvão 80
Comenius, Jan 109
Comunidade das Nações 214
Companhia Neerlandesa das Índias Orientais 154
Comunidade Europeia 219

comunismo 113, 123, 126, 132, 194
   colapso do 194
   guerra civil grega 56
   na Hungria 126
   na Itália 240, 241, 242
   na Polônia 117, 120-3
   tomada da Tchecoslováquia 112
confucionismo 64
   Anais das primaveras e outonos 61
   Confúcio 61, 62, 63
   Livro das canções 61
   Livro de história 61
Constantinopla *ver também* Istambul 55, 100, 133
Contrarreforma 69, 82, 127
Cook, capitão James 203
Córdoba 78
Coreia 246, 248
Córsega 90
Cortés, Hernán 146, 147
criollos 148-9
cristianismo 45, 52-3, 126, 214, 218, 231, 262
   "Reconquista" espanhola 79
   conversão do México 147
   e helenismo 51-3
   judeus convertidos 262
   na Finlândia 218
   na Hungria 125, 126
   na Irlanda 67
   ver também Igreja Católica
Cromwell, Oliver 68
cruzados 79, 108
Cuba 84

Dalí, Salvador 85
Daudet, Léon 93
Deák, Ferenc 129
de Gaulle, Charles 93, 94, *165*
Delcassé, Théophile 93

Descartes, René 160
Díaz, Porfirio 149-50
Dinamarca 178, 180, 258
dominicanos 79, 80
Dostoiévski, Fiódor 101
Dreyfus, caso 262

Eden, Anthony 94
Eduardo VII, rei da Inglaterra 93, 185
Egito 29-34
   movimento islâmico 32
   povos do 30
   guerras contra Israel 32
   Revolução de 1952 31-4
Eisenman, Peter *175*
ELAS 56
Elizabeth I, rainha da Inglaterra 38, 186
Elizabeth II, rainha da Inglaterra 191
Entente Cordiale 93
Erasmo de Roterdã *169*
Erdoğan, Recep Tayyip 10, 137
Erin *163*
Escócia 154, 186-9, 231
Espanha 77-86
   Reconquista cristã 79
   a Alhambra *164*
   Argentina declara independência da 224
   conquistadores 146-7
   Guerra Civil (1936–39) 85
   guerras carlistas 84
   guerras com a Grã--Bretanha 185
   guerras napoleônicas 83
   império ultramarino 84
   línguas 79, 82
   ocupação muçulmana 78, 80
   Santiago de Compostela 79
   sob os visigodos 77-8

Estado Islâmico 32, 34
Estados Papais 239
Estados Unidos da América 193-201
  atitude russa em relação aos 105
  "ausência de história" 194
  bombardeios do Japão 248, 251
  Declaração de Independência 193, 194, 196, 197, 198
  definição da soberania 197
  discurso de Gettysburg 200
  e Irã 49
  e Japão 248, 249
  escravidão 193, 194, 195, 200
  guerra civil 199-200
  imigrantes irlandeses 72
  influência no Brasil 144
  livre comércio 196
  relações com o Canadá 234
  relações com o México 151
  republicanismo 194
  Revolução Americana (1775-83) 83, 198
Estevão I, rei da Hungria 125
Estônia 222
Europa Oriental *ver também países individuais* 257, 259, 263
Everest, George 39
Exército Republicano Irlandês 75

Falklands, Guerra das (1982) 225, 227
Farouk I, rei do Egito 31, 33
fascismo 55, 85, 100, 137, 227, 239, 242, 247, 259, 266
fenianos 73
Fernando I 82
Fernando VI, rei da Espanha 83
Fernando VII, rei da Espanha 84, 223

Fernando de Aragão 80
Filipe II, rei da Espanha 82, 147
Filipe V, rei da Espanha 83
Filipinas 82, 84
Fini, Gianfranco 242
Finlândia 172, 178, 180, 217-22
  conquista russa 217, 218
  emancipação das mulheres 221
  guerra civil na 218-9, 221
  Guerra Fria 219, 220
  guerras com a União Soviética 219, 221
  independência 217, 218, 219, 220-1
  Dieta de Porvoo (1809) 218, 220
  reforma parlamentar 217, 218
  Segunda Guerra Mundial 220, 221, 222
  sob o domínio sueco 217, 218
  vikings 180
Flandres 82, 89
Forbin, conde Auguste de 134
Forças de Defesa de Israel (FDI) 265, 268
Ford, Henry 193, 199, 200
França 71, 79, 80, 81, 82, 83, 84, 87-95
  antissemitismo 262
  atos de terrorimo 90
  conquista do Canadá 230
  e União Europeia 94-5
  erro de julgamento 94
  guerras com a Grã--Bretanha 85-6, 205
  importância do Estado 90
  invasão do México 149
  línguas 89-90
  na Primeira Guerra Mundial 93
  realizações 91-3
  regiões 88-9
  revogação do Édito de Nantes (1685) 91, 92, 94

Revolução Francesa (1789-99) 92, 93
Segunda Guerra Mundial 89, 93
Terceira República 93
franciscanos 79, 80, 147
Francisco I, rei da França 91
Francisco José I, imperador da Áustria 129, 130
Franco, general 85, 86
Frederico Barbarossa, imperador 258
Frente Nacional de Libertação (Grécia) 56
Freyre, Gilberto 141
Fukuyama, Francis 194
Fukuzawa, Yukichi 246

Gaitskell, Hugh 190
Galtieri, Leopoldo 227
Gana 171, 211-6
  domínio colonial 211, 214-5
  grupos étnicos 213, 215
  história pré-colonial 212-4
  importância do ouro 211, 214
  independência 212, 214-6
  tráfico de escravos 215
Gandhi, Mahatma 37, 41-2
Gaza 137, 261, 266
Jorge III, rei da Inglaterra 170, 196
Gibbon, Edward 194
Gibraltar 83
Gladstone, William Ewart 73
Godoy, Manuel de, duque de Alcudia 83
Goethe, Johann Wolfgang von 256
Goodwin, Jason 137
Gorbachev, Mikhail 123
gotas 177-8
Goyen, Jan van 155
Grã-Bretanha 185-92

colonização da Austrália 203, 214
criação da 185-6
cultura democrática 188
e autogoverno irlandês 73
e Canadá 231-3
e escravidão 188-9
e independência grega 55
e Irlanda do Norte 74-5
e Israel 266-7
adesão à União Europeia 189-90
Guerra das Falklands 225
governo parlamentar 186, 190
Império Britânico 170, 189-91
o Grande Jogo 46
ocupação da Índia 37-42, 46
perda da distância entre o presente e o passado 192
práticas sociais e políticas do passado 188
produção industrial 38
Segunda Guerra Mundial 188
tradição jurídica 187-8
união com a Irlanda 187
xenofobia 186
ver também Inglaterra; Irlanda do Norte; Escócia; País de Gales; Granada
Grécia 21, 24, 25, 51-8
Guerra dos Bálcãs 54-5
crise econômica 25, 58
ditadura de Metaxas 55
guerra civil 56-7
helenismo 52-4
imigração 57
independência 53, 55-6
refugiados sírios na 58
Segunda Guerra Mundial 55
sob a junta militar 57
Guan Yu 62
Guerra Civil Inglesa (1642-51) 239

Guerra de Sucessão Espanhola (1701-14) 83
Guerra dos Bôeres 40
Guerra dos Cem Anos (1338-1453) 185
Guerra dos Oitenta Anos (1568-1648) 157
Guerra dos Sete Anos (1756-63) 230
Guerra dos Trinta Anos (1618-48) 192, 111, 178, 184, 258
Guerra Fria 56, 113, 207, 219-20, 249
guerras napoleônicas 178, 186, 218
Guilherme I, imperador da Alemanha 258
Guilherme II, imperador da Alemanha 93, 258
Guilherme, o Conquistador, rei da Inglaterra 87, 98
Guillou, Jan 182
Guizot, François 93
gurcas 40
Gustavo III, rei da Suécia 220
Gustavo Adolfo, rei da Suécia 178
Gustavo Vasa, rei da Suécia 181
Gzowski, Peter 235

Habermas, Jürgen 255
Haganá 265
Hals, Frans 156
Hamas 265-6
Han, dinastia 60, 63
Han Wu, imperador da China 62, 63
Hašek, Jaroslav 114
Hastings, Warren 38
Havel, Václav 113
Hayman, Francis, *Robert Clive e Mir Jafar depois da batalha de Plassey* 161
helenismo 52-4
Henniker, Sir Frederick 134

Henrique II, rei da França 88, 89
Henrique IV, rei da França 92
Hermann ver Armínio
Heródoto 29, 36, 52
Herzl, Theodor 263
Hess, Moses 263
hicsos 30
Hidalgo, Miguel 148
Hillgruber, Andreas 255
Himalaias 36
hindus 35, 36-7, 41, 42
Hiroshima 248, 251
História dos anos passados 98-9
Hitler, Adolf 93, 112, 131, 165, 181, 188
Holocausto 130-1, 158, 175, 176, 181, 254-5, 260, 263, 266-7
"controvérsia dos historiadores" 255
Alemanha e 254-6, 260
conferência sueca sobre o 181
Holocausto húngaro 130-1
judeus israelenses e o 267
Horthy, Miklós 131
Horton, Tim 230
Howard, John 171
Hudson's Bay Company 173
Huerta, general Victoriano 150
huguenotes 70, 91, 94
Hungria 15, 111, 125-32, 167
cristianização 125
divisão tripartite 127
Guerra da Independência (1848-49) 128
monarquia conjunta com a Áustria 129
ocupação soviética da 126, 132
Revolução de 1956 130, 131-2
Segunda Guerra Mundial 131
Tratado de Paz de Trianon (1920) 130
Hus, Jan 108-10, 112

Hussein, Saddam 49
Igreja católica 71, 75, 83, 86, 92, 109, 238
   Contrarreforma 69, 82, 127
   hostilidade da Grã--Bretanha 185-6
   Hussita, Revolução 108
   Inquisição 79, 83, 92, 141
   na América do Sul
   na Espanha 78, 80, 81, 82, 86
   na Irlanda 69-73, 75
   na Itália 237-8, 240
   na Polônia 121-2
   no México 145, 149
Igreja da Morávia (Unitas Fratrum) 108
Igreja Ortodoxa 53, 54, 78, 98, 99, 100, 102, 122
Iluminismo 53, 83, 92, 102, 126, 142, 196, 231, 262
   escocês 196
   europeu 53, 83, 92, 231, 262
Império Habsburgo 81, 82-3, 109, 111, 127-30, 149, 167
Império Otomano 51
   atitudes turcas para com o 136
   conquista de Constantinopla 133
   declínio do 55, 134
   e independência grega 51, 53
   expansão do 133-4
   fundação do 127, 133
   ocupação da Hungria 127
   relações com o Ocidente 135, 136
Império Romano
   cristianização 51
   e a Revolução Americana 194
   e Espanha 77-8
   e helenismo 52
   e Império Persa 45
   Egito e 31
   na Grã-Bretanha 187

   ocupação de Roma pelos visigodos 178
Inalcık, Halil 136
Índia 35-42
   direito civil 42
   independência da 37, 40, 41, 42, 189
   problemas entre hindus e muçulmanos 35, 41
   produção industrial 38
   Raj britânico 40-1
Indonésia 159
Inglaterra
   Armada espanhola 82
   ataques *vikings* 187
   criação da Grã-Bretanha 185
   islamismo palestino 266
   e história britânica 190
   guerras com a França e Espanha 185
   relacionamento com a Irlanda 67-73
   ver também Grã-Bretanha
Inquisição 79, 83, 141
inuíte 173
Irã 43-50, *162*
   artes e artesanato 43
   conversão ao islamismo 45, 46-7
   dinastia Pahlevi 46-7
   Império Safávida 46
   Império Sassânida 45
   independência do Estado em relação à sociedade 45
   literatura 43, 48
   república islâmica 48
   Revolução Branca 48
   Revolução Constitucional 46
   Revolução de 1979 47, 48
   rivalidade anglo-russa no 46
Iraque
   Guerra do Iraque (2003) 94

Irlanda 67-76
   divisões religiosas 69-70
   fome (1845-47) 72
   independência 71, 72, 74
   movimento de autogoverno 73
   movimento por reforma 71
   relacionamento com a Grã-Bretanha 67-76
   republicanismo 72, 74
   união com a Grã-Bretanha 71, 72, 73, 187
   ver também Irlanda do Norte
Irlanda do Norte 74, 75-6
Irmandade Muçulmana (Egito) 32, 34
Irmandade Republicana Irlandesa 72
Isabel de Castela 80
Isfahan 44
Isidoro de Sevilha 78
islamismo 32, 34
   islamismo palestino 266
   islamismo xiita 46, 47, 48
   na Grã-Bretanha 189
   na Índia 35, 36, 37, 41, 42
   na Turquia 136, 137
   no Egito 29, 32, 34
   no Irã 45, 46, 47, 48
   nos Países Baixos 159
   ocupação da Espanha 78
   ocupação otomana da Hungria 127
Islândia 180
Isócrates 52
Israel *176*, 261-70
   Acordo de Oslo 265, 266
   assentamentos na Cisjordânia 266, 268
   criação de 261
   guerras com árabes 32, 261, 265-7
   kibutzim 264, 265

população árabe 261
primeiros imigrantes
  judeus 264
processo de paz 266
sionismo e 263-4, 268
terrorismo em 266
Istambul *ver* Constantinopla
Itália *174*, 237-44
  catolicismo 237-40, 241, 242,
    243
  desmoronamento das redes
    sociais e políticas 241
  fascismo 239-40, 242
  instituições fracas 238, 239
  Partido Nacional Fascista *174*,
    240
  Risorgimento 239
  sindicatos 241

Jabotinsky, Vladimir 265
Jaime I, rei da Inglaterra 186
Japão 41, *175*, 207, 245-52
  calendários 246
  colônias 246, 248
  comércio neerlandês com 154
  Constituição 246, 248
  excepcionalismo 245, 246, 247,
    248, 249, 250, 251
  êxitos militares 246, 247
  guerras com a China 247, 250
  literatura 245
  modernização 245-7, 249, 250
  Primeira Guerra Mundial 246
  Restauração Meiji 246
  Segunda Guerra Mundial 251
  sucesso econômico 246, 249,
    250
  terrorismo 250
  tsunami 251
  universalismo 245, 247, 249,
    250, 251
Jean, Michaëlle 233

Jefferson, Thomas 193, 194, 195,
  197, 198, 199
Jerusalém 261, 262
jesuítas 82, 83
Jirásek, Alois 108
João, rei da Inglaterra 187
João Paulo II, papa 122
Jones, William 38
José II, imperador da Áustria 128
Juárez, Benito 149
judaísmo 262, 263
judeus
  "busca de uma pátria" 263
  diáspora 262, 268
  expulsão da Espanha 80
  Holocausto 263, 266, 267
  em Israel 261-2
  na Hungria 130, 131
  na Polônia 118
  nos Países Baixos 158
  Primeira Guerra Mundial 262
  sionismo 261-3, 268
Jussila, Osmo 219
Justiniano, imperador 53

Kaczynski, irmãos 259
Kádár, János 126, 132
Kalischer, Zvi Hirsch 264
Kamenev, Lev Borisovich 263
Karikari, Kofi *171*
Kekkonen, Urho 219
Keynes, John Maynard 39
Khamenei, aiatolá 49
Khatami, Mohammad 49
Khomeini, aiatolá 48-9
Khrushchev, Nikita 103
Kiev 99
Klyuchevskiy, Vasiliy 99
Kobayashi, Yoshinori 251
Kohl, Helmut 255
Kon, Wajiro 247

Koposov, Nikolay 97
Kosambi, D. D. 37
Kossuth, Lajos 129
Křen, Jan 109
Kundera, Milan 114
Kustodiev, Boris, *A esposa do
  comerciante bebendo chá* 165
Lapierre, Dominique 37
Las Casas, Bartolomé de 147
Leclerc, Philippe *165*
Legião Judaica 265
Lely, Cornelis 158
Lênin 105
Leningrado 97, 105, 165
Leopoldo I, imperador 128
Leovigildo 78
Levante de Varsóvia (1944) 119-20
Liga das Nações 267
Liga Hanseática 157
Lincoln, Abraham 105, 200
Lindgren, Astrid 183
Lindisfarne 179
Lineu, Carlos 178
Lituânia 118
Livro das mutações 62
Londres 94, 114, 186
López Portillo, José 145
Lorca, Federico García 85
Luís XI, rei da França 88
Luís XIII, rei da França 89, 90
Luís XIV, rei da França 16 88, 89,
  90-1, 92, 94
Luís XV, rei da França 88
Luís XVI, rei da França 90, 92
Luís XVIII, rei da França 93
Luís Filipe, rei da França 93
Lu, reino de 61
luteranismo 218
Lutero, Martinho 81, 133

MacArthur, Douglas 249
Macdonald, Sir John A. 232
Macedônia 55
MacGregor, Roy 233
McKay, Ian 231
Madero, Francisco I. 150
máfia 243
magiares 125, 126, 130
Magna Carta 126, 187
Mahmud de Gázni 36
Maimônides 78
Majumdar, R. C. 36
Manchúria 247
Manguel, Alberto 229
maniqueísmo 45
Maomé II, sultão 133, 135
Maradona, Diego 227
mar do Norte 154
Maria Teresa, imperatriz da Áustria 128
Marienburg, castelo de 257
Marrocos 84
Maruyama, Masao 248-9
marxismo 65, 102, 112, 137, 226, 267
Masaryk, Tomas G. 111-2, 114-5
masdeístas 45
Matias Corvino, rei da Hungria 126
Maximiliano, imperador do México 149
masdeístas 45
Mendoza, Antonio de 147
Menés, rei do Egito 30
Metaxas, Ioannis 55
metodistas 70
Methuen, Tratado de (1703) 141-2
métis 230, 232
Mevlana *169*
México 81, 82, 145-52, *168*, 234
 astecas 145-7, 151
 conquista espanhola 81
 independência 146-9
 invasão francesa 149
 México pós-
  -revolucionário 150, 151
 olmecas 146
 relacionamento com a Espanha 150-1
 revolução no 148-9, 150
micênicos 21
Mill, James 39
minoicos 21
Minorca 83
Miró, Joan 85
Mistral, Frédéric 89-90
Mita, Munesuke 250-1
Montezuma II, imperador 146, 148
Moderaterna 182
Mohács, batalha de (1526) 127
Moholy-Nagy, László 131
Momper, Walter 253
Mondrian, Piet 160
mongóis 46, 100, 126, 133
Monnet, Jean 93
Montanha Branca, batalha da (1620) 108
Morávia 108, 110, 111
Morelos, José María 148-9
Moscóvia 25
Mossadegh, Mohammad 48
mouros 78
Movimento dos Oficiais Livres (Egito) 31
Movimento dos Países Não Alinhados 215
Mubarak, Muhammad Hosni 31, 34
Mucha, Alfons 109, *166*
 Entre o chicote de Turania e a espada dos godos 166
muçulmanos *ver* islamismo
muçulmanos mongóis 35, 37
Muhammad Ali Pasha 31, *161*
Mulroney, Brian 234
Munique, Acordo de (1938) 112, 113
Muret, batalha de (1213) 79
Mussolini, Benito *174*, 240

Nações Unidas 215, 234, 261, 267
Nagasaki 248, 251
Naguib, Muhammad 31
Nagy, Imre 131
Napoleão I, imperador 83, 84, 92, 93, 100, 156, 188, 218, 223
Napoleão III, imperador 93
Narodniki, movimento, Rússia 103
Nassau, família 158
Nasser, Gamal Abdel 31-2, 33
Navarra 79, 80-1, 145
Navas de Tolosa, batalha de (1212) 79-80
Nazarí, dinastia *164*
nazistas 48, 89
 invasão da Tchecoslováquia 112
 na consciência histórica alemã 254, 255, 256, 260
 neonacionalistas e 255
 perseguição de judeus franceses 91
 políticos modernos difamados como 259
 vítimas polonesas 119-20
Nehru, Jawaharlal 42
Nelson, almirante 186
neoclassicismo 53
Neolítico, período 179
Nilo, rio 29-30
Nkrumah, Kwame 215
Nobel, Alfred 177, 184
Nolte, Ernst 255
Nordau, Max 263
nórdicos *ver vikings*

290

Normandia 87-8, 91
Noruega 178, 180
Nova Zelândia 154, 208, 217

O'Brien, Conor Cruise 259
O'Connell, Daniel 71-2, 73, *163*
Oe, Kenzaburo 245, 250
Oertel, Johannes A., *Derrubando a estátua do rei George III* 170
Okinawa 248
Olimpíadas 21, 24, 52, 53
   Atenas (2004) 51, 57
   Pequim (2008) 21, 65, *164*
olmecas 146
Omíadas, califas 78
Orange, dinastia 158
Organização da Unidade Africana 215
Organização do Tratado do Atlântico Norte (Otan) 113, 219, 234
Orozco, José Clemente 150
Osmã I, sultão 133, 137, *167*

Pahlevi, dinastia 46-7
Pahlevi, Mohammad Reza, xá 47
Pahlevi, Reza, xá 46
Paine, Thomas 195, 197
País de Gales 89, 186-7
Países Baixos 82, 88, 89, 92, 94, 153-60, *169*
   água 153-7, 159
   comércio internacional 153, 154
   fim das colônias 158-9
   estrutura do Estado 157-9
   guerras espanholas 82, 153, 157
   imigração em massa 159
   independência 154, 157
   inundações 153, 154, 155
   na Segunda Guerra Mundial 158

realizações 154-7
reforma constitucional 158
Palacký, František 111
Palamas, Kostis 51
Palestina 30, 176, 261, 264, 65, 266, 267
Palme, Olof 181
pantanal 139, *168*
Paquistão 42
Paraguai 223
Paris 94, 95, *165*
   ataques terroristas a (2015) 95
Parnell, Charles Stewart 73
partas 45
Partido Comunista Polonês *166*
Partido dos Trabalhadores Unidos da Polônia 121
Partido Nacional Fascista *174*, 240
Partido Unionista Democrático 76
Patel, Sardar Vallabhbhai 42
Patočka, Jan 114
Patrício, São 67
Paz, Octavio 150
Pearson, Lester 234
Pedro, o Grande, czar da Rússia 101, 105
Peres, Shimon 137
Perón, Juan 224
Perry, Matthew C. 245
persa, língua 36, 43, 46, 47, 48
Persépolis 44
Pérsia *ver* Irã
Persson, Göran 181
Peru 81, 82, 224
peste negra 80, 126
Phillip, Arthur 203-4
Picasso, Pablo 85
Pinsker, Leon 263
Pireneus Orientais 90
Pitágoras 140

Plassey, batalha de (1757) 38, 40, *161*
Platão 52
Polônia 117-24
   comunismo na 117, 120, 121-3
   Constituição 118
   Dia Internacional dos Trabalhadores *166*
   difamação dos políticos alemães 259
   insurreições 119
   partilhas do século XVIII 117, 118, 119
   primeiro sistema político 118
   revolução do Solidariedade 123
   Segunda Guerra Mundial 117, 120, 122
   sob controle soviético 120-1, 123
   tolerância religiosa 118
Portugal 57, 79, 80, 81, 82, 83, 139-42
   exploração do Brasil 139-42
   guerras napoleônicas 83
   império ultramarino 80, 81
   relação com a Espanha 79, 80, 81, 82
Praga 108, 109, 110, 111, 112, 113, 114
presbiterianos 70
Primavera Árabe (2011) 25
Primeira Guerra Mundial (1914-18) 55, 93, 111, 158, 206, 221, 224, 233, 246, 254, 262, 264, 265, 267
   Alemanha na 254
   Austrália na 206
   Canadá na 233
   França e 93
   Japão na 246
   judeus na 262
protestantismo 82, 94, 237, 238
Provença 90

Prússia 117, 258
Pufendorf, Samuel 257

Qajar, dinastia 46
quacres 70
Québec 173, 230, 231, 232
Quéfren, rei do Egito 30
Quetzalcoatl 146

Rabin, Yitzhak 265
Radek, Karl 263
Rafsanjani, Ali Akbar 49
Raikin, Arkady 126
Rákóczi, Francis II 128
Ram 35
Ramsés II, faraó 31
República Democrática Alemã (RDA) 254, 256
Recaredo, rei dos visigodos 78
Reforma 69, 81, 110, 127, 157, 180, 185, 187, 218
Rembrandt 156
Renascença 241
República Tcheca 107-16
　Guerra dos Trinta Anos (1618–1648) 111
　modernização 110-1
　nacionalismo 111
　narrativas nacionais 111-2
　ocupação alemã 112
　Primeira República 111
　revivalistas nacionais 109
　Revolução de Veludo 113
　Revolução Hussita 108
　Segunda Guerra Mundial 107-8
　separação da Eslováquia 114
　tomada comunista 112
Revillagigedo, conde de 148
Revolta da Páscoa (Irlanda, 1916) 74
Revolta Dezembrista (1825) 102
Revolução Batava (1795) 157

Revolução Bolchevique (1917) 97
Revolução de Outubro (1917) 102
Revolução Francesa (1789-99) 83, 92, 93, 128, 223, 239, 262, 268
Revolução Gloriosa (1688-89) 188
Revolução Húngara (1848-49) *167*
Revolução Hussita 108
Rice, Condoleezza 95
Richelieu, cardeal 91, 92
Riel, Louis 232
Rivera, Diego 150
Rodésia 266
Rodolfo II, imperador 108
romântico, movimento 93
Roosevelt, Franklin D. 94, 105
Rothschild, barão Edmond de 264
Rumi 43, *162, 169*
Rurik 98, 99
Rus 98-101, 105
Rússia 55, 97-106
　anexação da Finlândia 178, 217, 218
　atitude em relação ao passado soviético 97, 98, 104, 105
　código de leis 100
　conflito entre Oriente e Ocidente 101
　e Estados bálticos 181-2, 184
　e independência grega 55
　fundação do Estado 98-9
　hostilidade à cultura e à civilização 98
　idealização do Ocidente 103-5
　Igreja Ortodoxa 98, 99, 100
　incerteza sobre a identidade nacional 101-2
　intelectualidade 102-3
　judeus 263, 264
　o Grande Jogo 46
　ocupação da Tchecoslováquia 113
　partilha da Polônia 119, 120

servidão 102
ver também União Soviética
Ruysdael, Jacob 155

Sacro Império Romano 78, 81, 108, 110, 157, 257
　Sacro Império Romano--Germânico 253, 257
Sadat, Muhammad Anuar 31, 32, 33-4
Safávida, Império 46
Sahagún, Bernardino de 147
Salisbury, lorde 73
San Martín, José de 224
Santa Anna, general López de 149
São Paulo 140
Sassânida, Império 45-6
Saul, John Ralston 230
Schuman, Robert 93
Scott, Heather 235
Sedan, batalha de (1870) 258-9
Seferis, George 51
Segunda Guerra Mundial (1939–45) 55, 56, 74, 75, 89, 93, 97, 107, 117, 120, 122, 131, 158, 206, 215, 220, 221, 222, 233, 234, 251, 254, 256, 259
　Alemanha 254, 256, 259
　Canadá 233-4
　desembarque do Dia D 87
　Finlândia 220, 221, 222
　França 89, 93
　Grã-Bretanha 206
　Grécia 55, 56
　guerras entre Finlândia e União Soviética 221-2
　Holocausto 130-1, 158, 175, 176, 254-5, 263, 266, 267
　Hungria 131
　Japão na 251
　neutralidade sueca 177
　Países Baixos 158
　Polônia 117, 120, 122

República Tcheca 107-8
Seljúcida, Império 46
Sêneca 77
Shang, dinastia 61, 62, 63
Sharon, Ariel 265, 266
Shivaji, rei 35
Shu Qi 62
Sikdar, Radhanath 39
siques 40
Sima Qian 60, 62
   Registros do grande historiador 62
Singhal, D. P. 36
Sinn Féin 76
sionismo 263, 264, 268
Siqueiros, David Alfaro 150
Siraj-ud-Daulah, Nababo 161
Síria 25, 34, 58, 137
   crise de refugiados 58
Smetana, Bedřich 109
Smith, Adam 196
Solimão II, sultão 127
Song, dinastia 60, 63
Speck, W. A. 190
Spinoza, Baruch 159
Stalin, Josef 97-8, 103, 105
Stanley-Blackwell, Laurie 235
Stuart, monarcas 70
Stürmer, Michael 255
Suárez, Francisco 238
Suécia 169, 177-84
   "Programa do Milhão" 169
   cultura agrícola 180
   e Finlândia 178, 217, 218, 219-20, 221, 222
   Estado de bem-estar social 180, 182, 184
   estereótipos 184
   herança cultural e os museus 182
   idade de ouro 183
   neutralidade na Segunda

Guerra Mundial 177
   perda do império báltico 178
   vikings 179, 180, 183
sufismo 45
Suíça 90
Suriname 154
Sverdlov, Yakov 263
Svoronos, Nikos 55
Sydney 203, 204
Széchenyi, conde István 129

Tabenkin, Yitzhak 264
Tácito 157, 178
Taiwan 246, 248
Tang, dinastia 59, 60
Teesdale, Henry, *New British Atlas* 170
Tenochtitlán 145, 146, *168*
teorias iluministas escocesas 196
Teotihuacán 146
Tessalônica 57
Tezcatlipoca 146
Thatcher, Margaret 259
Thomson, James 185
toltecas 146
tomista, pensamento 238
Tóquio 247, 250-1
Trajano, imperador 77
Transilvânia 127, 128
Treblinka 262
Treitschke, Heinrich von 257
Trento, Concílio de (1545-63) 238
Trianon, Tratado de Paz de (1920) 130
Trotski, Liev 263
Trudeau, Pierre Elliott 231
Tsipras, Alexis 58
Tucídides 52
Tudor, monarcas 67, 69
Tuisco 257
Turquia 55, 56, 133-8, *167*

declínio do Império Otomano 55
e islã 136, 137
fundação do Império Otomano 133
tese da história oficial 136
Turner, Frederick Jackson 193
Tutmés III, faraó 30

Ulster 68, 70, 73
Unesco, Patrimônio Mundial da 154
União Europeia 25, 49, 57, 86, 95, 113, 123, 181, 189, 190, 219, 256, 260
   e Alemanha 256, 260
   e Espanha 86
   e França 95
   e Grécia 57
   e Polônia 123
   e Reino Unido 189, 190
   e Suécia 181
Uruguai 223
União de Utrecht (1579) 157
União Soviética 97, 100, 105, 113, 120, 123, 219, 221, 222, 254
   colapso da 57, 105, 113, 123, 219
   controle da Polônia 120-1
   guerras com a Finlândia 219, 221
   ocupação da Hungria 126, 132
   ver também Rússia
Unitas Fratrum (Igreja da Morávia) 108, 112
URSS *ver* União Soviética

Valera, Eamon de 74, 75
Van de Velde, família 155
varego 98-100
Varo 257, 259
Vasa, navio 183
Vega, Lope de 82
Velázquez, Diego de Silva y 82

Venceslau II 107, 108, 109, 114
Vermeer, Jan 156
Versalhes 92, 233, 254
　　Tratado de (1919) 233, 254
Videla, Jorge Rafael,
　　tenente-general 225
Viena 111, 128, 129, 134
Vietnã 266
vikings 87, 88, 89, 179, 180, 183-4, 187
Villa, Francisco (Pancho) 150
Villevalde, Alexander Bogdanovich *167*
Virgem de Guadalupe 148
Visby 182
visigodos 77-8, 178
Vitória, rainha da Inglaterra 93, 189
Vladimir, o Grande, príncipe 100
Washington, George 41, 105
Waugh, Andrew 39
Weber, Max 159
Wellington, duque de 186
Whale River *173*

Wimpfeling, Jakob 257
Winkler, Heinrich August 255
Wojtyla, cardeal Karol 122
Wu, rei dos Zhou 62, 63

Yanagida, Kunio 247
Yoshimoto, Takaaki 249
Yue Fei 62-3

Zalman, Shneur 263
Zapata, Emiliano 150
Zelândia 153, 155
Zhang Yimou *164*
Zheng He 21, *164*
Zhou, rei de Shang 62
Zhou, dinastia 61, 63
Zinoviev, Grigori 263
Žižka, Jan 109
Zona de Assentamento 263
zoroastrismo 45
Zumárraga, Juan de 147

Este livro foi composto com
as fontes **Freight Text**, **Chalet**
e **Ringside** e impresso em papel
Pólen Soft 70 g/m² no miolo
e **Supremo Duodesign** 300 g/m²
na capa, na gráfica **Maistype**
em novembro de 2019.

MISTO
Papel produzido a partir
de fontes responsáveis
FSC® C041155